Fritz Achelpöhler

Mädchen. Schule. Zeitgeschichte.

Eine Zeitreise mit Bielefelder Schülerinnen in die Jahre 1828 bis 1996

AISTHESIS VERLAG

Bielefeld 2014

Abbildung auf dem Umschlag:
Studienrätin Emmy Cremer (1878-1962) mit ihrer Klasse Anfang der 1920er Jahre vor der Auguste Viktoria-Schule.
(Montage zweier Fotos aus dem Archiv des Gymnasiums am Waldhof)

Bibliografische Information der Deutschen Nationalbibliothek

Die Deutsche Nationalbibliothek verzeichnet diese Publikation in der Deutschen Nationalbibliografie; detaillierte bibliografische Daten sind im Internet über http://dnb.d-nb.de abrufbar.

Postfach 10 04 27, D-33504 Bielefeld
Satz: Germano Wallmann, www.geisterwort.de
Druck: docupoint GmbH, Magdeburg

ISBN 978-3-8498-1038-2
www.aisthesis.de

Inhaltsverzeichnis

Einleitung

Die 1828 gegründete private höhere Mädchenschule Bielefeld wechselte viermal in ihrer Geschichte den Namen, bis 1996 die Stadt Bielefeld das Bavink-Gymnasium in Gymnasium am Waldhof umbenannt hat. Sie war die erste höhere Mädchen-Schule in Bielefeld. Die verschiedenen Namen der Schule weisen hin auf einen politischen Umgang mit Geschichte. In der Geschichtspolitik überschneiden sich Geschichte und Politik, im Beispiel der Schule Geschichte und Kommunalpolitik. Es soll untersucht werden, wie in diesem kommunalpolitischen Feld Geschichte von Frauen oder für Frauen geschrieben, gedeutet und Politik gemacht wurde. Politik zielt auf Veränderungen, in Verbindung mit Geschichte auf „Veränderungen im Bewusstsein der Zeitgenossen"[1].

Die Verknüpfung von persönlichem Erleben und Zeitgeschichte steht auch im Mittelpunkt der Beiträge, die in dem von Bernd Hey und Peter Steinbach herausgegebenen Sammelband[2] enthalten sind. Die Verfasser aus verschiedenen europäischen Ländern und aus Israel erörtern auch die unterschiedlichen Sichtweisen verschiedener Generationen auf die Zeitgeschichte unter Einbeziehung des sozialen Wandels mit seinen Auswirkungen auf das politische Bewusstsein und das Wechselspiel zwischen Justiz und politischer Kultur.

Die Themen dieser Zeit waren der Ausdruck von Religiosität oder Abstand von religiösen Bekenntnissen, die Frauenbewegung für Gleichberechtigung, die Monarchie, Demokratie, Diktatur, Kunst, Literatur und Naturwissenschaften, aber auch Krieg und Krisen. Dem Nationalsozialismus sahen die Schülerinnen mit Hoffnung oder in Sorge entgegen; sie erlebten ihn als eine spannende Zeit oder erfuhren Gefährdung, soziale Ächtung, wirtschaftliche Ausplünderung, Vertreibung oder Verfolgung. Es wird betrachtet, wie die Jahre der nationalsozialistischen Regierung die Geschichte der Weimarer Republik mit der Bundesrepublik Deutschland verknüpfen. Indem auch der Nationalsozialismus in den Alltag der Schule und in den Lebenszusammenhang ihrer Schülerinnen, Lehrer und Lehrerinnen eingefügt wird, erfährt er die „Historisierung"[3]. Martin Broszat und Saul Friedländer haben über die Historisierung des Nationalsozialismus einen Briefwechsel geführt.[4] Broszat betonte am Ende, „die Glaubwürdigkeit der didaktischen Vermittlung der NS-Zeit [würde] erheblichen Schaden erleiden, wenn sie nicht genügend rückgekoppelt bliebe an den Prozess der differenzierten historischen Erkenntnis dieser Geschichte."[5] Friedländer möchte „die intellektuelle Abtrennung der Geschichte der Juden von der deutschen Gesellschaft während der NS-Zeit" vermieden wissen und mit „dem Ansatz einer integrierten Geschichte" beweisen, „daß die zwei Geschichten in einem Gesamtbild zu schreiben möglich und die jüdische Dimension in eine integrierte historische Erzählung einzubeziehen war."[6]

Giesecke und Welzer[7] fordern die Zukunftsperspektive für die Geschichte.[8] Es sei „ein Sensorium für die Potentiale zum Guten oder Schlechten" zu entwickeln. Deshalb müsse „das unspektakuläre, alltäglichere Bild einer Gesellschaft" schärfer gezeichnet werden, „die zunehmend verbrecherisch wird oder, genauer gesagt, normativ umcodiert, was als erwünscht oder verwerflich, gut oder schlecht, ordnungsgemäß oder kriminell gilt".[9]

Die Betrachtung der Schulnamen geht von der Gegenwart der Leserin und des Lesers aus. Sie wird ergänzt durch einen chronologisch angelegten Abschnitt über die ersten 80 Jahre der Schulgeschichte. Ehemalige Schülerinnen der ersten Bielefelder Töchterschule bildeten bereits kurz nach dem 1. Weltkrieg einen Verein. Die Vereinigung der Ehemaligen Schülerinnen ist als ‚Erinnerungsgemeinschaft' anzusehen, im Zusammenschluss waren die religiösen, sozialen, wirtschaftlichen und politischen Bezüge der Schülerinnen so vielfältig, wie es die Familien waren, aus denen sie zur Schule kamen. Das Mitteilungsheft ist von 1933 bis 1938 und von 1951 bis in die Gegenwart erschienen, darin sind aktuelle Nachrichten aus der Schule enthalten, einige Schülerinnen haben ihre Erinnerungen zu Papier gebracht, unmittelbar nach den Ereignissen, gelegentlich in zeitlichem Abstand und zeigen beispielhaft die Verknüpfung von individuellem Erleben und zeitgeschichtlicher Deutung. Die Gegenwart der Berichte bildet gewissermaßen den Rahmen der Erinnerungen als politisches Bewusstsein, in dem die Zeitgeschichte geborgen ist.

Es ist ein ungewöhnlicher Glücksfall, dass von 1933 bis weit in die 1950er Jahre eine Redakteurin die Herausgabe des Blattes mit dem appellativen Titel *„Unsere Schule"* besorgt hat, die eine umfangreiche Korrespondenz mit ehemaligen Schülerinnen zu führen und nach dem Kriege wieder aufzunehmen vermochte: Studienrätin Emmy Cremer (1878-1962). Sie war Tochter des Kaufmanns und Stadtverordneten (1895-1918) Hermann Cremer.[10] Emmy Cremer war Schülerin und zuletzt Studienrätin der städtischen höheren Mädchenschule gewesen; sie unterrichtete von 1902 bis 1939 an der Schule Französisch, Englisch und Erdkunde. Ihre berufliche Tätigkeit ist vom Anfang bis zum Ende Teil der Geschichte.

Emmy Cremer berichtete nicht über die Schicksale, die einzelne erlebt hatten; sie bestand darauf, dass sich jede selbst äußere, in Einzelfällen war sie hartnäckig. Mit der Frage, wie es ihnen „alle die Jahre hindurch ging", holte sie Berichte ins Mitteilungsblatt der ehemaligen Schülerinnen der Auguste Viktoria-Schule. Die Berichte sind ‚Ich-Berichte' und bieten sich als Aussagen von Zeitzeuginnen dar. Eine kleine Auswahl soll vorgelegt und durch andere Dokumente ergänzt werden.[11] Die Erzählerinnen steuerten unterschiedliche, ihre eigenen Schwerpunkte an. Sie schrieben, was sie mitteilen, was sie ihre ehemaligen Mitschülerinnen über ihre Begegnung mit der Zeitgeschichte in Deutschland und in anderen Ländern Europas wissen lassen wollten, zwei greifen aus nach Ostasien und Lateinamerika.

Das Gymnasium am Waldhof (seit 1996), Bavink-Gymnasium* (1947 bis 1996), Auguste Viktoria-Schule (1923 bis 1947), hatte zuvor weitere Namen getragen: Kaiserin Auguste Viktoria-Schule (1906 bis 1923), Städtische Höhere Mädchenschule 1858 bis 1906), [Private] Vereinsschule (1828 bis 1857).

Indem die Strukturen zeitgeschichtlicher Brüche und fortdauernder Prozesse in der Mädchenschule, der Stadt und der evangelischen Kirche hinter den Einzelschicksalen sichtbar gemacht werden, entsteht auch eine deutsche Geschichte, eingebettet in Europa. Wie die Frauen in unterschiedlicher Ausführlichkeit über ihr Leben zwischen Schulzeit und ‚Jetztzeit', aus der Gegenwart ihres Berichts und über eigene Pläne berichten und wie sie über ihren Bericht denken, ist im Folgenden nachzulesen. Keine beschränkt sich auf einen Bericht über ihre Erfahrungen mit der Zeitgeschichte, sie möchten sich gewissermaßen – das sei vorweggenommen – ‚mit ihrem ganzen Leben' wahrgenommen wissen, in das sie ihre Erinnerungen aufgenommen haben.

Zwei Jahrbücher der Kaiserin Auguste Viktoria-Schule sind in den Jahren 1919 bis 1921 entstanden. Daraus sollen einzelne Beiträge als Dokumente ihrer Zeit betrachtet werden. In zwei Rückblicken nach mehr als 70 Jahren auf die Schule und den Eintritt in einen Beruf treten die sozialen, politischen und wirtschaftlichen Strömungen des Berufslebens ‚bürgerlicher Frauen' zu Anfang des 20. Jahrhunderts hervor.

Zu Beginn des 20. Jahrhunderts hatte die Städtische Höhere Mädchenschule, nunmehr Kaiserin Auguste Viktoria-Schule genannt, mit der Studienstufe den Anschluss junger Frauen an die Universität hergestellt. Zu eben diesem Zeitpunkt bemühte sich die Schulaufsicht, die Verfassung der Schule als konfessionell neutraler – ‚paritätischer' – Schule in Auseinandersetzung

* Die Auguste Viktoria-Schule wurde 1947 in Bavink-Schule umbenannt. 1951 erhielten alle höheren Schulen in Nordrhein-Westfalen die Bezeichnung Gymnasium; die Bavink-Schule hieß fortan Bavink-Gymnasium (neusprachliches und mathematisch-naturwissenschaftliches Gymnasium).

mit der Stadt Bielefeld explizit zu bestimmen. Beide Seiten tauschten Argumente aus, die sie aus der Schulgeschichte ableiteten vom Jahr der Gründung 1828 an. In diesem Abschnitt trifft sich die gegenwartsgenetische mit der chronologischen Sicht. Daher soll der Abschnitt von 1828 bis 1910 ebenfalls chronologisch entwickelt werden. Gerade weil die Behörde die Argumentation auf ihr Bild von der Geschichte der Schule stützte, rief sie der Stadt die historischen Konflikte in Erinnerung und ließ sie diese mit der politischen Gegenwart vergleichen. Die von beiden Seiten dargestellten Sichtweisen der Geschichte werden in ihrem jeweiligen zeitgeschichtlichen Zusammenhang zu untersuchen sein.

Der Verfasser hat 2003 mit der vorliegenden Arbeit begonnen, Archive aufgesucht und Gespräche geführt, danach in dem gewählten geschichtspolitischen Ansatz[12] geordnet. Frau Sibylle Kopf hat dem Verfasser das Verständnis des Beitrags ihrer Mutter aus dem Jahre 1971 vermittelt und zwei Abbildungen zur Verfügung gestellt. Dafür sei ihr herzlich gedankt.

Auguste Viktoria-Schule 1933 bis 1939

„Gymnasium am Waldhof" – Mutter und Tochter gingen eines Tages im Jahre 2003 auf die Schule zu. Sie blieben vor dem Eingang stehen und sahen sich um. „Warum hat die Schule so viele Namen?" und „schlafen die Kinder auch in der Schule?" Arzu Özkan* hatte die Inschrift auf dem Sockel vor der Treppe gelesen:

Abb. 1: Grundstein am Eingang der Schule
(„Das Gebäude der Auguste Viktoria-Schule in der Viktoriastrasse wurde 1944 durch Bomben völlig zerstört. Seit 1947 Bavink-Gymnasium genannt, soll die Schule hier ein neues Heim finden. Dazu wurde am 27. Juli 1953 der Grundstein gelegt.")

Ruth Leutheußer-de Vries, die Schulleiterin, führte selbst das Gespräch über die Aufnahme mit der künftigen Schülerin, die nach der Flucht aus dem Irak in Bielefeld angekommen war, und sprach von der Geschichte der Stadt und der Geschichte der Schule, deren Verlauf sich auch in den drei Namen widerspiegele. „... ein neues Heim gefunden..." – „Nein, Kinder schlafen nicht in

* Name geändert.

der Schule." Aber in der Vergangenheit der Stadt seien 1953 noch viele Häuser zerstört, das neue Schulgebäude deshalb besonders wertvoll gewesen. Eigenes Erleben, Erinnerung und Geschichte waren unmittelbar ins Zimmer der Schulleiterin getreten.

Als die Stadt Bielefeld 1996 das „Bavink-Gymnasium" in „Gymnasium am Waldhof" umbenannte, widerrief der Rat der Stadt die Ehrung für Professor Dr. Bernhard Bavink, die er 49 Jahre zuvor ausgesprochen hatte.[13] Der Name „Bavink-Gymnasium" führt bei der Widmung und Aufhebung zu zwei nicht nur zeitlich verschiedenen sondern auch inhaltlich sehr unterschiedlichen Auffassungen über den Umgang mit der Geschichte des Nationalsozialismus in Bielefeld. Anerkennung und Kritik knüpfen an Beiträgen Bavinks an. Es soll versucht werden, ihre Einbettung in die Vergangenheit auf die Schule, auf die Stadt und auf die beteiligten Personen zu beziehen und nachzuzeichnen. In der Mitte des 20. Jahrhunderts liegen die Jahre der nationalsozialistischen Regierungszeit. Über diese Epoche ist die Bundesrepublik Deutschland mit der Weimarer Republik und dem deutschen Kaiserreich verbunden.

Die Verbrennung der schwarz-rot-goldenen Fahne auf dem Hof der Auguste Viktoria-Schule

Nationalsozialisten drangen am 9.3.1933 in die Auguste-Viktoria-Schule ein, eine SA-Abteilung hisste die Hakenkreuzfahne auf dem Schulhaus und verbrannte auf dem Schulhof die schwarz-rot-goldene. „Die SA hatte sich, von der Körnerstraße her durch die Wandelhalle ziehend, auf den großen Schulhof begeben, aus den Papierkörben das nötige Material geholt und vor den Augen mehrerer Klassen die schwarz-rot-goldene Fahne verbrannt", berichtete Wilhelm Warning und wertete 1953 das Ereignis als den „Anfang der Revolutionierung der Schule im Sinne des Nationalsozialismus".[14] „Dann sangen sie ‚Deutschland, Deutschland über alles' und ‚Ich hatt' einen Kameraden', dann hauten sie wie der ab", vermerkte Margret Marflow (geb. Weiss, damals 12 J., 1939 nach England emigriert) in ihrem Tagebuch. „Fuer mich war es ein besonders trauriger Tag, aber meinen frueheren Freundinnen, die all in braun waren, war es wunderbar", erinnerte sich Anneliese Terry (geb. Grünwald, damals 14 J., 1938 in die USA emigriert) noch nach 75 Jahren. Zu den Schülerinnen, die das Ganze mit ansahen, gehörten auch die Unterprimanerinnen, die ihr Mathematiklehrer Dr. Karl Mönkemeyer mitten aus der Klassenarbeit – heute hieße es Jahrgangsstufe 12 und Klausur – heraus auf den Schulhof beorderte. Die Schülerinnen sahen, wie sehr

Abb. 2: Auguste Viktoria-Schule Ansicht von Süden (Viktoria-Str.)

er sich freute. Bei Lisl Katz, einer von zwei der Klasse angehörigen jüdischen Schülerinnen, löste die Hakenkreuzfahne Entsetzen und Weinen aus. Sie ließ sich erst beruhigen, als ihr die Mitschülerinnen klar machten, es gehe um „ihre Leute", die Deutschnationalen. Man wolle für eine schwarz-weiß-rote Fahne sammeln. Für die schwarz-weiß-rote Fahne spendete Lisl Katz erleichtert mit.

Reichstagswahlen hatten am 5. März 1933 der Hitlerpartei eine Steigerung um 11,3% auf 38,7%, ihrer Regierung auf 45,7% der Stimmen im Reichstag gebracht. Der Auftritt der SA am 9. März 1933 auf dem Schulhof der Auguste Viktoria-Schule gehörte in eine Folge von ähn-

Abb. 3: Dr. Carl Mönkemeyer (von Gisela Spiekerkötter, 1934)

lichen terroristischen Übergriffen, die zwei Tage zuvor mit dem Hissen der Hakenkreuzfahne auf dem Polizeipräsidium in Bielefeld begonnen hatten und von nun an unter dem Schutz der Polizei standen. Sie waren auf die Kommunalwahlen vom 12. März 1933 ausgerichtet. Das geschlossene Auftreten von Stahlhelmern, den Deutschnationalen verbunden, SA und SS zielte auf die Macht auch in der Stadt und im Kreis Bielefeld.

Die Auguste Viktoria-Schule war die einzige Schule in Bielefeld, an der in diesen Tagen eine schwarz-rot-goldene Fahne verbrannt worden ist. Am 8. und 9. März wurden auch aus dem Haus der Technik, der Turnhalle Ost der Freien Turnerschaft und aus weiteren öffentlichen Einrichtungen die schwarz-rot-goldenen Fahnen „geholt" – „etwa 20 Stück!" – und abends vor dem Rathaus auf dem Schillerplatz verbrannt. Was hatte die besondere Aufmerksamkeit der Nationalsozialisten geweckt, um ausgerechnet an einer städtischen höheren Mädchenschule ein Exempel zu statuieren?

Aus bürgerlichen Familien Bielefelds kamen fast alle Schülerinnen und Schüler der höheren Schulen. In den Familien mochten Gespräche über Schule viele Anstöße haben: z.B. besondere Vorkommnisse, Eigenheiten von Lehrerinnen und Lehrern oder auch Inhalte von Unterricht. In solchen häuslichen Gesprächen entstehen aus langfristigen Urteilen (‚schon-immer-Geschichten') und aktuellen ‚Sensationen' subjektive Bilder der Schule in der Stadt.

Von Schülerinnen, Lehrern und Lehrerinnen

Zu einem besonderen Ereignis stilisierte die NS-Zeitung „Westfälischer Beobachter" die Besetzung eines Krippenspiels, das zu Weihnachten 1932 neben einer Märchenaufführung vorgesehen war. „Ausgerechnet eine Jüdin" titelte vorwurfsvoll ein Artikel vom 17.11.1932, zielte auf einzelne, nicht genannte Lehrkräfte und schloss mit der Drohung: „Es gibt tatsächlich sehr viele Pädagogen, die einer Erziehung im völkischen Geist bedürfen." Der Artikel war mit dem Vermerk „G.[egen] R.[ückgabe]" Direktor Willy Schulz zur Kenntnis zugestellt worden, offenbar auf Veranlassung des Oberbürgermeisters Dr. Paul Prieß. Sein Namenszeichen findet sich auf dem Bericht des Direktors. Prieß führte den Schulvorstand, das kommunale Aufsichtsgremium, seit 1920 als stellvertretender, ab 1932 als Vorsitzender, er war nicht Mitglied der NSDAP. Schulz nahm den Wortlaut des Zeitungsartikels wie eine städtische Verfügung entgegen. Die agitatorische Aussage eines nationalsozialistischen Journalisten zeigte Wirkung auf die Verwaltungsleitung und auf die Schule; der Vorgang verdeutlicht, wie die Verwaltungsspitze sich auf eine Legitimation kraft Zeitungslektüre einließ, und dass die überlieferten Normen des öffentlichen Handelns „umcodiert" waren.

Anneliese Terry (geb. Grünwald) war Schülerin der U III [Klasse 8] und erinnerte sich 2002:

> Man beschwerte sich, dass eine Jüdin die Hauptrolle in einem Weihnachtsstück spielte. Am nächsten Tage wurde ich aus der Klasse zum Direktor gerufen. Als ich dort ankam, sagte er nur, dass die Rolle jemand anderes bekommen hatte, da der Name unserer Schule viel zu wichtig war. Er drehte sich um und ich stand da alleine. Als ich in der Halle war, wusste ich kaum, was zu tun. Tränen kamen nicht, ich fühlte mich nicht wohl [...].[15]

Abb. 4: Willy Schulz
(von Gisela Spiekerkötter, 1934)

Direktor Willy Schulz unterrichtete das Fach Evangelische Religion. Er nahm auch „als Vertreter der Religionslehrer an den höheren Schulen" an den Sitzungen der Kreissynode Bielefeld teil. Die Schülerinnen nannten ihn „der liebe Gott". Er bezeichnete die Verteilung der Hauptrolle im Krippenspiel an eine jüdische Schülerin als einen „Fehlgriff", stellte dar, dass er für die Aufführung des Krippenspiels und der Märchenaufführung zwei verschiedene Termine bestimmt habe, übersetzte den Begriff des „Völkischen" ins Konfessionelle und führte aus: „So konnten wir die berechtigten Empfindungen christlicher Eltern und Schülerinnen schonen, ohne den jüdischen Schülerinnen, die nun einmal schon bei der Vorbereitung der Märchenaufführung mitwirkten, wehe zu tun."[16]

Lehrerinnen und Lehrer in den Widersprüchen der Zeit

Von den 24 Lehrerinnen und Lehrern an der Auguste-Viktoria-Schule sollen die folgenden drei Lehrer und eine Lehrerin die Widersprüche der Zeit verdeutlichen; die Auswahl aus dem, was nach außen und in die Familien hinein

Abb. 5: Lehrerkollegium 1933; oben v.l. : Wessel, Bavink, Bauer, Hunke, Mönkemeyer, Zenke, Götte; unten Direktor Schulz zwischen Hanna Berendes (l.) und Emmy Cremer (r.); 2. Reihe: Dr. Carl Cardinal (l.), Dr. Wilhelm Warning (r.)

wirken konnte, soll die Vielstimmigkeit, kein abgerundetes Bild beschreiben. Die Widersprüchlichkeit teilte sich den Schülerinnen unmittelbar mit und wirkte auch unter ihnen selbst.

> Immer mehr erkannten wir, wie stark unsere Lehrer ausgeprägte Individualisten waren und von unterschiedlichen Anschauungen getragen. Unvergessen, wie der Physiklehrer uns vor dem Besuch eines öffentlichen Vortrages über den „Juden Einstein" warnte und wie begeistert wir uns – nach einem von Prof. Bavink angebotenen Einführungsreferat – dann diesen Vortrag doch anhörten.[17]

Oberstudienrätin Dr. Annemarie Morisse war stellvertretende Schulleiterin bis Sommer 1928. Sie hielt „an der hiesigen Volkshochschule" „Vorlesungen über Philosophie und deutsche Literatur".[18] Eine Schülerin erinnerte sich,

„daß ihr die politischen und wirtschaftlichen Gegensätze, die zum Ersten Weltkrieg führten, sehr am Herzen lagen"[19]. Magdalene Gutenberg, geb. Busse schrieb 1977: „Keine konnte sich ihrem Gespür für wissenschaftliche, literarische und politische Zusammenhänge entziehen."[20] Dabei erinnerte sie sich an das Gespräch mit einer Mitschülerin über Dr. Morisse aus dem Jahre 1949, die meinte: „Mir lag sie, offen gesagt, nie, sie war mir viel zu demokratisch." Über ihre Gesprächspartnerin bemerkte sie, sie sei eine begeisterte Nationalsozialistin geworden und sei es auch wohl 1949 noch gewesen. „Dr. Morisse war seit 1918 Mitglied der 1930 in „Staatspartei" umbenannten „Deutschen Demokratischen Partei", wurde 1919 in den Stadtrat gewählt, kandidierte auch für den preußischen Landtag. Sie wurde 1928 Schulleiterin in Herford und 1933 vorzeitig in den Ruhestand versetzt.[21] Mit Bernhard Bavink verband sie ein enges kollegiales Einvernehmen ungeachtet dessen, dass er der politischen Rechten zugetan war. Darüber ist an späterer Stelle im Zusammenhang mit seiner Ehrung Näheres auszuführen.

Abb. 6: Unten: Dr. Annemarie Morisse (Mitte) mit 9 Abiturientinnen 1925; oben: Gertrud Kamp, Dr. Wilhelm Warning, Dr. Wilhelm Zenke, Dr. Bernhard Bavink

Studienrat Dr. Otto Bauer unterrichtete Deutsch, Geschichte und Erdkunde. Im Rahmen des Unterrichts machte er die Schülerinnen auch mit den Abläufen im Stadtrat vertraut[22], der im benachbarten Rathaus tagte. Er ließ das Aufsatzthema „Der Friedensgedanke in der deutschen Literatur (Kant, Schiller, Gottfried Keller u.a.)" im Schuljahr 1928/29 behandeln; 1931 nahm er teil an der Tagung „Völkerbund und Schule" in Köln vom 1.-3. Juni. Am 30.9.1933 musste Otto Bauer die Schule verlassen und wurde nach Wanne-Eikel versetzt.[23]

Nationalsozialisten hatten das Schulkollegium im Frühjahr 1933 unter dem Vorwand einer gesetzförmigen Wiederherstellung des Berufsbeamtentums grundlegend umgestaltet. Jetzt kontrollierte der „Staatliche Untersuchungsausschuß beim Oberpräsidenten der Provinz Westfalen, Abteilung für höheres Schulwesen", die Behörde. Der sog. Dreierausschuß war besetzt mit Vertrauensleuten der NSDAP aus der Lehrerschaft"[24]. Nationalsozialisten hatten sich in Positionen gebracht, die sie nach den Regeln des Berufsbeamtentums bisher nicht zu erreichen vermocht hatten. Dies galt auch für zahlreiche Schulen. Die Einzelheiten des Umgangs mit Otto Bauer sind in einem Sonderheft erhalten, das wohl zufällig in die üblichen Personalakten geraten war und intern als „politische Akte"[25] bezeichnet wurde. Darin ist niedergelegt, dass Bauer nach seinen Beziehungen zum Reichsbanner, zu Äußerungen im Unterricht über das Volksbegehren gegen den Young-Plan 1929 und sein Eintreten für Pazifismus und den Völkerbund befragt wurde. Auf diese drei Punkte hatte der „Staatliche Untersuchungsausschuß" die mehrseitigen, in drei nacheinander über August Althaus, den Bielefelder „Kreisamtsleiter" des NSLB* eingereichten Schriftsätzen enthaltenen Anzeigen des Kollegen Dr. Karl Mönkemeyer reduziert. Dieser hatte sich „als völkisch gesinnt" verkannt gesehen und beklagt, die Gesamtkonferenz habe ihn „als nicht geeignet für eine Rede zum Verfassungstag[26] betrachtet." Er hatte u.a. vermeldet, „wenn er [Bauer] nachmittags zu seinem Kaffeelokal geht, so sagt man, „der Völkerbund tagt". Er fällt dort auf, da er auch dort öffentlich Hefte korrigiert hat. Seine Schülerinnen haben häufig Aufsatzthemen mit Widerwillen erledigt."[27] Aus den Akten ergibt sich weiter, dass Bauer 1918 in die SPD eingetreten, 1924 zu den Demokraten gewechselt und unter den Gründungsmitgliedern des Reichsbanners gewesen sei. Am Tage, als die Hakenkreuzfahne auf der Schule erschien, habe er offen eine Wertschätzung des Nationalsozialismus erkennen lassen. Die Unterwerfungserklärung notierte der Ausschuss mit den Worten:

* Berufsorganisation nationalsozialistischer Lehrer.

> Über seine Weltanschauung gibt Bauer folgende Erklärung ab. ‚Ich war früher stark im Rationalismus zu Hause und habe dementsprechend auch nicht früh genug erkannt, welch unheilvollen Einfluss das Judentum auf die geistigen und kulturellen Zustände und auf die Wesensart des deutschen Volkes ausübten'.[28]

Gesprächsstoff über Unterrichtsinhalte mochten auch Lektüren für den Deutschunterricht sein. Diese wurden in den bis 1931 auch veröffentlichten Jahresberichten[29] des Direktors dokumentiert. Neben Gerhard Hauptmann und Detlev von Liliencron wurde die „Moderne Lyrik" mit den Namen Richard Dehmel, Hugo von Hofmannsthal, Arno Holz, Christian Morgenstern, Rainer Maria Rilke, Stefan George verknüpft. Was mit der Angabe „Dichtung der Neuromantik und des Expressionismus" oder „Proben aus der Dichtung des 20. Jahrhunderts" zusammengefasst wurde, kann heute nicht mehr an Autoren oder Buchtiteln nachvollzogen werden. Es lassen sich einzelne Titel zwei Lehrkräften zuordnen: 1927/28 befasste Studienrat Paul Lindner die Oberprima mit Ernst Toller, Vormorgen; Masse Mensch; Hoppla, wir leben; Thomas Mann, Zauberberg, Unordnung und frühes Leid; und Heinrich Mann, Mutter Marie, mithin einer Literatur, die 1933 von Nazis öffentlich verbrannt werden sollte; Studienrätin Elisabeth Arning (verstorben 1932) behandelte 1931 Thomas Mann, Die Buddenbrocks. Thomas Mann hatte 1929 den Nobelpreis für Literatur erhalten. Nach den Reichstagswahlen 1930 hielt er am 17. Oktober in der Berliner Philharmonie eine Rede zur politischen Situation in Deutschland. „Er appellierte an das Bürgertum, dem Nationalsozialismus eine Absage zu erteilen und seinen Platz an der Seite der Sozialdemokratie einzunehmen"[30] und löste damit eine lebhafte Kontroverse aus.

In Bielefeld kam der Inhalt dieser Rede in der bürgerlichen Westfälischen Zeitung nicht an. Kritische Nachrichten und Kommentare zum Nationalsozialismus fehlten. Es gab entgegengesetzte öffentliche Äußerungen: In einem Blatt mit 12 Leitsätzen zu einem öffentlichen Vortrag[31] formulierte Bavink „10. Die wichtigste Aufgabe aller Menschenführung ist die Überwindung des Individualismus […] in den Gesamtheiten (Menschengruppen) durch solche Gestaltung der erziehlichen, sozialen usw. Maßnahmen, daß die Ziele des Ganzen wieder den Strebungen der Individuen übergeordnet werden und damit der heutige Kampf aller gegen alle aufhört. 11. Diese Ziele sind nicht durch eine wie immer verhüllte Rückkehr zur mittelalterlichen Gebundenheit, sondern nur in einem „dritten Reich" zu verwirklichen […]". Der Begriff des „Dritten Reiches" kursierte seit längerem in der konservativen Publizistik. Der Titel des Buches war bereits durch die Verwendung als Parole der Nationalsozialisten zu einer vom Werk losgelösten Wirkung gekommen.[32] Bielefeld erwarb am 30.12.1930 die später äußerst zweifelhafte Ehre, als erste Stadt in Preußen einen Nationalsozialisten zum Vorsteher der Bürgerschaft gewählt zu haben.[33] Dies wurde erst möglich, als das Zentrum die Zusage eines Sitzes im Magistrat erhalten hatte und die Kommunisten sich nicht an der Wahl beteiligten. Diese glaubten 1930 keinen Unterschied auszumachen, ob ein Sozialdemokrat oder ein Nationalsozialist Vorsitzender der Bürgerschaft wurde. Die bürgerlichen Parteien wünschten gemeinsam entgegen dem parlamentarischen Brauch, der dieses Amt der stärksten Fraktion hätte zufallen lassen, dass kein Sozialdemokrat Vorsteher sein solle und übertrugen die Aufgabe einem Nationalsozialisten, dessen Name im Wortsinne für die Bielefelder Kommunalpolitik stehen sollte: Emil Irrgang. Auf der rechtsgerichteten bürgerlichen Seite hatte sich offenbar schon eine grundsätzliche Frontstellung gegen die Sozialdemokratie ergeben. Dirk Blasius[34] weist hin auf Graf v. d. Goltz, der in einem Beitrag zu Beginn des Jahres 1931 die Sorge ausdrückte, die Reichswehr könne durch Annäherung an die Sozialdemokratie im Zuge des strengeren Uniformverbots, das auch gegenüber der nationalsozialistischen SA durchgesetzt wurde, „den außenpolitisch und wehrhaft denkenden nationalen und nationalistischen Rechtsparteien [...] entfremdet werden."[35]

Hedwig Becher, Schülerin von 1885 bis 1895 der nun nach Auguste Viktoria benannten Schule und ausgebildete Lehrerin für den Unterricht an Töchterschulen, gehörte zum Repräsentantenkollegium der Synagogengemeinde.

In einem ‚Wahlkomitee 1930' wandte sie

> sich in einem [...] Spendenaufruf an die Bielefelder jüdischen Glaubensgenossen. Es geht um die Abwehr von Nationalsozialismus und Antisemitismus bei der bevorstehenden Reichstagswahl, gegebenenfalls auch bei der Bielefelder Kommunalwahl; für beide soll in einen Kampffonds gespendet werden. Denn ein Sieg des Nationalsozialismus würde ‚eine schwere Gefahr für jeden in Deutschland lebenden Juden ohne Ausnahme bedeuten'. Als verantwortlich zeichnen vier jüdische Rechtsanwälte, der Rabbiner, zwei Kaufleute und Frau Hedwig Becher [...].[36]

Bei der Lektüre der Jahresberichte fällt auf, wie einzelne Fachlehrer mit der Standardlektüre Lessing, Nathan der Weise umgingen. Bis 1935/36 wurde die Behandlung regelmäßig in der Klasse UI ausdrücklich vermerkt, danach nicht mehr. Victor Klemperer bietet eine Erklärung für diesen Widerspruch an. Er hatte eine von der NS-Machtübernahme begeisterte wissenschaftliche Assistentin gefragt, wie sie die Entehrung von Leuten, „die [ihr] bisher nahegestanden haben, wie man über Werke urteilt, die [sie] bisher geschätzt" habe, was sie bisher bei Lessing gefunden habe. Die Antwort ließ Klemperer ein „Bekenntnis zum Glauben an Adolf Hitler" erkennen. „Unsere Klassiker? Ich glaube gar nicht, daß sie ihm [sc. Hitler] widersprechen, man muß sie nur richtig lesen [...]."[37] Wenn im Religionsunterricht bei „Frl. Lentz" bis 1942 das Drama behandelt wurde[38], kam das im Jahresbericht nicht vor, weil der Schulleiter „deutsche und fremdsprachliche Lesestoffe"[39], nicht aber die des Religionsunterrichts bei den Lehrerinnen und Lehrern abzufragen pflegte.

Margarete Lentz unterrichtete die Fächer Deutsch, Geschichte und Evangelische Religion. Sie war eine mutige Frau, hatte sich am 14.4.1933 an ihren Schulleiter in Hattingen gewandt, weil sie mit einer erzieherischen Maßnahme gegen zwei Schülerinnen wegen disziplinarischer Verstöße nicht durchgedrungen war. Als die Eltern Margarete Lentz mit der Behauptung angingen, sie vergreife sich an den Mädchen, weil die Eltern Nationalsozialisten seien, holte sie Vertrauenserklärungen zahlreicher anderer Eltern ein. Die Nationalsozialisten sahen sich bloßgestellt. Dr. Rust, der Minister für Wissenschaft, Kunst und Volksbildung in Berlin, erteilte per Telegramm am 27.4.1933 dem Oberpräsidenten in Münster die „Ermächtigung, die Studienrätin Lentz in Hattingen wegen politischer Unzuverlässigkeit sofort zu beurlauben"[40]. Ein in den Akten nicht auffindbarer Bericht des schon beschriebenen Untersuchungsausschusses über die Studienrätin Lentz wurde als Grundlage bezeichnet, unter dem Vorwand des § 5 des Gesetzes über die Wiederherstellung des Berufsbeamtentums, Margarete Lentz an die Auguste Viktoria-Schule Bielefeld zum 1.1.1934 zu versetzen.[41] Von der Unterrichtsverteilung her gesehen kam sie als Ausgleich für den versetzten Dr. Otto Bauer.

Das „richtige" Verständnis schien bei Schiller getroffen zu sein. Die Aufmärsche des BDM endeten regelmäßig auf dem Alten Markt. Im Chor sprachen die „Mädel" den Rütlischwur aus Schillers Wilhelm Tell, „wir wollen frei sein wie die Väter waren". Mit Kriegsbeginn endeten die Aufmärsche. So bemerkten sie nicht, dass Adolf Hitler persönlich dieses Stück verboten hatte. „In geeignet erscheinender, der politischen Bedeutung angemessener Form" sei das den Schulleitern mitzuteilen, verfügte unter Schamgefühl und „streng vertraulich" die Regierung in Minden an das Schulamt der Stadt.[42] Am 4.12.1945 eröffnete das Bielefelder Theater mit Lessings Schauspiel „Nathan der Weise". Es wurde ausgewählt, „nicht nur, um die Bekanntschaft mit einer großartigen Dichtung zu erneuern, sondern um die in ihr kristallisierte Idee der reinen Menschlichkeit richtungsweisend an den Anfang der Theaterspielzeit zu stellen."[43]

Im Schuljahr 1933/34 bearbeiteten die Schülerinnen der UII des Lyzeums, nachdem im Sommer Paul Lindner „nach langjährigen Wirken" „in den Ruhestand [getreten] war"[44], auch Aufsatzthemen wie den Horst-Wessel-Film „Hans Westmar", „die Jugend unterm Hakenkreuz" und „die nationalsozialistische Revolution"[45]. 1928/29 hatte Lindner seine Schülerinnen in die Ausstellung der Werke von Emil Nolde und Christian Rohlfs geführt und einen Klassenaufsatz darüber schreiben lassen. Er war ein Konservativer und seinem Kollegen Bavink auch freundschaftlich zugetan. Lindner starb 1952 in Bielefeld. Aus der Schulleitung wurde die Oberstudienrätin als stellvertretende Schulleiterin versetzt, in diese Stelle Dr. Karl Mönkemeyer berufen, als „Familienvater" und „wirklicher Nationalsozialist im Sinne der Bewegung", wie es in den Akten[46] heißt. Dieses Vorgehen verstieß gegen die Übung der Stadt seit 1922, die zweite Stelle der Schule mit einer Frau zu besetzen. Lindner und Mönkemeyer waren in persönlicher Freundschaft eng verbunden gewesen.

Zurück zur Verbrennung der schwarz-rot-goldenen Fahne. Die Hissung der Hakenkreuzfahne schrieb Karl Mönkemeyer seiner „Veranlassung" zu „ohne Fühlungsnahme mit dem Direktor"[47]. Es sollte vielleicht auch eine vorweggenommene symbolische Siegesfeier sein für den erstrebten Erfolg bei den Kommunalwahlen. Die Nationalsozialisten griffen auf diese Weise das Mädchengymnasium an, von dem Mönkemeyer in paramedizinischer Sprache überlieferte, die Schule gelte „als demokratisch verseucht, zum großen Teil Nachwirkungen von Frau Studiendirektor Dr. Morisse, [...], in der Hauptsache aber durch Dr. Bauer"[48]. Die Auguste Viktoria-Schule führte als einzige höhere Mädchenschule in Ostwestfalen, bei insgesamt fünf in ganz Westfalen, in der Studienanstalt zum Abitur und Studium. Und vom Frauenstudium hielten die Nationalsozialisten nichts. Denn immerhin kündigten sie ja an, den Anteil der Studentinnen auf 10 % zu senken.[49] In diesem Punkte fanden die Nationalsozialisten Zustimmung auch außerhalb ihrer Partei. Der Sprecher der Bielefelder höheren Schulen – Leiter einer höheren Mädchenschule, kein Nationalsozialist – sagte denn auch in seinem Glückwunsch zur Schuljubiläumsfeier am 9.9.1933: „Wir brauchen künftig weniger gelehrte Frauen."[50] Von den 25 Unterprimanerinnen, die zu Augenzeuginnen am 9. März 1933 geworden waren, verließ Erika Wertheimer im Sommer 1933 Deutschland, was sie „ihrem weitsichtigen Vater zu danken" habe.[51] 1934 erhielt nur „eine [einzige Abiturientin] die Berechtigung zum

Abb. 7: 1934 vor dem Abitur in Littfeld. Anneliese Baum untere Reihe 4. v. r.; obere Reihe: Dr. Carl Cardinal (1. v. l.), Gisela Spiekerkötter (6. v. l.)

Besuch der Hochschule, drei [Abiturientinnen] zum Besuch der Hochschule für Lehrerbildung“[52] nach Abstimmung zwischen dem Gauleiter der NSDAP und der Schulaufsichtsbehörde in Münster sofort, drei andere erst 1935 die Zulassung zum Studium. Die Einschränkungen galten nur für den Abiturjahrgang 1934, für die nachfolgenden Jahrgänge nicht mehr. Auf Empfehlung ihres Geschichtslehrers Dr. Carl Cardinal bewarb sich Anneliese Baum*, die zur Leistungsspitze der Klasse gehörte, 1935 noch einmal eindringlich, aber vergeblich um die Zulassung zum Studium. Direktor Schulz hatte ihr ein „gut geeignet“ bescheinigt und ausgeführt:

> Möchte Germanistik, Geschichte und Kunstgeschichte studieren, erscheint auch für den Besuch der Hochschule gut geeignet. Sie hat die Reifeprüfung gut bestanden. Ihre Jahresarbeit bewies nicht nur ihre Fähigkeit, in die Tiefe zu dringen und geistige Zusammenhänge zu erarbeiten, sondern auch ihren großen Fleiß und ihre starke Willenskraft.

* Name geändert.

Der NS-Gauleiter erhob „politische Bedenken", weil eine „enge Freundschaft mit der Jüdin Katz" die „Zuverlässigkeit" zweifelhaft erscheinen ließ.[53] Anneliese Baum hat nie eine Antwort erhalten. 1934 hatten alle Schülerinnen das Abitur noch gemeinsam gefeiert, im Hause Katz und im Hause Oetker[54], zu den Restriktionen schrieb in den Berichten über ein Klassentreffen nach 25 Jahren Ida Wischnath: „Wir sind damals, weniger bekümmert als unsere Lehrer, die uns bedauerten, ins Leben hinausgezogen."[55]

Die Oldenburger Historikerin Gunilla Budde bemerkte in ihrem Festvortrag zur 175-Jahrfeier der Schule, dass „die Nationalsozialisten mit ihrer Mutterideologie [...] weniger Einschränkungen in der Mädchenbildung [bewirkten] als lange Zeit angenommen. [...] Doch eine Abschaffung der höheren Bildung für Mädchen erreichten – und wollten – die Nationalsozialisten auch nicht. In den 1940er Jahren nahm sogar die Zahl der Studentinnen und Promovendinnen immer weiter zu".[56] Die Restriktionen gegen über dem Abitursjahrgang 1934 entsprachen den Erwartungen der Vertreter in den freien akademischen Berufen zur Minderung des Konkurrenzdrucks infolge der ‚Akademikerschwemme'; sie galten offenbar auch der Einschüchterung der noch nicht an den Nationalsozialismus angepassten bürgerlichen Familien.[57]

1933 feierte die Schule das „Doppel-Jubiläum" der Jahre 1828 und 1858

1933 hatte die Schule das „Doppel-Jubiläum" als großes Fest mit mehr als 1000 Teilnehmerinnen gefeiert: das eines hundertjährigen Bestehens wurde mit fünfjähriger Verzögerung nachgeholt und „die Feier des 75-jährigen Bestehens der Schule als städtische Anstalt." In kaum einer Ansprache fehlte der positive Bezug zu den geänderten politischen Verhältnissen. Allein die Vertreter der christlichen Kirchen enthielten sich derartiger Bemerkungen. Ein Sprecher der Synagogengemeinde war nicht eingeladen, jüdische Schülerinnen kommen in den Berichten nicht vor. Die Westfälische Zeitung begann ihren Bericht über die „Geburtstagsfeier der Auguste Viktoria-Schule" mit den drei Leitworten zum Fest „Gott, Vaterland, Wissenschaft" und wiederholte sie zweimal. Eine Primanerin fügte den Hinweis ein auf den „im letzten Augenblick geborenen Retter".[58] Im Bericht über den Beitrag des Schulleiters Schulz stellte die Zeitung die Skizzierung der „wissenschaftlichen Arbeit der Schule" der Erwähnung der „geschichtlichen Entwicklung" voran. Aus der Rede zitierte sie wörtlich: „Was die zu Ostern zu erwartende große Umwälzung im Schulwesen auch immer uns bringt, und mag sie für unser Schulsystem noch so einschneidend sein, wir werden mit Gottes Hülfe auch den neuen Aufgaben gewachsen sein […]." In seiner Überbetonung der Nähe zum Nationalsozialismus drückte er wohl die Sorge aus, ob die Schule ihren Charakter als wissenschaftsvorbereitende Schule würde erhalten können. In der Berichterstattung der Westfälischen Zeitung konnte er jedenfalls eine Unterstützung lesen.

Die Festgesellschaft zog aus der Stadt zum Johannisberg, die SA-Kapelle mit Blasmusik voran. Es war eine von Wilhelm Warning verfasste Festschrift[59] erschienen mit ausführlichem Bild der 100-jährigen Schulgeschichte und Beiträgen ehemaliger Schülerinnen, die bis in die 1848-er Jahre zurückreichten. Emmy Cremer hatte wesentlich das Fest organisiert, einzelne Punkte eigens vorbereitet. Sie redigierte das Mitteilungsheft „Unsere Schule" * von 1933 an. Am 4.8.1933 legte Direktor Schulz dem Schulkollegium** die „Fragebogen zur Durchführung des Gesetzes zur Wiederherstellung des Berufsbeamtentums" vor. Frl. Cremer „konnte die Erklärung nicht unterschreiben, weil ihr Großvater mütterlicherseits kein Arier war. Ich habe sie daraufhin gemäß der Anweisung im letzten Absatz der Ziffer 7 des eben erwähnten Erlasses veranlasst, den Fragebogen nun ganz auszufüllen und die nötigen Urkunden beizufügen." Die Wertschätzung seiner Lehrerin drückte er mit den Worten aus: „Da Fräulein Cremer ja aber schon vor dem 1. August 1914 angestellt war, wird sie uns hoffentlich erhalten bleiben."[60] Emmy Cremer besorgte auch das künftig jährlich erscheinende Mitteilungsheft „Unsere Schule", das dem Zusammenhalt zwischen den „Ehemaligen" und der Auguste Viktoria-Schule gewidmet war.

Die Jahre von 1933 bis 1938 in den Heften „Unsere Schule"

1933

Die Hefte „Unsere Schule" bieten von 1933 bis 1938 ein anschauliches Bild von der Ausbreitung des Nationalsozialismus in der höheren Mädchenschule und im Bürgertum. Berufskundliche Informationen lassen Modernisierung

* Unsere Schule. Mitteilungsblatt des Vereins ehemaliger Schülerinnen, 1933-1938; 1950 →. Heft 3 1935/36 ist nicht überliefert.

** Die genaue Bezeichnung der Schulaufsichtsbehörde lautete Provinzial-Schulkollegium, abgekürzt PSK. Sie unterstand dem Oberpräsidenten der Provinz Westfalen in Münster.

in nationalsozialistischer Prägung erkennen. Auslandsberichte ergänzen die deutsche um unbefangene Einblicke in eine internationale Sozialgeschichte. Die erste Ausgabe schloss Emmy Cremer „mit deutschem Gruß", die Ausgaben 1934, 1936 bis 1938 mit dem Weihnachtsgruß. Oberstudiendirektor Schulz beendete sein Grußwort mit „Heil Hitler!" und ergänzte die Datierung mit den Worten „am Tage nach dem überwältigenden Wahlsieg vom 12. November 1933". Dieses Heft berichtete über das Schulfest, einen selbst gewählten Arbeitsdiensteinsatz in Schlesien, das Leben auf dem Lande und den Verlauf des Jahres 1933 in der Schule. Darin blieb die Berufung auf die „nationale Revolution", und das „vaterländisches Erleben" weltlich, mit der „Wiedergeburt unseres Volkes"[61] kam eine neue religiöse Sprache auf, an „Stelle der Andacht am Sonnabend morgen [führte die Schule] eine musikalische Wochenendfeier"[62] neben der Morgenandacht zu Beginn der Woche ein. Im Briefkasten vermerkte Emmy Cremer fünf schriftliche Grüße, darunter die der jüdischen ehemaligen Mitschülerinnen Martha Löwenstein und Grete Windmüller aus ihrer Klasse.[63]

1934

1934 enthielt das Heft Berichte von ehemaligen Schülerinnen aus dem Ausland. Eine Familie hatte in Guatemala eine Kaffeeplantage, eine Finca, übernommen. Else Möller, geb. Thiede, Lehrerin für höhere Mädchenschulen seit 1908, machte sich besondere Sorgen um die Schulbildung ihrer Söhne:

> Die Schulfrage ist für uns Deutsche auf den Fincas ein sehr schwieriges Kapitel. In der Hauptstadt ist eine deutsche Schule, die aber nicht immer so gut war, wie sie jetzt sein soll. Mit Pension und allem Drum und Dran wird es auch fast so teuer, als wenn man die Kinder in Deutschland hat, und dann ist das doch immer noch vorzuziehen. Zur Ausbildung müssen sie ja doch hinüber. Nur ist die Trennung recht schwer zu ertragen so auf Jahre hinaus.[64]

So klingt in der Grußformel „Mit deutschem Gruß"! eher Vaterland als Adolf Hitler an. Neues politisches Sendungsbewusstsein zeigt die Überschrift „Auf Vorposten in Deutsch Südwest-Afrika". Die Absolventin der Klasse 1 (1921) handelt auch von eigener Mitgliedschaft in der NSDAP, dem Verbot der Hitlerjugend, der Ausweisung des „Jugendführers", polizeilicher Durchsuchung des Büros der NSDAP, Beschlagnahme von Akten und zeitweiser Verhaftung des „Landesgruppenführers". Das Gefühl eines „Bürgers zweiter Klasse" könne nur durch Rückgabe der ehemaligen Kolonie Deutsch Südwest-Afrika gelöst werden. Sie schließt mit „Heil Hitler".[65] Der Bericht von der Teilnahme einer Gruppe Schülerinnen an der Jahrestagung des Volksbundes für das Deutschtum im Ausland (VDA) in Trier galt einer Demonstration für die Rückgliederung des Saargebietes in das Deutsche Reich; in Tilsit, dem für die Zusammenkunft 1935 vorgesehenen Ort, gelte es, „den Osten zurückzuerobern."[66]

Klassenaufenthalte in einer Jugendherberge wurden zu „Gemeinschaftslagern mit „Nationalpolitischen Schulungen". Dies schloss die Teilnahme jüdischer Schülerinnen aus. Bei der Fahrt der O I Anfang 1934 beschränkte sich das Nationalpoltische noch auf die Betrachtung der Zeitungen durch den Geschichtslehrer Cardinal.[67] Während des Aufenthalts der O II in Rinteln 1936 waren „Lehrer und Schülerinnen v e r s c h i e d e n e r [!] Schulen zu Gemeinschaften vereinigt"[68] und Themen gesetzt: die „Grundgedanken des Nationalsozialismus, [...] Geschichte des Judentums, [...] Marxismus und die neuen Gesetze des Dritten Reiches, insbesondere das Reichserbhofgesetz."[69] Im Bericht über das nunmehr vor dem Studium verbindliche „Werkhalbjahr" mit eingeschlossener „Schulung [...] auf politischem Gebiet" war auch die Besichtigung der „Führerschule in Buddenburg" enthalten, die zu einem Spalier für den „Führer" geriet. Der Bericht „aus dem Leben der Schule" im Schuljahr 1934/35 begann mit den Worten: „Der Neubau des Reiches nach nationalsozialistischen Grundsätzen", nannte die „Erziehung zum nationalsozialistischen Menschen" das „einheitliche Erziehungsideal" der Schule und zählte die neu eingeführten „Unterrichtsstoffe" auf: Vererbungslehre, Rassenkunde, Familienkunde und „starke Betonung der deutschen Vorgeschichte". Von 401 Schülerinnen gingen „nur etwa 100 Schülerinnen der Klassen VI bis U III am Sonnabend"[70] zum Unterricht in die Schule, nicht zum BDM, der nationalsozialistischen Jugendorganisation für Mädchen. Im „Briefkasten" gab Emmy Cremer eine Nachricht von „Marta Spanier-Löwenstein, Kl[asse] I 1894", bekannt, die drei Jahre zuvor Grüße hatte ausrichten lassen. So zeigte sie auch die fortdauernde Zugehörigkeit einer jüdischen Ehemaligen an. Diese berichtete 1956 von den Heinrich-Heine-Feiern in London und fügte hinzu, sie sei 1938 ihrer Tochter nach England gefolgt.

1936

1936 trat Dr. Friedrich Lange (1892-1974), bisher Leiter einer höheren Mädchenschule in Bünde, die Nachfolge des pensionierten Direktors Schulz an. Dieser hatte sich noch beim Abschied als einen „so unnahbar, würdigen und unwahrscheinlich langweiligen" „lieben Gott" den Schülerinnen eingeprägt; von seinem Nachfolger ging – so heißt es in einer Erinnerung 40 Jahre später – „diese natürliche Frische, dieser Schwung! Wärme, Offenheit, ein Strom lebhafter Freude"[71] aus. Er hatte schon in seiner Antrittsrede erkennen lassen, dass er grundsätzlich den Schülerinnen zugewandt war. „Die Schülerinnen sollten nicht das Empfinden haben, daß ein Direktor über ihnen sei, sondern vielmehr, daß der Direktor n e b e n [!] ihnen stehe und Anteil nehme an ihrer Entwicklung, an ihren Sorgen und Nöten [...]."[72] Aus der Antrittsrede zitierte Studienrat Wilhelm Zenke als Verfasser des Berichts den Satz: „Alle Schularbeit sei auf den Führer als den großen Erzieher unseres Volkes auszurichten."[73] Dieser Satz wurde in der Berichterstattung der Westfälischen Zeitung wiederholt und weiter ausgeführt. „Das deutsche Mädchen müsse völlig herausgelöst werden aus der Ichgebundenheit, die einmal typisch gewesen sei für die frühere höhere Tochter. Bei aller Übereinstimmung mit dem BdM habe die Schule „zur A c h t u n g v o r d e n g e i s t i g e n L e i s t u n g e n [!] zu erziehen, die Deutschland einen Ehrenplatz unter den Völkern gesichert" hätten. Ob die Studienanstalt fortgeführt würde, schien unsicher. Die Westfälische Zeitung erwähnte den „besonders eindringlich[en]" Wunsch der Schülerinnen an den neuen Schulleiter „seine Hand schützend über die Studienanstalt zu halten."[74] Im „Bielefelder Stadtanzeiger", der örtlichen Ausgabe der NS- Zeitung „Westfälische Neueste Nachrichten", kam die Studienanstalt nicht vor. Sie nannte die Schülerin eine kleine „Q u i n t a n e r i n", „die in launig-kecken Verschen dem Hohen Chef ihren Wunsch- und Glückwunschzettel in die Ohren bließ." Die junge Schülerin trat auf, wie es schon 1933 anläßlich des Schulfestes von Emmy Cremer arrangiert worden war.

Der neue Direktor betonte in seinem Grußwort an die Ehemaligen die Sonderstellung der Auguste Viktoria-Schule. Es sei eine Schule „mit einer in Westfalen nur fünf Mal und in Ostwestfalen nur einmal vorhandenen Studienanstalt."[75] Nationalsozialismus kam in diesem Artikel nicht vor. Der Oberbürgermeister hatte am 24.7.1935 ein Gutachten „über die politische Zuverlässigkeit"[76] des künftigen Schulleiters erbeten. Die Kreisleitung Herford der NSDAP – Bünde liegt im Kreis Herford – bescheinigte dem am 1. Mai 1933 in die NSDAP eingetretenen „allseitiges Vertrauen". Die Mehrheit des Schulvorstandes entschied sich 20.9.1935 in Anwesenheit von Althaus, „Kreisamtsleiter" des NSLB Bielefeld, und NS Kulturwart Wilke gegen den Bielefelder Wunschkandidaten der örtlichen NSDAP für Dr. Friedrich Lange. Das Schulkollegium in Münster hatte dazu geraten, auf einen Bewerber zu setzen, der Erfahrung im Mädchenschuldienst erworben habe.[77] Nach dem Bericht der Westfälischen Zeitung hob der amtierende Oberstudienrat Dr. Mönkemeyer hervor, wie auch immer die zu erwartende neue Schulreform aussehen möge, dadurch, daß sie angeordnet würde, würden den Schulen überflüssige innere Kämpfe erspart.

Aus dem Hinweis auf den „Führer als den großen Erzieher unseres Volkes" in der Ansprache des neuen Schulleiters wurde noch kein Unterrichtsentwurf für eine Schulstunde. Angesichts der unterschiedlichen Interessen konnte der Satz auch den Anspruch auf eine Art „Generalvollmacht" für die eigene Position bedeuten. Der Unterricht blieb nach wie vor in der Hand und in der Verantwortung der Lehrkräfte. Ob oder wie der Sprecher seine Erklärung gemeint und im Unterricht selbst eingelöst hat, bleibt dahin gestellt. Bis 1935 hatten die von den Nationalsozialisten geschätzten Autoren wie Hermann Burte, Hans Grimm und Erwin Guido Kolbenheyer[78] keinen Platz im Lektüreplan der Schule; 1935 war Frl. Dr. Eva Richter* auf eigenen Wunsch aus einer anderen Schule ins Lehrerkollegium der Auguste Viktoria-Schule gekommen. Sie brachte als Lektüre zunächst Kolbenheyer, Gregor der Große für die O II, ab 1936 auch die Autoren Hermann Burte, Katte und Hans Grimm, „Volk ohne Raum", den „Bestseller völkischer Schundliteratur"[79] für die UI und O I mit. Eine nach Nürnberg umgezogene Schülerin notierte erfreut ihre Begegnung mit Frl. Dr. Richter auf dem Parteitag der NSDAP.[80]

Die aktiven Schülerinnen lasen in „Unsere Schule" 1936 auch Darstellungen der Lehrerinnenausbildung auf der „Hochschule für Lehrerinnen" und der Gewerbe- und der Landwirtschaftlichen Lehrerin. Daran mochten sie ihre Berufswahl orientieren. Eine Abiturientin des Jahres 1933 hatte die Ausbildung als Volkspflegerin 1936 begonnen und stellte das Berufsbild nach altem Ziel der neuen, eugenisch begründeten „Umwertung" im Pflegeberuf gegenüber:

> Früher erstreckten sich die Hilfsmaßnahmen auf alle Hilfsbedürftigen ohne Unterschied, ob es sich um erblich gut oder schlecht Beanlagte oder gar um asoziale Elemente handelte. Heute [1936!] wird der

* Name gerändert.

> Schwerpunkt gelegt auf die Pflege und Förderung des in jeder Beziehung Gesunden, – weniger auf Heilung als auf Verhütung von Schäden am Volkskörper.[81]

1937

1937 enthielt das Heft den ausführlichen Bericht[82] einer Austauschstudentin, O I 1932, aus Paris. Über die herrschende politische Ära in Deutschland schwieg er sich aus. Der Besuch des Flohmarkts geriet zur Schwärmerei: „Am köstlichsten ist die Straße der polnischen Juden. Es sind richtige Trödlerjuden, kauderwelschen in jeder Sprache [...]."[83] Den Bericht einer Austauschschülerin über ihren Aufenthalt in Frankreich kommentierte Emmy Cremer mit den Worten „... kleine Bausteine zum Bau der Völkerverständigung Cr."[84]. Eine Oberprimanerin berichtete vom „Reichsparteitag der Arbeit" in Bamberg, wie neue Wimpel überreicht, in einer Rede „geweiht" und durch eine Hitlerrede ins Schicksalhafte entrückt wurden, „um des Friedens willen".[85]

„J.-M.-Führerinnen aus Bielefeld machten eine Fahrt in die bayrische Ostmark" war Bericht einer anderen Oberprimanerin überschrieben.[86] Darin stand die Freude an Gemeinschaftserlebnissen beim Wandern und im Zusammentreffen mit anderen Jugendlichen im Mittelpunkt. Der Bericht geriet am Ende in die Sphäre jugendlichen Starkults. Eine Begegnung mit Hitler [48 J.] ließ die „atemberaubende Resonanz, Zustimmung und Gehorsamsbereitschaft"[87] erkennen, die Hitler mit den jungen Erwachsenen verband:

> [...] Aber das Schönste war Nürnberg! [...] Das Herrlichste, was man erleben kann, haben wir erlebt. Als wir um 12 Uhr in die Stadt zurückkamen, hörten wir von den Bottroper Mädeln, daß der Führer zum „Deutschen Hof" käme. Schnell liefen wir hin und warteten eine Stunde. Da bekamen wir Hunger, gingen zum Essen, und als wir wieder zurückkamen, war die Standarte schon hochgezogen. Unser Platz war zum Glück noch frei. Mit traurigen Gesichtern stellten wir uns dort nun wieder auf und sahen sehnsüchtig nach den Fenstern. Vielleicht sah der Führer mal aus dem Fenster. Leute kamen und sagten: „Ja, ihr müßt rufen!" Nein, das wollten wir nicht, wir wollten den Führer nicht stören. Und das war unser Glück! Wir hatten ungefähr zwanzig Minuten gewartet, als Brückner* aus der Tür trat und uns herüberwinkte.

* Wilhelm Brückner (1884-1954), 1930 -1940 Chefadjudant Hitlers.

Wir sind noch nie so schnell über die Straße gekommen. Er fragte, woher wir kämen, und sagte uns, der Führer lüde uns ein. Wir quiekten vor Freude. „Seid ihr verrückt", sagte Brückner, „wollt ihr euern guten Eindruck verwischen?" – Schnell waren wir still. Wir wurden in ein Zimmer geführt und bekamen Kaffee, Kuchen usw. Vor lauter Aufregung konnten wir gar nicht viel essen. Wir pufften uns und fragten uns, ob wir auch nicht träumten. Endlich, nach eineinhalb Stunden, wurden wir nach oben gerufen. Schnell stellten wir uns dort auf. Goebbels [40J.] und noch viele andere waren dort und lachten über unsere Aufregung.[88] Dann kam der Führer! –

Abb. 8: 1937 in Nürnberg: „Der Führer sorgte dafür, daß alle kleinen Mädel vorn standen, damit auch jede aufs Bild käme".

Niemand sagte ein Wort. Er gab jedem Mädel die Hand und fragte nach unserem Wohnort. Fest erwiderten wir den Händedruck des Führers. Wir konnten kaum fassen, daß der Führer wirklich vor uns stand. Dann kamen einige fröhliche Minuten: wir wurden fotographiert. Der Führer sorgte dafür, daß alle kleinen Mädel vorn standen, damit auch jede aufs Bild käme. Diese Bilder sollten eine Belohnung für unser langes Warten sein. „Weil Sie so still unten standen", sagte der Führer, „und mich nicht störten, sondern nur sehnsüchtig nach den Fenstern

> sahen, darum habe ich Sie gerufen!“ Und noch eine andere Belohnung bekamen wir, nämlich 120 Mark für unsere Fahrt. Wir waren sprachlos. Unsere Führerin gab ihm sechsmal die Hand zum Dank. Auch wir dankten ihm noch einmal. Dann machten wir uns auf den Rückweg. Schnell sahen wir uns noch einmal um, um einen letzten Blick vom Führer zu aufzufangen. Ein unvergeßliches Erlebnis![89]

In Bielefeld nahmen die Schülerinnen ihre Verpflichtungen für das BDM nicht mit in die Freizeit: eine „Abschieds- Zeitung“ vom 27.3.1936 der U II der Studienanstalt enthielt auf neun Seiten kein Wort, das irgendetwas mit dem Nationalsozialismus zu tun gehabt hätte.[90] Das Schulfest am 17.7.1937 auf dem Johannisberg war im Unterschied zu privater Freizeit auf subtile Weise und nur durch die Bewegungsart der Schülerinnen, den Einmarsch in uniformer Kleidung, der ‚Kluft‘ und das Schlusslied nationalsozialistisch eingefasst. Die Marschformation signalisierte den Gehorsam; dieses Prinzip war der Jugendbewegung fremd gewesen. Unter der Überschrift „Gemeinschaftserleben – Gemeinschaftsfreude“ begann das Fest mit dem „Vorspruch: Leibesübung, Quell der Freude“. Das gemeinsame Lied „Im Frühtau zu Berge ...“ leitete von der Landschaft über zur Politik mit einem traditionell nationalen Klang: „Auf Deutschland ausgerichtet“. Der Auftakt schloss mit dem gemeinsamen Lied „Deutschland heiliges Wort“ von Eberhard Wolfgang Möller, in dem die Bezeichnungen von Landschaften durch die im christlichen Kultus gebräuchlichen Begriffe „heilig“ und „gebenedeit“ ins Religiöse entrückt wurden. Nach dem weiteren Programm begann der Ausklang mit dem Gedicht „Jugend“ von Hermann Claudius, das von Jugendbewegung und Lebensphilosophie in Abgrenzung vom Rationalismus bestimmt war.[91] Das Schulfest schloss mit dem scheinbar emanzipatorischen Angebot im gemeinsamen Lied der Hitlerjugend „Nur der Freiheit gehört unser Leben.“[92] Mit fünfmaligem Aufruf der Freiheit sollte in diesem Lied vorindustrielle Ernteromantik verbunden mit Begriffen militärischer Verteidigungs- und Angriffsbereitschaft, ein Gefühl der Gemeinsamkeit erzeugen im Kampf gegen die „Schmach“, gegen den „Feind“ unter Drohung gegen den, der es „falsch“ meint. Kampf war ein Merkmal nationalsozialistischer Propaganda.

Diese Betrachtungsweise ist in der Gegenwart verständlich, den Teilnehmerinnen des Schulfestes wäre sie nicht zugänglich gewesen. Sie fühlten sich in der Gegenwart ihrer Altersgenossinnen und Mitschülerinnen wohl und verstanden den Appell zu „Gemeinschaftserleben – Gemeinschaftsfreude“ als die Aufforderung, sich wohl zu fühlen. Mit der Ernteromantik verbanden sie nicht selten auch Ferienerinnerungen, wenn sie als Erntehelferinnen bei einfachen Bauern in BDM-Gemeinschaft auf dem Lande gewesen waren.[93]

1936 waren die Schülerinnenzahlen gesunken: 6 waren für die Oberprima, 12 für die Unterprima zu erwarten. Die Zahlen entsprachen der durch die Kriegsjahre 1914-1918 und die Inflationszeit bedingten demographischen Entwicklung bei halbierter Geburtenrate. Es stand die Weiterführung der Studienanstalt auf der Tagesordnung. Der stellvertretende Schulleiter Mönkemeyer sprach sich für den „sofortigen Abbau", Studienrätin Berendes dagegen für die Beibehaltung aus. Das sei auch der Wunsch des Lehrerkollegiums. Der Schulvorstand beschloss, die beiden oberen Klassen für ein Schuljahr zusammenzulegen.[94] Damit blieb die Studienanstalt erhalten. 1937 wurde die Auguste Viktoria-Schule zur „Deutschen Oberschule für Mädchen" mit einem wissenschaftlichen, d.h. „sprachlichen" Zweig. Im Jahr darauf entschied eine Mehrheit aus Schulvorstand der Auguste Viktoria-Schule und Kuratorium der Cecilien-Schule in gemeinsamer Sitzung, dass gegen die Einrichtung auch eines hauswirtschaftlichen Zuges als 3jähriger Frauenschule ab 1938 an der Auguste Viktoria-Schule „nichts einzuwenden sei."[95] Die Schulzeit war auf 8 Jahre verkürzt, die allgemeinen unterrichtsfreien Tage und Schulungswochen des BdM aufgehoben und durch gezielte Einberufungen einzelner Schülerinnen zu Schulungen ersetzt.

1938

Das Vorwort zum 6. Heft schloss Emmy Cremer mit dem Wunsch „Übers Jahr!! – Was mag es für uns in seinem Schoße bereithalten, dieses Jahr 1939? Möge ein gütiges Geschick über ihm walten und über seinen Pforten stehen: Pax hominibus!" Sie hatte den Beitrag mit „Bielefeld, Totensonntag[96] 1938", datiert, da lag die Zerstörung der Synagoge durch Brandstiftung in unmittelbarer Nachbarschaft der Schule 11 Tage zurück. Mönkemeyer hatte am Morgen dieses Tages die Schülerinnen aufgefordert, dorthin zu gehen:

> Das ist ein einmaliges Erlebnis, Geschichte, die ihr miterleben könnt!" Bavink dagegen verbot uns, hinzugehen, und Warning stand mit ausgebreiteten Armen vor der Körnerstraße und verwehrte uns, hinauszugehen. Wir sollten in den Zeichensaal gehen – von dort konnte man den Brand gut beobachten. Emmy Cremer stand dort und weinte.[97]

> [Vor den] Flammen des schon zusammenstürzenden Gebäudes der Synagoge [standen] im Klassenverband [...] dichtgedrängte Schülerinnen, von denen ein 15-jähriges Mädchen [...] meine Mitschülerin sagte: „Man sollte die jüdischen Kinder obendrauf legen!“ [...] In dieser Situation kommt unser Lehrer Bernhard Bavink mit fliegenden Rockschößen und befiehlt [...] „Alle Schülerinnen zurück zur Schule!“ Und „Dies ist nichts für Kinder“.[98]

Der Schulleiter berichtete ein Vierteljahr später im regelmäßig zu erstellenden Jahresbericht der Behörde: „Am [18. November, dem] Tage der Beisetzung des durch feige Mörderhand gefallenen Gesandtschaftsrats Ernst von Rath hörte die Schule in Gemeinschaftsempfang die Reden bei der Trauerfeier in Düsseldorf.“[99] Am 30. März 1939 wurde „das Schuljahr geschlossen mit einer Frühlingsfeier. Frühlingslieder wechselten ab mit Orchester und Blockflötenspiel. Bei Schulschluss trat die Studienrätin Cremer in den Ruhestand.“[100]

Abb. 9: Blick auf Synagoge und Auguste Viktoria-Schule (rechts) vom Haus der Technik über den Alten Friedhof

Abb. 10: 10. November 1938: „Wir standen im Klassenverband vor den ungeheuerlichen Flammen des schon zusammenstürzenden Gebäudes der Synagoge." Hildegard Peters, WB 27.6.1997

Emmy Cremer in den Jahren 1937 bis 1939

Emmy Cremer hatte sich auf eine volle Dienstzeit eingerichtet. Aus den Akten ergibt sich, dass der Bielefelder „Kreisamtsleiter" des NSLB Althaus die Pensionierung am 16.1.1938 eingeleitet hatte mit der Mitteilung an den Oberbürgermeister der Stadt Bielefeld, die Studienrätin Emmy Cremer sei von der „Reichsamtsleitung des NSLB" aus dem NS-Lehrerbunde ausgeschlossen worden, weil sie „die weltanschauliche Schulung des NSLB" ablehne. Sie habe „eine jüdische Mutter" und sei für den NSLB „als Halbjüdin nicht tragbar." Der Oberbürgermeister leitete dieses Schreiben an das Schulkollegium in Münster weiter mit dem ausdrücklichen Hinweis, „Studienrätin Cremer [ist] Mischling 2. Grades (der Großvater mütterlicherseits der Studienrätin Cremer stammte vom Juden ab)" und sie sei, da bereits seit dem 1.8.1914 Beamtin gewesen, nach dem Beamtengesetz nicht in den Ruhestand zu versetzen.[101]

Seit 1934 hatte das Schulkollegium „Lehrgänge zur Umschulung der Lehrerschaft für den neuen Staat" eingerichtet. Sie galten Lehrern „aller Schulgattungen, vorzüglich Fachlehrer[n], „welche die Gesinnungsfächer Biologie, Deutsch, Geschichte, Erdkunde geben oder den nationalpolitischen Unterricht erteilen."[102] Emmy Cremer unterrichtete auch das Fach Erdkunde. 1936 war „dem NSLB die gesamte Schulungsarbeit für die Lehrerschaft übertragen"[103] worden. Unter Bezug auf verschiedene Akten erkennt der Historiker Ludger von Westphalen, dass sich „der NSLB als Kontrollorgan gegenüber der Schulverwaltung und den Schulen betätigt [hat]".[104]

In einem handschriftlichen Erfahrungsbericht vom 30.1.1950 an das Personalamt der Stadt Bielefeld beschrieb Emmy Cremer in 14 Punkten Vorgeschichte, Verlauf des Konflikts und schließliche Pensionierung. Vorab seien Warnungen ergangen, sie stehe „auf der schwarzen Liste", doch sei ihr gesagt worden, Herr Dr. Mönkemeyer stelle sich schützend vor sie.

> Um 1937 kamen Mütter von Schülerinnen – z.B. Frau Dr. Lindemann, jetzt Dozentin in Jena – zu mir, mich zu warnen, daß „man" etwas gegen mich im Schilde führe.
> Im gleichen Jahr wollten Schülerinnen der O II mich „in den Stürmer bringen", weil ich das Buch eines jüdischen Geologen ihnen empfohlen habe.
> In einer Turnstunde wurden sie [laut späterer Mitteilung von Schülerinnen] veranlaßt, Belastendes gegen mich ausfindig zu machen.
> 6. In den Weihnachtsferien 37/38 kam eine Mitteilung des NSLB, ich sei aus dem NSLB ausgeschlossen, weil ich mich geweigert habe, an Schulungskursen teilzunehmen. (eine gröbliche Entstellung der Tatsachen!!!)
> 7. Kollegin [Dr. Richter*] machte mich darauf aufmerksam, daß dies unbedingt die Entlassung aus dem Amte nach sich ziehen würde.
> 8. Darauf bitte ich den Leiter des NSLB, Althaus, um Aufklärung, ob irgend was Belastendes gegen mich vorläge. Antwort: nein. Meine Frage, ob mein jüdischer Großvater Ursache sei? Althaus: (Leiter d. NSLB!!!) „das entzieht sich meiner Beurteilung, darüber bin ich in keiner Weise informiert."
> 9. Reifeprüfung 1938.
> Der Oberschulrat aus Münster und Bürgermeister Dr. Greven machen sich gegenseitig auf mich aufmerksam. – [Ein Vertreter der Stadt wurde regelmäßig zu den Abiturprüfungen eingeladen.]

* Name geändert.

Nach beendeter Prüfung läßt der Oberschulrat mich in das Dienstzimmer des Direktors rufen. Es entspinnt sich in Gegenwart von Herrn Direktor Lange ein längeres Gespräch mit folgendem Hauptinhalt: Oberschulrat: Was haben Sie mit dem NSLB gehabt? – Ich berichte der Wahrheit entsprechend. – Er: das klingt ja ganz anders; schreiben Sie mir den Hergang genau auf. Aber: Würden Sie es nicht für besser halten, um Ihre Pensionierung einzukommen? – Ich: auf keinen Fall, denn einmal liegt kein Grund für mich vor und außerdem bin ich pekuniär nicht in der Lage, da ich weitgehende Verpflichtungen auf mich genommen habe. – Er: „ich würde Ihnen aber doch sehr dazu raten, besonders, da Sie ja bald 60 Jahre werden, und nach § ?? [Emmy Cremer hatte den genauen Hinweis nicht zur Hand] Ihnen diese Möglichkeit offen steht." – Ich lehnte nochmals energisch dieses Ansinnen ab. Er: „nun, Sie werden sich vielleicht doch noch besinnen."
10. Bald darauf fuhr ich nach Berlin, um mir beim Kultusminister mein Recht zu holen. Da dieser selbst nicht dort war, empfing mich Herr Ministerial-Dirigent Dr. Rothstein[105]. Er versicherte, da ich ja längst vor 1914 im Dienst war, könne man mich rechtlich nicht zwingen. Er riete mir, an das PSK-Münster zu schreiben, ich würde mich erst dann eventuell bereit erklären, wenn der Makel durch den Ausschluß aus dem NSLB von mir genommen sei. Außerdem könne vielleicht irgend eine alte Verfügung bestehen als Waffe gegen mich.
11. Herr Rechtsanwalt Jokusch fand eine solche: „jeder Beamte kann jederzeit auch ohne Angabe von Gründen versetzt werden.
12. Ich schrieb an das P.S.K. Münster, wie mir Herr Rothstein geraten hatte. Eine Antwort erfolgte nie.

Emmy Cremer hatte immer, besonders beim Schulfest 1933, bei der Verabschiedung von Kollegen mitten im Schulleben gestanden und freundschaftliche Beiträge verfasst oder organisiert; das war wohl auch bei der Einführung des neuen Direktors noch so gewesen. Die NSDAP wollte Emmy Cremer „weg" haben. Dazu fingierte sie Tatsachen, verband diese mit antisemitischen Drohungen, sie verdeckte Beziehungen und scheute offene Verantwortung.

Die 59jährige Studienrätin erhielt eine Verfügung vom 27.4.1938 mit dem Hinweis auf eine Verordnung aus dem Jahre 1931 zugestellt, sich mit der Vollendung des 60. Lebensjahres zu ¾ ihrer Bezüge pensionieren zu lassen, um jüngeren Lehrkräften den Eintritt in den Schuldienst zu erleichtern. Cremer sollte sich bis zum 15. Mai 1938 äußern und erklärte unter Vorbehalt am 14.5. ihr Einverständnis. Damit war ihre Bereitschaftserklärung rechtlich unwirksam geblieben. Im August 1938 notierten die Schulaufsichtsbeamten, „wir [haben] davon abgesehen, gegen Cremer einzuschreiten", da „Pensionierung erfolgt zum 1.4.1939."[106] Weitere Eintragungen in der Akte lassen erkennen, wie Schulaufsichtsbeamte den Druck auf eine Entlassung Cremers aufgebaut und schließlich in eine Art Ultimatum, vermittelt durch den Schulleiter, umgesetzt haben. Emmy Cremer beschrieb dieses 1950 mit den Worten unter Punkt 13

> Anfang Frühjahr 1939 teilte Herr Dir. Lange mir mit, der Oberschulrat erwarte mit Bestimmtheit meine umgehende Einwilligung mit meiner Pensionierung und zwar
> unter Zusicherung einer ehrenvollen Entlassung
> unter besonderer Betonung der Freiwilligkeit dieses Schrittes.
> 14. In meiner – wohl berechtigten Empörung über diese unerhörte Zumutung verlor ich die Nerven, ging ohne weitere Überlegung sofort zur Sekretärin Frl. Völker und diktierte ihr meinen Antrag auf Pensionierung in die Schreibmaschine." Sie wählte die Formulierung „Hiermit erkläre ich mich bereit, Ihrer Aufforderung Folge zu leisten und beantrage meine Versetzung in den Ruhestand zum 1.4.1939. Bielefeld, den 27. Januar 1939. [Unterschrift] Emmy Cremer[107]

Das Blatt zeigt nur diese Worte und die üblichen Bearbeitungsvermerke des Schulleiters, der Stadt und der Behörde, sonst buchstäblich nichts.

Das Schulkollegium verfügte am 3. März 1939 die Versetzung in den Ruhestand zum 1.April 1939. Der Schulleiter fragte am 4.3. über den Oberbürgermeister bei der Behörde an, ob Studienrätin Cremer „mit den üblichen Dankschreiben des Herrn Oberpräsidenten entlassen wird." Er halte diese Form für angemessen, sie selbst „würde den grössten Wert darauf legen." „~~Ich spreche ihr für ihre dem Deutschen Volke geleisteten treuen Dienste den Dank des Führers und Reichskanzlers aus~~." Dieser Satz des Dankes war im Konzept der Versetzungsverfügung gestrichen worden; „es muss bei meinem Erlass vom 3.3.39 – V 24 Cremer – sein Bewenden haben"[108], ließ die Behörde den Schulleiter wissen.

Emmy Cremer nahm Abschied von der Schule innerhalb ihrer Klasse, das Schulprotokoll nahm weisungsgemäß nicht weiter Notiz.

> Damals freilich ahnten wir zu wenig von den Hintergründen, und sie selbst gab uns am wenigsten Anlaß, das Unrecht zu erkennen, das man unserer Lehrerin antat. Kein Wort der Trauer, keine Anklage. Es

> blieb das Lächeln, das uns die ganze Schulzeit hindurch begleitet hatte: sanft, gütig, verständnisvoll und – eine Spur vernichtend. Es blieb die Attitüde einer Dame, die dem Gemeinen mit Würde das Feld zu räumen verstand, um zur rechten Zeit wieder da zu sein für uns alle.[109]

Die Schülerinnen der 6. Klasse sangen das Neujahrslied von Hebel in der Komposition von Felix Mendelssohn-Bartholdy, opus 88, Nr. 1 aus dem Jahre 1844.[110] Sie schenkten ihrer „Klassenmutter" das kunstvoll gefertigte Notenblatt. Auf der Rückseite notierte sie: „Freundschaftliche Hilfestellung Bavinks beim Sprung über die Brücke in den erzwungenen Ruhestand. Emmy Cremer". Bernhard Bavink hatte das Lied dreistimmig – im Original vierstimmig – abgewandelt und als „Mendelssohnersatz" bezeichnet. „Mendelssohnersatz" zu schaffen, war eine kulturpolitische Forderung der NSDAP an die zeitgenössischen Komponisten. Die mit diesem Begriff verbundene Unwerterklärung der Musik des Felix Mendelssohn-Bartholdy machte sich Bavink nicht zueigen. Er stellte als

> ganz unzweifelhaft fest, daß am deutschen Kulturleben intensiv beteiligte Juden [...] wirklich hervorragende Leistungen, z.B. auf den Gebieten der Wissenschaft oder Kunst aufzuweisen [haben]". „Vergessen wir doch nie, daß es, wie er selbst sagte, ‚ein Judenjunge war' (Mendelssohn) der uns die Bachsche Matthäuspassion zu neuem Leben erweckte.[111]

Im Unterschied zur Schulaufsichtsbehörde richtete der nationalsozialistische Oberbürgermeister am 29. März 1939 ein Schreiben an sie, in dem er „aus Anlass" ihres „Übertritts in den Ruhestand" „für die langjährige treue Arbeit als Studienrätin der Auguste Viktoria-Schule und für die als Lehrerin und Erzieherin der Jugend geleisteten Dienste den herzlichsten Dank der Stadtverwaltung" aussprach und „noch viele und schöne Jahre in Gesundheit und Frische" wünschte.[112]

Die 125-Jahrfeier und andere Erinnerungen an die 1940er Jahre

In der Festschrift berichtete Wilhelm Warning auf viereinhalb Seiten über die Entwicklung des Lehrerkollegiums und der Schule von 1933 bis 1952. Die „Einwirkung der nationalsozialistischen Regierung" stellte er im Zusammenhang mit BDM und Lehrerfortbildung dar, erwähnte auch summarisch die „nationalsozialistischen Feste" und Aktionen. Jüdische Schülerinnen kamen einmal und nur indirekt vor: [1938/9] „Schließlich wurden *alle* arischen Schülerinnen gezwungen, sich dem BDM anzuschließen."[113] Die Diskriminierung und Verweisung der jüdischen Schülerinnen von der Schule, auch die von den Nationalsozialisten veranlassten Personalveränderungen, brachte er nicht zur Sprache. In seiner Rückschau auf den Krieg berichtete Warning über Einberufungen des Schulleiters und eines Lehrers zum Militär, den Tod des Lehrers Welke in Rußland und der Kollegiumsmitglieder Kampermann und Brune im Bombenkrieg. Ganze Klassen seien mit Lehrern „im Rahmen der sogenannten Kinderlandverschickung" „zum Teil nach Holland" verlegt und „im letzten Augenblick" heimgeholt worden. Nach der Zerstörung des Schulgebäudes in zwei Bombenangriffen sei der Unterricht in Schulgebäuden in Bethel und Werther fortgesetzt und Ostern 1945 ganz zum Erliegen gekommen. Die durch Fragebogen im Entnazifizierungsverfahren vom Unterricht ausgeschlossenen Lehrerinnen und Lehrer, darunter Dr. Friedrich Lange und Dr. Eva Richter, „blieben einem ungewissen Schicksal überlassen."[114]

Die Sprachlosigkeit über die Ereignisse der Jahre 1933 bis 1945 war öffentlich im Jahre 1953 weit verbreitet. Oberstudiendirektorin Dr. Hanni Erxleben in der Einleitung zur Festschrift:

> Es können Zeiten des Schreckens und tiefsten Elends kommen. Wenn aber beim Elend noch Glück sein soll, so kann es nur ein geistiges sein, rückwärts gewandt zur Rettung der Bildung früherer Zeit, vorwärts gewandt zur heiteren und unverdrossenen Vertretung des Geistes in einer Zeit, die sonst gänzlich dem Stoff anheim fallen könnte. (Hesse)

Drei Bielefelder Zeitungen[115] berichteten 1953 ausführlich über die Festveranstaltung zur Feier des Schuljubiläums. Das Westfalen-Blatt fügte den Grüßen „der evangelischen und der katholischen Kirche" einen Nebensatz an, „worauf Herr Hirschfeld für die jüdische Kultusgemeinde sprach."[116] Die Westfälische Zeitung beließ es bei einer Aufzählung: „Als Vertreter der Kirchen überbrachten Pastor Deppe, Domkapitular Schmidt und für die jüdische Kultusgemeinde Herr Hirschfeld die herzlichsten Glück- und Segenswünsche."[117] Für „Unsere Schule" berichtete im Frühjahr 1954 Toni Zumsande, die 1911 das Lehrerinnenseminar abgeschlossen hatte, „Alsdann sprachen die Vertreter der drei Konfessionen. Herr Pfarrer Deppe, Herr Domkapitular Schmidt und Herr Max Hirschfeld. Sie erinnerten uns an unsere Schulzeit, da die Kinder dieser drei Bekenntnisse einträchtig zusammen auf der Schulbank saßen."[118]

Die „Freie Presse" erwähnte die Worte des Sprechers der höheren Schulen Dr. Rüpings, „die noch sehr warmherzige Ergänzung fanden durch die Vertreter der drei Konfessionen. Pfarrer Deppe überbrachte die herzlichsten Grüße der evangelischen Kirchengemeinde, während Domkapitular Geistlicher Rat Schmidt die Schulgemeinde der innigen Anteilnahme der katholischen Kirche versicherte." Die „Freie Presse" fuhr fort:

> Ein Hauch des Tragischen umwitterte die Grußworte des Vertreters der jüdischen Kultusgemeinde Dr. Hirschfeld, der Grüße der in alle Welt verstreuten ehemaligen Schülerinnen der so winzig gewordenen jüdischen Gemeinde überbrachte, von der die meisten im Lager geendet hätten. Möge die Schule im Geiste echter Zusammenarbeit auch weiter die wertvolle Arbeit leisten, wie sie es bisher tat.[119]

Max Hirschfeld hatte von 1924 bis 1933 dem Elternbeirat als Schatzmeister angehört. Bis 1932 dankte ihm regelmäßig der Schulleiter im Jahresbericht für seine Arbeit und die Großzügigkeit, mit der er die Belange der Schule auch finanziell gefördert hatte. Ein maschinengeschriebenes Aktenblatt vom 25. Juni 1930 mit den Namen der Mitglieder des Elternbeirates[120] wurde undatiert verändert; es zeigt den Namen Hirschfelds freihändig mit roter Tinte gestrichen und den Vermerk „ausgeschieden 1933". Der Jahresbericht des Schulleiters vom 29. Mai 1933 zählte die Mitglieder des Elternbeirats auf, ohne Hirschfeld noch zu erwähnen. Max Hirschfeld wurde am 31.7.1942 nach Theresienstadt deportiert. Mitte Juni 1945 ließ Artur Ladebeck, den die britische Militärregierung Anfang Juni als Landrat[121] für den Kreis Bielefeld eingesetzt hatten, mit einem Bus 38 Überlebende von 226 dorthin Deportierten, unter ihnen auch Max Hirschfeld, aus Theresienstadt abholen.[122] Hirschfeld, der 1937 in den Vorstand der Synagogengemeinde gewählt worden war, übernahm nach seiner Rückkehr die Leitung der wiedererstandenen jüdischen Kultusgemeinde.[123] Addiert man im Abstand von 10 Jahren zwischen 1869 und 1938 die in der Konfessionsstatistik enthaltenen summarischen Angaben, so haben etwa 250 jüdische Schülerinnen in dieser Zeit die Schule besucht. Namensverzeichnisse enthalten keine Angaben zur Konfession.[124] Von 188 namentlich bekannten Schülerinnen jüdischen Bekenntnisses – getaufte Christinnen oder Dissidenten mit dem Diskriminierungsstatus Jüdin nach den Nürnberger Gesetzen sind nicht ermittelt –, sind einige vor 1941 verstorben, haben einige die Deportation nach Riga oder Theresienstadt überlebt, die meisten sind durch rechtzeitige Flucht entkommen. Unter den Opfern sind bis jetzt 18 namentlich bekannt: Loewenstein, Paula, *1864, Katzenstein, Marie *1866, Wertheimer, Anna *1869, Hammerschlag, Johanna *1869, Metz, Josefa *1871, Katz, Meta *1872, Speyer, Clara *1873, Beckmann, Anna *1874, Wallach, Betty *1876, Dreyer, Else *1894, Süßkind Else * 1899, Stern, Martha *1899, Goldstein, Else *1899, Mosberg, Gertrud *1903[125], Juhl, Hanna *1913, Windmüller, Lotte *1922[126], Gottschalk, Ursula *1923. Die Dichterin Josepha Metz lebte in Berlin, sie versuchte vergeblich, 1941 wieder nach Bielefeld zu ziehen. Sie wurde 1942 nach Theresienstadt deportiert und starb dort 1943.[127] Sechzehn sind in den Jahren 1940 bis 1945 in Lagern umgekommen oder ermordet worden, zwei durch Suizid verstorben; die 1922 geborene Lotte Windmüller und die ein Jahr jüngere Ursula Gottschalk waren die beiden jüngsten.

Nachrichten und Erinnerungen

Nachrichten über die Zeit sind als Erinnerungen in Gespräche und Briefe eingegangen. Die Kenntnisse von gemeinsamen oder getrennten Freundschaften unter Mädchen aus jüdischen oder nichtjüdischen Familien sind spärlich. 1937 gab es nur noch 68 jüdische Schülerinnen und Schüler an allen Bielefelder Schulen, darunter 8 an der Auguste Viktoria-Schule[128], 1932 waren es dort noch 18 gewesen. Eine ehemalige nichtjüdische Schülerin erinnerte sich an den Umgang der jüdischen Jugendlichen miteinander. Sie habe gehört, dass sie den Anfang von Freiligrath, „Die Gedanken sind frei ..." gepfiffen hätten, wenn sie sich in der Stadt wahrnahmen und sich hätten einander bemerkbar machen wollen. Eine Freundschaft erlosch, als der Vater einer Schülerin „zur Beförderung zum Reserveoffizier" anstand. Der Verzicht auf den gemeinsamen Weg morgens zur Schule geriet in der Rückschau zur Rationalisierung: „Renate ging immer sehr früh. Sie war nicht so sportlich."

„Am schlimmsten war die Einsamkeit", beschreibt Ruth Löwenstein, geb. 1913,* evangelisch, Diskriminierungsstatus Halbjüdin, die Jahre von 1933 bis in den Zweiten Weltkrieg. Sie verlor ihren Freundeskreis, zog sich aus dem Tennisverein zurück. Statt zur Tanzstunde ging sie bis Mitternacht durch die Straßen der Stadt. „Ich wollte meine Mutter nicht belasten", sagt sie. Also zog sie sich stets pünktlich ihr Tanzkleid an und verließ die Wohnung. 1944 intervenierte der Hausarzt Dr. Werner Hennig in der Sammelstelle bei der Gestapo und bewahrte sie vor der Deportation durch Einweisung ins Krankenhaus nach Bethel.[129] Mathilde H., geb. 1922, evangelisch, – wie Ruth Löwenstein auch in der Freizeit von Diskriminierung betroffen – wunderte sich, dass der Tanzstundenherr „plötzlich auf der Straße" an ihr vorbeiging „und nicht mehr mit [ihr] tanzt".[130] Die Diskriminierungen durch Mitschülerinnen in ihrer Klasse und Lehrer Mönkemeyer an der Auguste Viktoria-Schule veranlassten sie zum Schulwechsel. Marianne Oppenheimer, geb. Porta, 1920, war 1937 mit ihrer Familie nach Nahariya in Palästina ausgewandert. Sie berichtete 2002:

> Ich war die einzige Jüdin in meiner Klasse, hatte viele christliche Freundinnen, meine Eltern pflegten sehr viele Kontakte zu Christen. Unser Klassenlehrer hieß Dr. Zenke**. Wenn wir Rassenkunde hatten, sagte er zu mir: „Marianne, morgen brauchst du nicht zu kommen." Zur Zehn-Uhr-Pause sind die Mädchen gern in eine benachbarte Konditorei gegangen, da stand eines Tages vor der Tür: „Für Juden verboten!" Ich bin gern zum Schwimmen gegangen. Doch an der städtischen Badeanstalt stand ebenfalls: „Für Juden verboten!" Man konnte nichts mehr machen, was einem Freude bereitete. Geschichte fiel aus, dafür Rassenkunde. Morgens vor Beginn des Unterrichts Flaggenhissen auf dem Schulhof. Vor jeder Stunde: Aufstehen!" – „Heil Hitler!" [...] Das wurde langsam für mich unerträglich. Ich glaube, es war 1935, da habe ich zu meinen Eltern gesagt: „Wozu gehe ich eigentlich noch zur Schule? Ich kann nichts mitmachen, was mir Freude schenken könnte. Die Stunden, in denen ich etwas lernen könnte, fallen aus." Mit fünfzehn Jahren habe ich also die Schule verlassen.[131]

---

* Name geändert.

** Marianne Oppenheimer hatte die Festschrift zum Doppeljubiläum nach Palästina mitgenommen. Sie korrigierte, dass sie Dr. Wilhelm Zenke mit dem in Israel berühmten Arzt Dr. Zondek verwechselt hatte.

Austausch von Erinnerungen

Das Mitteilungsheft „Unsere Schule" wurde ab 1951 wieder zu einem Ort des Austausches über die Schule, auch über unterschiedliche Erfahrungen und Schicksale der Ehemaligen. „Viele warten, das weiß ich bestimmt", schrieb Emmy Cremer „mit Ungeduld auf das Wiedererscheinen unseres Heftchens; vor allem die, die gezwungen sind, im Ausland zu leben[...] die Verbindung zur „alten Heimat" suchten, sie habe eine ziemliche Anzahl ihrer Anschriften, die sie gern zur Verfügung stelle."[132] Sie erwähnte das erste Wiedersehenstreffen nach dem Krieg, gedachte der „Ungezählten, die dem Wüten des Krieges und seiner barbarischen Anstifter zum Opfer fielen. Und wie viele unserer Ehemaligen, junge und alte, mögen in diesen Jahren von uns gegangen sein! Wir gedenken ihrer heute in herzlicher, kameradschaftlicher Verbundenheit."[133] Wilhelm Zenke berichtete aus dem Leben der Schule von 1944 bis 1951.

Hertha Wessel

Als erster Beitrag, der die Zeitgeschichte deutete, erschien 1952 die Rede der Oberstudienrätin Hertha Wessel zur Verabschiedung des Dr. Wilhelm Zenke, der von 1912 bis 1952 an der Schule unterrichtet hatte, seit 1946 als Schulleiter. Der Schulausschuss – vormals Schulvorstand – hatte am 26. August 1946 in seiner ersten Sitzung nach 1938 die Ernennung der Oberlehrerin Hertha Wessel zur Studienrätin, ein Jahr später zur Oberstudienrätin beschlossen.[134] Die Erinnerungen an die Jahre 1914 bis 1945 drängte sie in die Sätze:

> Von 1914 an nahm dann die Schule an allen Erschütterungen der Zeit teil. Sie wandelte ihr Gesicht, wie die grundlegenden Staatsgedanken sich wandelten und dementsprechend die Anschauung vom Menschen und seiner Stellung im Staate und in der Welt. Wir wollen nicht Geschichte wiederholen, sondern ich spreche von diesen Dingen nur, um daran zu erinnern, wie schwankend der Boden, auf dem ein Menschenschicksal sich erfüllen mußte, war und bis heute geblieben ist.[135]

Die Sprachlosigkeit, die ‚Deutsche Katastrophe' zu erklären, teilte sie mit den Geschichtsprofessoren ihrer Zeit, mit Friedrich Meinecke, Hans Rothfels, Gerhard Ritter u.a.[136] In ihre ausdrückliche Willensäußerung bezog sie die Zuhörer ein, wohl um leichter die Erinnerungen an die vergangenen Jahren abwehren zu können. In der Wahrnehmung des Kollegiums[137] und ihrer Schülerinnen hatte Hertha Wessel Distanz zum Nationalsozialismus gehalten. In der Wahrnehmung durch die NSDAP auch. Einzelheiten sind nicht bekannt. Die NSDAP hatte auch den einstimmigen Beschluss des Schulvorstandes v. 27.6.1933[138] und den Versuch des Schulleiters im Folgejahr blockiert, die Ernennung der Oberlehrerin Hertha Wessel zur Studienrätin zu erreichen. „Falls die Anstellung von Fräulein Wessel noch nicht erfolgt ist, bitte ich die Angelegenheit bis nach den Ferien ruhen zu lassen, damit ich vorliegendes Material unterbreiten kann“[139], schrieb am 7. Juli 1933 Althaus, „Kreisamtsleiter“ des NSLB, an den Magistrat. Hertha Wessel war seit 1907 aus Rostock nach Bielefeld gewechselt, weil dort „die Gehaltsverhältnisse derart ungünstig“[140] lagen, dass sie sich gezwungen sah, nach kurzer Zeit die Stelle aufzugeben. 1908 als Hilfslehrerin, 1912 an der Schule als Oberlehrerin fest angestellt, ergänzte sie ihre Seminarausbildung durch Studium Anfang der 1920er Jahre an der Universität Rostock, schloss eine inzwischen eingeführte Ausbildung als Studienreferendarin an das Staatsexamen an. Die Stadt hatte durch Fortzahlung der Bezüge abzüglich der Kosten für Vertretungsunterricht die Bindung an die Schule erhalten. Der NSLB hatte erfolgreich ihre Ernennung zur Studienrätin blockiert. Dies wurde in der Schule und in der Stadt allgemein bekannt:

Mit einem durch das Studium vertieften Verständnis habe sie die Jahre 1933 bis 1945 „bewußter und mit größerer Sorge um die Zukunft als viele andere“ erlebt. „Wie bitter muß sie mit ihrem echten sozialen Empfinden und ihrer freiheitlichen Gesinnung in jenen Jahren gelitten haben!“[141] hieß es in der Abschiedsrede an das Lehrerkollegium zu ihrer Pensionierung. „Es gab unüberwindliche Schwierigkeiten mit der Nazi-Partei, denn Fräulein Wessel war zu den geforderten Kompromissen nicht zu bewegen“[142], hieß es in der Presse anlässlich ihrer Pensionierung 1952. Im Nachruf wiederholte Wilhelm Zenke ihre Ablehnung des nationalsozialistischen Regimes.“[143] Schülerinnen hatten gesehen, sie habe am Morgen nach dem Brand der Synagoge weinend im Lehrerzimmer mit dem Gesicht zum Fenster gestanden, wohl um ihre Bewegung gegenüber den Kolleginnen und Kollegen zu verbergen. In den Erinnerungen hätten Verletzungen wieder aufbrechen können, die durch Verdrängen einstweilen geschlossen schienen.

Frauen in Krieg und Frieden, zwei Reisen zur „Wehrmachtsbetreuung" nach Holland

Der Nationalsozialismus zeigte – um in heutiger Sprache zu reden – globale Wirkung über Europa hinaus. Die Niederländer beobachteten diese Wirkung aufmerksam: „Holland hatte seit dem Anfang der Hitlerzeit seine Grenzen für Flüchtlinge weit offen gesetzt."[144] Die Niederlande richteten für Flüchtlinge aus Deutschland, die nicht andernorts unterkamen, ein Lager zur Aufnahme in Westerbork ein. Mit der erfolgreichen Flucht vor Verfolgung hatten auch Anna (Änne) Cossmann, Hanna Juhl, Meta Katz und Dr. Gertrud Mosberg in Holland zunächst Sicherheit gewonnen. Hanna Juhl verübte 1940 Suizid, nachdem ihre Flucht nach England gescheitert war[145], die anderen wurden verhaftet, deportiert und ermordet.

1. Thekla Cossmann, Brief aus Israel 1955
geb. Isacson (1890-1977)

> Liebe Mitschülerinnen!
> Endlich will ich der dringenden Bitte von Emmy Cremer nachgeben und Euch einiges über mein Erleben in den letzten 16 Jahren erzählen. Ich hoffe doch, daß noch einige sind, die Interesse an meiner Odyssee haben.[146]

Die so angesprochenen 28 Mitschülerinnen in der 1. Klasse 1906[147] gehörten zur Abschlussklasse des Lyzeums, eine Berufstätigkeit nach dem erfolgreichen Schulabschluss musste nicht sein. Zwar waren bereits die Väter von sechs Schülerinnen verstorben, doch bezeichneten die Berufe gute bürgerliche Lebensverhältnisse: 11 Kaufleute, 7 Fabrikanten, deren Namen mit der Leinen- Wäsche- und Textil- oder neuen Industrien verbunden waren wie Lohmann Werke, Ernst Rein von Droop & Rein, Fa. für Stahlguss- und Schmiedeerzeugnisse; Lagermeister und Obergütervorsteher zeigten, dass das Transportgewerbe mit der Eisenbahn neue Formen angenommen hatte, Oberbergrat und Apotheker waren die akademisch Ausgebildeten, je ein Bäcker, Uhrmacher und Schriftsetzer die einzigen Handwerker. Das Jahresschulgeld hatte in der 1. Klasse 136 Mark betragen, mithin mehr als zwei Monatslöhne eines Arbeiters oder das Monatsgehalt eines Lehrers. Thekla Isacson trat aus der 1. Klasse in das höhere Lehrerinnenseminar ein und schloss die Prüfung zur „Lehrerin an höheren Mädchenschulen" 1909 erfolgreich ab.[148] Diese Prüfung setzte neben dem Fach Pädagogik in Theorie und Praxis auch erweiterte Kenntnisse im Französischen und Englischen voraus.

„Glaubt es mir", so fuhr sie im Brief an ihre ehemaligen Mitschülerinnen fort, „es war nicht leicht für mich, als ich Ende August [1939], nachdem ich meine Kinder und meinen einzigen Bruder vor mir auswandern sah, als letzte alles im Stich ließ und als domestic nach England ging." Ihr Mann Dr. Fritz Cossmann, Rechtsanwalt und Notar, war im Weltkrieg Offizier und Mitglied im Reichsbund jüdischer Frontsoldaten gewesen, „konservativ und antizionistisch"[149] eingestellt und 1933 von der Vertretung vor Gericht ausgeschlossen worden. Er starb 1937 im Krankenhaus. Anfang 1938 hatten die drei Söhne gedacht, mit ihrer Mutter auszuwandern. „Es gab eine Jugend-Alija, der monatlich 1000 Zertifikate am Jugendliche im Alter zwischen 15 und 17 Jahren bestätigt wurden." David durfte nach Palästina, die beiden anderen gingen nach Holland. Hauswirtschaft war bis 1933 eine Aufgabe gewesen, in der sie die Leitung, die Arbeit aber Hilfskräfte gehabt hatten. Die wirtschaftlichen Restriktionen hatten die Familieneinnahmen erheblich gemindert, drei der sechs Zimmer wurden vermietet, in England kamen der Krieg und die Hausarbeit unmittelbar auf sie zu.

> Die Luftangriffe der deutschen Luftwaffe fasste sie mit „dazu die Bomben usw." zusammen, Einzelheiten des Krieges unterdrückte sie: „mehr brauche ich wohl nicht zu sagen." „Daß ich dort bald zu leitenden Stellungen in Heimen aufrückte, habe ich wohl ohne Überhebung meinem eigenen Fleiß und meiner Opferbereitschaft zu verdanken. Für mich gab's nur eins, Arbeit, um nicht denken zu müssen, denn ich war völlig ohne Nachricht von meinen Angehörigen.
>
> Wie froh waren wir daher, als die Friedensglocken läuteten und ich wieder Post bekam. Einer meiner Söhne war schon in Israel, der älteste war von Holland aus nach Auschwitz gebracht und dort elend zugrunde gegangen, ein harter Schlag für mich.

Ernst Cossmann hatte bis 1944 im Untergrund gelebt, wurde bei einer Razzia verhaftet und nach Auschwitz verschleppt. „Der jüngste hatte gute Menschen in Holland gefunden, und nur ihnen ist es zu verdanken, daß er die schweren Zeiten überlebte". Mein Bruder kam 1947 nach sechsjähriger Kriegsgefangenschaft in Sibirien nach Bielefeld zurück". Paul Isakson war 1939 nach Riga ausgewandert und dort 1941 in sowjetische Kriegsgefangenschaft geraten.[150]

> Nun gab es für mich nur ein Ziel, wieder mit meinen Kindern vereint zu werden. Wie glücklich war ich daher, als meine beiden Söhne mir 1947 ein Permit zur Einreise nach Israel verschafften. Nun lebe ich schon 8 Jahre im Lande und will versuchen, Euch so kurz wie möglich ein Bild dieses Landes zu verschaffen.

Dieses Land nannte sie Heimat und setzte sich bei seiner Beschreibung mit ihrem Heimatgefühl auseinander. Während der Schulzeit hatte sie zusammen mit allen Schülerinnen der Auguste Viktoria-Schule jedes Jahr an einem schönen Maientag „den Wald begrüßt", an einem Herbsttag sich von ihm „verabschiedet". 1919 beschrieb eine Schülerin einen Maientag im Wald.

> Oben auf einer luftigen Höhe in einem Birkenwäldchen legten sich die Mädchen ins Gras, sangen alte Volkslieder und ließen glänzende Käferlein über ihre Hände kriechen – und träumten einem fernen, fernen Vogel nach, der in langsamen, weiten Kreisen den nebelumhüllten Bergen entgegenglitt.[151]

Heimat hatte sie mit allen Sinnen wahrgenommen, war so auch mit Gemeinschaft verbunden gewesen. Das deutsche, nachmalige Großdeutsche Reich hatte sie seit 1933 sozial geächtet, wirtschaftlich ausgeplündert, schließlich zur Auflösung ihrer Familie gebracht, in die Flucht gejagt, zwei Kinder zum Versteckspiel getrieben, einen Sohn gefangen, deportiert und „elend zugrunde gehen lassen", sie selbst mit Bombenangriffen verfolgt: Solange sie in Bielefeld lebte, hatten Bielefelder mit angesehen und einige auch mitgemacht, was ihr angetan wurde. Bielefeld war nicht mehr ihre Heimat.

„Ich habe die Staatsgründung mitgemacht, habe den Aufbau aus den primitivsten Anfängen miterlebt, und ich liebe das Land *und betrachte es ganz und gar als meine Heimat*". Damit beschreibt sie auch eine neue Identität. „Glaubt mir, es war ein Kontrast, im November winterliche Kälte in London und nach wenigen Tagen sommerliche Glut in Israel. Alles sah grau und dürr aus, lechzend nach dem ersten Regen, der für unser Land ja so wichtig ist".

Anat Feinberg erörtert die „Herausbildung einer neuen Identität für ein neues Volk". Sie sieht „die neue Identität der Israelis" auch „ durch klimatische und geographische Faktoren mitgeprägt". Der Ortswechsel sei mit dem „Verzicht auf Landschaftsformen, auf Schnee und Herbststürme" einhergegangen, „Wüste, ein Land ohne Schatten und eine erbarmungslose Sonne"[152] hätten sie herausgefordert.

Thekla Cossmann ließ die wiedergewonnene Gemeinschaft mit ihren Kindern über die Schwierigkeiten des Anfangs hinwegsehen.

> Meine Söhne, die ich als Schuljungen verlassen hatte, standen als ausgewachsene Männer von ca. 1,84 m vor mir. Nun ging's in unsere Siedlung, Kwuzah* genannt, wo mir ein besonders herzlicher Empfang bereitet wurde. Mein Zimmer hatte man, obwohl ein Holzhaus, so schön wie möglich hergerichtet. Ich fand alles herrlich nur in dem einen Gedanken: Wir waren wieder vereint, das ließ mich vieles ertragen. Daß es nicht leicht war, in meinem Alter mich an die primitiven sanitären Anlagen zu gewöhnen, ist wohl verständlich. Ein Klosett z.B. war nur auf ungepflasterten Wegen bei Nacht und Regen in 100 m Entfernung zu erreichen. Nur ein gemeinsamer Duschraum stand zur Verfügung, auch keine reine Freude, wenn man auf die 60 geht. Aber ich hatte nicht viel Zeit, lange über dieses nachzudenken, denn der Krieg mit den Arabern brach aus. Und da unsere Jugend alle unter die Waffen gerufen wurde, hatten wir Mütter alle Hände voll zu tun, unsere Söhne und Töchter zu verpflegen und überall einzuspringen, wo es nötig war. über die Schrecknisse dieses Nahkrieges möchte ich mich nicht weiter auslassen. Jedenfalls wurden die Angriffe auf unsere Siedlung so arg, daß unseres Bleibens nicht mehr war. Unsere kleinen Kinder waren längst evakuiert, dann wurden auch wir Eltern in eine sichere Gegend gebracht. Daß wir in ein Haus kamen, das bisher von der arabischen Legion bewohnt war, mit Brettern statt Scheiben an den Fenstern, merkten wir nicht. Ich weiß es manchmal selbst nicht, wie wir es fertig brachten, auf kleinen Petroleumkochern für ca. 30 Menschen das Essen zu bereiten. Wir strahlten, wenn es unseren Kindern schmeckte. Im Mai 1948 kam endlich Frieden, wir konnten an den Aufbau gehen. Und dieser ging mit solcher Geschwindigkeit vor sich, daß wir selbst es manchmal nicht für möglich halten. Als wir vor zwei Jahren unser 5jähriges Bestehen feierten, lebte jeder Einwohner unserer Siedlung in einem geräumigen Steinhaus-Zimmer, mit großer Veranda, eigenem Klosett und warmem Duschraum. Was das in unserem Lande bedeutet, kann nur der verstehen, der alle Stadien der Entwicklung mitgemacht hat.
>
> Ich vergaß zu erwähnen, daß ich in einer Gemeinschafts-Siedlung lebe. Die Kinder sind in großen Kinderhäusern zu kleinen Gruppen von 6-7

* Hebräisch für einen kleinen Kibbuz.

untergebracht und werden vorbildlich versorgt und erzogen. Überhaupt wird in ganz Israel für die Kinder alles getan. Unsere Kindergärten z.B. könnten mit ihrer vorbildlichen Einrichtung überall bestehen. Die Eltern arbeiten, aber sie können ihre Kinder jederzeit sehen oder in ihre Zimmer holen, soweit es ihre Zeit erlaubt. Um 4 Uhr ist die Hauptarbeit beendet, und dann können sich die Eltern ganz ihren Kindern widmen und mit ihnen spielen, bis sie sie selbst zu Bett bringen. Wir essen gemeinsam in einem großen Speisesaal, aber es wird großer Wert darauf gelegt, daß es keine Massenabfütterung gibt. In der Kleiderkammer bekommen wir alles, was wir nötig haben und in bester Ausführung. Auch eine große Waschküche nimmt uns die schwere Arbeit des Waschens ab. Für uns Eltern wird in besonderer Weise gesorgt, wir leben mit unseren Kindern, doch was mir sehr wichtig erscheint, wir haben nie das Gefühl der Abhängigkeit. Wir helfen auch noch, soviel wir können, aber in Krankheitsfällen werden wir großartig versorgt. Daß wir keinen Lohn für unsere Arbeit bekommen, merken wir gar nicht. Wir haben alles was wir brauchen, was verlangt man mehr? Auch Kulturveranstaltungen gibt es genügend, ein eigener Kinoapparat vermittelt uns das Neueste auf dem Gebiete, oder wir fahren in die naheliegenden Städte zu Theater oder Konzerten". Das Gefühl, nunmehr in einer freien, selbst behaupteten Existenz zu leben[153], drückte sie in der Schlussbemerkung aus: „Und zu sehen, mit welcher Begeisterung unsere Jugend ihre schwere Arbeit verrichtet und wie glücklich sie in ihrem eigenen Lande sind, ist das nicht das Schönste für eine Mutter?

2. Ida Coblenz 1957: „als ich in Holland freundlich im Polizeibüro empfangen wurde, bekam ich meinen Glauben an die Zivilisation wieder". geb. Katzenstein (geb. 1884)

Der Kontrast zu Deutschland hatte sich Ida Coblenz schmerzhaft eingebrannt: „Meine letzte Erinnerung war der Beamte am Flugplatz[!][154], der, nachdem man Leibesvisitation vorgenommen hatte, mir noch meinen Mantel abnahm, der über meinem Arm hing – trotzdem ich natürlich alle meine Steuern und Extrasteuern gezahlt hatte."[155] Ihr Mann war zunächst der Lehrer, nach Beurlaubung durch die Gemeinde für ein Studium von 1892 bis 95 nach der Promotion zum Dr. phil. der „mit den schönsten Erfolgen gekrönten wissenschaftlichen Studien in Berlin"[156] zurückgekehrte Rabbiner Dr. Felix Coblenz (1863-1923) gewesen. Dieser hatte in der jüdischen

Abb. 11: Synagoge 1904

Gemeinde rasch hohes Ansehen gewonnen, heiratete 1904 die aus einer wirtschaftlich erfolgreichen und seit mehr als 50 Jahren auch bürgerschaftlich engagierten Familie stammende Ida Katzenstein. Die Bielefelder jüdische Gemeinde stand für das Reformjudentum in Deutschland[157], und Dr. Felix Coblenz war ihr Sprecher.

> Nur auf eins will ich hinweisen – und das entscheidet: wir können und werden uns nie dazu verstehen, aus der deutschen Volksgemeinschaft auszuscheiden, um eine eigene Volksgemeinschaft zu bilden. Die Liebe, die uns mit hundert und tausend Fäden an den heimatlichen Boden fesselt, der deutsche Volksgeist, der unser innerstes Sein und Wesen durchdringt, die deutsche Volkssprache, die unsere Muttersprache ist, die Volkskultur, an der wir selbst mitgearbeitet haben, sie können nicht aus unserm Herzen getilgt werden, als wären sie nie gewesen. [...]Wollten

> wir die deutsche Volksseele in uns verleugnen, wir müßten unser eigenes Blut verleugnen, wir müßten der Natur zuwiderhandeln.[158]

Emmy Cremer hatte Ida Coblenz gebeten zu schreiben, wie es ihr „alle die Jahre hindurch" gegangen sei. Anfangs suchte diese den Abstand von ihren Erinnerungen, die „weh" taten, beschrieb ihre und ihrer Umgebung gegenwärtige Situation, erklärte die 100-jährige Geschichte von Nebraska wie ein anderes Deutschland, die mit 30 deutschen Kolonisten begonnen und nun keine unbebaute Stelle in einem Staat habe, der so groß wie Deutschland sei. Man sehe auf freundliche Städte, finde eine Universität, viele gute Schulen und alles, was fortschrittliche Menschen vom Leben erwarteten.

> Seit 1950 bin ich hier als Companion einer Dame, die ich von New York hierher begleitete, als ihr Bruder uns anbot, uns hier ein Haus zu bauen. Da die Dame durch Kinderlähmung ein gelähmtes Bein hat und Treppensteigen schwer ist, ist das Haus nur einstöckig, hat auch keinen Keller und ist das reizendste kleine Heim, das sich ausdenken läßt, mit allem Geschmack und allem Komfort ausgestattet. Ein Garten gibt mir Gelegenheit, meine Künste im Gartenbau auszuprobieren, und ich war sehr stolz, als die Nachbarn im ersten Jahr ein herrliches Gemüsebeet über den Zaun anstaunten, und ich Riesentomaten – ein Pfund jede Tomate – freigebig verschenken konnte. Guter Boden und heiße Sonne taten das ihre.[159]
>
> Aber wie kam ich nach Amerika? Als im Jahre 1938 mir mitgeteilt wurde, daß meine Pension* nicht mehr ausgezahlt werden würde, als Judensteuern mir mein Geld raubten, Aussicht auf Arbeit nicht vorhanden war, als last not least mein Heim in der Nacht vom 10. November total zerstört war und mir kein Tassenhenkel geblieben war, da bestanden meine schon geflohenen Freunde in England darauf, daß ich auswandere. Ich hatte keinen Sponsor, kannte niemanden in Amerika, andererseits konnte ich auch keinem mehr helfen. Ich arbeitete damals in Düsseldorf bei der Jüdischen Gemeinde ehrenamtlich im Wohlfahrtsamt und besonders in der Auswandererhilfe.

Mit den ‚Tassenhenkeln' war auch ihr Zeugnis als Lehrerin an einer höheren Mädchenschule abhanden gekommen. Am 30.12.1938 bat sie um die

* Versorgungsbezüge als Witwe des Rabbiners Dr. Felix Coblenz, seit 1917 in Berlin.

erneute Ausfertigung des Zeugnisses. Ida wählte die Ironie, es sei ihr *im Jahre 1933* bei einem Einbruchdiebstahl abhanden gekommen. Die genaue Datierung hätte ihr Schikane oder Schlimmeres eingetragen. „Da ich es zum Aufbau einer Existenz im Auslande dringend brauche, bitte ich ergebenst um nochmalige Ausstellung des Zeugnisses. Mein Mädchenname war Ida Katzenstein, geb. 8. Januar 1884 in Bielefeld."[160]

Sie sprach als Erstes von der Sorge, die Mittel für den Lebensunterhalt zu erwerben.

> Ich wußte sehr genau, was mir bevorstand. Man steht eines Tages ohne Pfennig, ohne Vaterland, d.h. ohne Rechte in einem fremden Lande, mit fremder Sprache, als eine von Tausenden. Und das gastliche Land hat die Pflicht, die eigenen Einwohner vor fremder Arbeit zu schützen. Der Krieg kam. Niemand will „enemy aliens" im Hause haben. Nach vielem Suchen fand ich eine Stellung als Gesellschafterin einer Dame in Bournemouth, die mich gern bis an ihr Lebensende behalten wollte und ein Haus kaufte. Aber nach einigen Wochen mußten alle „aliens" von der Küste verschwinden und so ging ich zurück nach London. Das war Juni. Im August kamen die ersten deutschen Bomber. Ich habe dann alle Schrecken des Blitzkrieges* erlebt, bin dreimal ausgebombt, und trotz allem habe ich diese Zeit in guter Erinnerung, denn ich lernte soviel menschlich Großes und Gutes, kam in Berührung mit so vielen hilfreichen, warmherzigen und tapferen Menschen, daß auch in dem Üblen, das aus Deutschland kam, für mich Gutes zu finden war.[161]

Sie fand Arbeit an unterschiedlichen Orten, zuletzt in Newmarket bei Cambridge als Leiterin eines Heims, „in dem ältere Ehepaare aufgenommen wurden, die ausgewählt – nur hochgebildet – nach einem Leben von großen Karrieren und großen Stellungen nun hoffnungslos verarmt waren und von Unterstützung leben mußten, ohne Hoffnung, jemals wieder ein normales Leben führen zu können."[162] Mit diesen Worten hatte sie auch die eigene Lage umrissen; sie allerdings lebte noch voller Hoffnung und Entschlusskraft. Sie bezeichnete diese Zeit als die schwerste in ihrem Leben. Die Aufgabe, die „seelische Stimmung dieser Leute zu heben, eine etwas freundliche Atmosphäre zu schaffen, brachte meine Nerven nach einem Jahre zum Zusammenklappen."

---

* Hinweis auf die deutsche Raketenbombe V 2.

> Ich hatte das Glück, ein Visum für Amerika zu bekommen, da inzwischen Verwandte dort Fuß gefaßt hatten. Ich hatte auch das Glück, gute Freunde zu haben, die mir ein Flugbillett verschaffen konnten – eine ganz große Sache damals – denn es war noch Krieg – und so bezahlte ich $ 840,-, eine für mich märchenhafte Summe, die ich mir borgen mußte. Aber da ich mir sagte, daß ich in Amerika arbeiten könne, und das Geld schon wieder zurückgezahlt werden würde, so hatte ich den tollen Mut dieses Unternehmens, das auch glückte. Das Flugzeug war für Export und flog über Senegal, Belem, Brasilien, Puerto Rico nach New York. Hier in der kleinen Stadt bin ich dann Bürgerin geworden [...].[163]

Ida Coblenz hatte ihre Situation nach Maßstäben geordnet, die ihr die Schule durch den Unterricht ihres Lehrers und Direktors Dr. Emil Gerth vermittelt hatte. Ida erwähnte ein Beispiel: „Die Auswanderer" von Ferdinand Freiligrath.[164] „Wenn Geheimrat Gerth das Lied „Die Auswanderer" erklärte, dann sagte er „Ausland" ist „Elend". Ida hatte von 1890 bis 1900 die Städtische Höhere Töchterschule besucht, die 1904 den Namen „Kaiserin Auguste Viktoria-Schule" erhalten hatte. Ida Coblenz erwähnte auch Käthe Gerth, die um zwei Jahre jünger war als sie. Deren Tochter hatte sie als Austauschlehrerin 1954 besucht, ein Hinweis auf die Fortdauer einer freundschaftlichen Beziehung über Jahrzehnte hin. In England habe sie gelernt, pragmatisch mit allen Anforderungen umzugehen: „Keep smiling!" und „Make the best of it"; diese zwei Worte machte ich mir zum Leitwort, und sie halfen!"[165]

3. Renate v. Hinte, 1958: Es hat wenig Zweck, wie wir hier sagen, „Alte Kühe aus dem Graben zu holen".[166]
geb. Kamp (1925-2002):

„St. Nikolaus in Holland"

> Liebes Fräulein Cremer!
> Schon mehrere Male schrieben Sie mir, ob ich nicht mal einen Bericht für „Unsere Schule" einsenden wollte über das Leben einer deutschen Hausfrau in Holland. [...] Über meine Erlebnisse, seitdem die Tür unseres Hauses in der Detmolder Straße zum letzten Mal hinter mir ins Schloß fiel [Anfang Januar 1939], könnte ich wohl ein ganzes Heft von „Unsere Schule" füllen.[167]

Abb. 12: Renate van Hinte mit Ehemann 1946

Renate hatte von 1933 bis zum 10.11.1938 die Schule besucht, war zum ersten Male 1950 nach Bielefeld zurückgekehrt. Sie hatte offenbar auch alte Freundschaften wieder erneuert; 1952 meldete sie sich mit der Geburtsanzeige ihres Sohnes in die Gemeinschaft der Ehemaligen zurück, ein Jahr später mit der Anzeige von der Geburt ihrer Tochter. Renate stellte von Anfang an klar, dass sie Hausfrau, aber keine „deutsche Hausfrau" sei. Nur im Stricken unterscheide sie sich noch von Holländerinnen. Den Abstand zu ihren Erinnerungen an die Jahre 1939 bis 1945 drückte sie bis ins hohe Alter mit dem bevorzugten

Gebrauch der niederländischen Sprache aus, ohne an Kompetenz in der deutschen Sprache zu verlieren. Insofern ist der vorliegende Beitrag selten.

„Jedoch finde ich," so setzte sie ihn fort,

> daß es wenig Zweck hat, wie wir hier sagen, „Alte Kühe aus dem Graben zu holen" – ich habe nun mal das gänzlich unverdiente Glück gehabt, als einzige meiner ganzen Familie den euphemistisch so genannten „Arbeitseinsatz im Osten" zu überleben, und das noch größere Glück, gleich nach meiner Rückkehr nach Amsterdam meinen jetzigen Mann kennenzulernen – wir haben jetzt zwei liebe Kinder und ein ganz nettes, wenn auch viel zu kleines Heim – und so möchte ich lieber von etwas ganz anderem erzählen.[168]

Dieser Einleitung folgt ein mehr als dreiseitiger Bericht über den „Sinterklaas", seinen Einzug in Amsterdam, die Freude der Kinder auf Weihnachten, den Ursprung der Nikolausverehrung in Spanien und Kleinasien, wo der Hl. Nikolaus verehrt wurde als Schutzheiliger der Seefahrer, und daß die Niederländer als seefahrende Nation sich besonders unter seinen Schutz stellten. Nikolaus ist auch der Schutzpatron von Amsterdam, und die nach ihm benannte Kirche steht dort nahe dem Hafen.

> St. Nikolaus ist aber nicht nur der Schutzheilige der Seefahrer, sondern auch der der Verliebten – daher verschenkt und ißt man Figuren aus Lebkuchen oder Spekulatius, sog. „Freier" – ursprünglich wahrscheinlich auch erinnernd an die Menschenopfer zur Sonnenwende, ebenso wie die süßen „Schinken" aus Blätterteig mit Marzipanfülle an die Tieropfer erinnern.
> Wie in Deutschland an das Christkind, so schreiben hier die Kinder an „Sinterklaas" einen Wunschzettel und hoffen, daß sie artig genug gewesen sind, so daß „Zwarte Piet" Geschenke für sie in seinem Sack hat und sie nicht etwa selbst in dem Sack verschwinden und mit zurück nach Spanien müssen.[169]
>
> Auch die Erwachsenen erfüllen einander natürlich manch lang gehegten Wunsch, aber das ist eigentlich gar nicht das Wichtigste vom Sinterklaasabend. Nein, das sind die Gedichte und die „surprises" (Überraschungen); denn am 5. Dezember kann man jedem die Wahrheit sagen, auch seinem Vorgesetzten oder größtem Feind, wenn es nur in Gedichtform geschieht.

Sie drückte den Abstand zu ihren Erinnerungen an den „Arbeitseinsatz im Osten“ mit dem Wunsche aus, „mit meinem Bericht etwas von der fröhlichen und ausgelassenen Stimmung wiedergegeben zu haben, die hier um den 5. Dezember herrscht“[170].

Über ihre Kindheit in Bielefeld und den *„Arbeitseinsatz im Osten“* berichtete sie an anderer Stelle und in niederländischer Sprache.[171] Dieser hatte 1943 mit Internierung im niederländischen KZ Westerbork begonnen, führte sie 1944 über Theresienstadt nach Auschwitz. Auf der Rampe wurde sie von ihren Eltern getrennt. Sie fragte Frauen, die schon länger im Lager waren, wo die Familienangehörigen seien.

> Da erfuhren wir von den Gaskammern. Und das Wort ‚Selektion‘ tauchte auf, das am meisten gefürchtete Wort im Lager. Daher also der Rauch aus den Schornsteinen. Ich konnte es nicht glauben. Ich war wie betäubt. Es war, als schaute mir jemand anderes neben mir zu, mir, dem in Lumpen gekleideten Mädchen mit kahlem Kopf. Wir unterhielten uns nicht viel über das, was wir erfahren hatten. Ich glaube, alle hatten genug damit zu tun, sich zu vergegenwärtigen, was wir erfahren hatten.[172]

1988 wählte sie die Formulierung, sie sei „depersonalisiert“ gewesen, so, „als ob man neben sich steht und sich selbst sieht, ganz unbeteiligt“[173]. Nach Zwangsarbeit an militärischen Stellungen unter dem Kommando von alten Landsturmmännern in Oberschlesien sei sie auf der Flucht „nach Westen“ von „den Russen befreit worden.“ „Wir fuhren eine Woche kreuz und quer durch Deutschland unter russischer Aufsicht und wurden dann den Amerikanern übergeben. Wir kamen auch durch Bielefeld, aber ich wollte es nicht sehen.“[174]

Frau van Hinte hat nie über ihre Erlebnisse in Jahren 1939 bis 1945 in der Öffentlichkeit berichtet. „Ich trete nicht nach außen auf.“[175] 1983 schrieb sie in „Unsere Schule“ über ihren letzten Schultag.

> Jener Novembertag im Jahr 1938 fing an wie jeder andere Schultag. Er unterschied sich eigentlich nur dadurch, daß am frühen Morgen zwei Männer erschienen und meinen Vater mitnahmen. Sie entschuldigten sich wohl bei ihm, aber mitkommen mußte er trotzdem.[176] Der Gedanke, daß ich deswegen nicht zur Schule gehen sollte oder könnte, kam niemandem.
> Der gewohnte Schulweg, von der Detmolderstraße die Ulmenallee hinab bis zum Rathausplatz und dann rechts, war nicht ungewöhnlich.

> Nur in der Schule herrschte nicht die gewohnte Ordnung. Die Schülerinnen waren aufgeregt, und jemand rief: „Kinder, in der Körnerstraße brennt 'n Haus!" Aber alsbald stellte sich heraus, daß das Feuer in der Turnerstraße war. Überall wurde gerufen: „Die Synagoge brennt!" Die Schülerinnen liefen die Treppe hinunter und drängten sich vor die Tür. Ein Mitglied der Lehrerschaft, dessen Name hier nicht genannt sein soll, ermunterte sie: „Seht Euch das nur an, sowas seht Ihr ja nie wieder". Das ließen die Mädchen sich nicht zweimal sagen. Wer kann es ihnen verübeln, es war jedenfalls spannender als der Unterricht.
> Vor Anfang der ersten Stunde, in der wir bei Fräulein Lentz Deutsch haben sollten, saßen meine zwei jüdischen Mitschülerinnen* und noch eine jüdische Freundin aus einer höheren Klasse und ich zusammen in einem sonst leeren Klassenzimmer. Ich glaube nicht, daß wir viel Gedanken hatten in dem Moment.
> Fräulein Lentz trat ein, setzte sich und sah uns an. Sie sagte: „Ihr armen armen Kinder, was Ihr alles mitmachen müßt." Ich sagte, daß mein Vater abgeholt worden war. „Hört zu", sagte Fräulein Lentz, „ich glaube, es ist am besten, wenn Ihr jetzt nach Hause geht. Aber nehmt nur Nebenstraßen, es ist wohl besser, daß Ihr die Hauptstraßen meidet". So verließen wir zum letzten Mal die Schule.
> Noch immer bin ich Fräulein Lentz dankbar für ihr Verständnis. Sie ließ ihr Herz sprechen.[177]

Dass es ihr letzter Schultag in Deutschland sein sollte, erfuhr sie erst, als ihr ein Abgangszeugnis zugestellt wurde.[178] 1935 war sie auf die Auguste Viktoria-Schule gekommen und die

> neue Schule gefiel ihr sehr gut; sie fand es herrlich, so viele neue Sachen zu lernen, aber am schönsten fand sie die Französischstunde. Denn die Französischlehrerin war ein Schatz; es war eine ältere Frau, bei der mehrere Mütter der jetzigen Schülerinnen schon Unterricht gehabt hatten. Ganz genau weiß Esther noch, wie Fräulein K.** zum ersten Male in die Klasse kam und so freundlich sagte: „Französisch ist schön ..., aber schwierig."[179]

* Eva und Marianne Katzenstein, Helga Lewisohn; Minniger S. 113, S. 130.

** Renate Kamp-van Hinte wählte den Namen Esther, um von sich zu sprechen. Im Schuljahr 1935/36 unterrichtete Emmy Cremer 5 Wochenstunden Französisch in der VIb. Stabi 107,2/Nr. 1109.

Abb. 13: Emmy Cremer unterrichtet
die „Mütter mehrerer Schülerinnen" von 1935

Die Eltern waren geschieden. Sie lebte beim Vater und besuchte ihre Mutter mehrmals im Jahr. Die politischen Verhältnisse erschienen zunächst nur „spannend", erst allmählich zeigten sie sich bedrohlich.

> Vater fand diesen Hitler so schlecht nicht. Die Leute hatten wieder Arbeit, alles war gut geregelt, und Deutschland brauchte nach dem verlorenen Krieg doch wirklich einen starken Mann. Er hörte sich auch immer Hitlers, Goerings oder Goebbels Reden an [...].[180]

1988 wog sie die politische Wahrnehmung der Eltern ab: „Mutter hatte dagegen ein viel stärkeres politisches Gespür. Wäre es nach ihr gegangen, wäre ich auf ein englisches Internat gekommen. Sie hatte Freunde in England, die das hätten regeln können. Aber Vater wollte nicht, er hatte ja nur noch mich. Also blieb ich in Bielefeld."[181]

> Eines Tages sah [Esther] ihre Freundinnen, [...] stolz in der BDM-Uniform [...] zu ihr kommen, und sie fand es schade, daß sie nicht auch so eine schöne braune Jacke, eine „Kletterweste" haben durfte. Sie bekam zwar eine solche Weste, aber in Grau.[182]

1996 sagte sie, sie habe sich sogar mit Leidenschaft an den Sammlungen des Winterhilfswerkes beteiligt, *„weil ich das spannend fand"*.[183] Als ihre nichtjüdischen Freundinnen auf Elternweisung die Beziehung abbrachen, sagte ihr Vater: „So etwas habe ich schon erwartet. Tue dich jetzt mit den jüdischen Mädchen zusammen, Kind."[184]

4. Ilse Drucker 1956: Manche haben wohl Anne Franks „Hinterhaus" gelesen geb. Sternheim (geb. 1906)

Ilse Drucker, hatte Renate van Hinte nach dem Kriege kennengelernt und an ihrem Familienleben teilgenommen: „Renate lebt ganz in meiner Nähe in Haarlem und ist die glückliche Mutter von zwei entzückenden Kindern."[185] Mit ihrem Mann erörterte sie auch berufliche Fragen. Sie richtete einen „Gruß aus Holland" an die Abschlussklasse des Lyzeums* 1921". Ilse Drucker war 17 Jahre älter als Renate van Hinte. Sie ließ noch mehr als 10 Jahre nach dem Kriegsende die Verunsicherung erkennen, in die sie der NS-Staat versetzt hatte, als sie sich aus Deutschland verdrängt sah. Im Austausch mit ihrer Lehrerin Emmy Cremer sei sie „froh in der Sicherheit, daß es menschliche Bindungen gibt, die kein ‚Drittes Reich' zerstören konnte und glücklich in dem Bewußtsein, daß ein gütiger, intelligenter Mensch wieder an meinem Lebensweg teilnehmen will".[186] Sie streifte politische Aufklärung – einen „politischen Vortrag" – durch Dr. Marie Elisabeth Lüders[187], die eigenen und elterlichen literarischen Interessen, die Berufswahl als Buchhändlerin mit Stationen in Hannover und Frankfurt und „Reisen, auch ins Ausland, nach Polen, Tschechoslowakei und Frankreich, die den Horizont erweiterten." Sie verband ihre Auswanderung aus Deutschland 1933 mit der Wirkung der antisemitischen Stimmung, „die vergiftete Atmosphäre hätte mir allen Lebensmut und alle Arbeitsfreude genommen".

Nach einem Aufenthalt in der Tschechoslowakei empfand sie die Heirat mit einem Niederländer 1934 als Aufnahme in eine neue Heimat, wo ihr

* Die Schülerinnen des Lyzeums besuchten die Auguste Viktoria-Schule bis zum Abschluss der Klasse 10.

„veränderte wirtschaftliche Verhältnisse, ein neuer Kulturkreis und neue Menschen" Anpassung abverlangten; „tiefe Sehnsucht" und die „quälende Unsicherheit um das Schicksal der alten Eltern in Deutschland, die sich [...] nicht zur Auswanderung entschließen konnten," verbanden sie weiterhin mit Deutschland. Rückblickend erschien es ihr, als sei „das Dritte Reich wie ein Wirbelsturm über die deutschen Juden" hinweggerast. Das habe sich „1940 mit dem Einmarsch der deutschen Truppen" wiederholt und den „Leidensweg eines friedliebenden und freiheitsliebenden Volkes" bewirkt.

Daran habe sich „ein noch tragischerer Leidensweg der jüdischen Bevölkerung" angeschlossen,

> deren allergrößter Teil in Dachau, Bergen-Belsen, Sobibor und Auschwitz zugrunde ging. Daß ich eine der Ausnahmen bin, die dieses Drama nacherzählen kann, danke ich der tapferen Hilfsbereitschaft des holländischen Volkes, das sich gegen Terror und Unmenschlichkeit zur Wehr setzte. Es gehörte eine große Portion Tapferkeit dazu, vogelfreie Juden ins Haus zu nehmen und ich war eine davon, denen man die Türen öffnete und die bis zur Befreiung in holländischen Familien lebten. [...] Ich stellte mich in Amsterdam der städtischen Fürsorge (jüdische Abteilung) zur Verfügung, bis ich gezwungen war, mit einer falschen Kennkarte unterzutauchen. Ich arbeitete als Hausgehilfin, oftmals sicher mit viel mehr Eifer als Geschicklichkeit, aber wer nicht gewöhnt ist, als Dienstmädchen sein Brot zu verdienen, macht viele Dinge nicht so, wie man das von einer tüchtigen Angestellten erwarten kann.
> Aber wer konnte schon in Kriegszeit einen „gepflegten Haushalt" führen?[188]

Die großen Städte im Westen und der gesamte Norden der Niederlande mussten noch bis zum Mai 1945 auf die endgültige Befreiung warten. In diesem „Hungerwinter" 1944/45 gab es die „einzige echte Hungersnot" während des Krieges in Westeuropa, „als die Küstenstädte zeitweise durch ein deutsches Embargo abgeschnitten waren. Bei Temperaturen um den Gefrierpunkt sanken die Rationen auf etwa 450 Kalorien am Tag, weit unter dem Existenzminimum. Wer konnte, floh auf die Felder, um Nahrung zu suchen, und schätzungsweise 10 000 Menschen starben, vor allem Alte, Kleinkinder und Arme."[189] Als Ilse Drucker daran dachte, erinnerte sich an ihre Lektüre über Hungersnöte,

> wie man das in alten Chroniken wohl einst gelesen hatte, wenn man warm und satt im beschützten Zimmer saß, [im Winter 44/45] ging es nicht mehr um eine Haushaltführung, sondern um das nackte Leben. Aus unserem schönen, von Leben pulsierendem Amsterdam war eine Stadt in Agonie geworden, wo die Menschen vor Hunger auf der Straße zusammenbrachen, ohne Kohlen, ohne Gas und Elektrizität. Wer würde dieses Gottesgericht von uns überleben? Ich hatte keine Hoffnung mehr, und an einem der dunkelsten Tage dieses dunklen Winters gelobte ich, wenn mir noch einmal mein Leben geschenkt würde, ich versuchen wollte, ein nützliches daraus zu machen. Manche haben wohl Anne Franks „Hinterhaus" gelesen, das ein so treffendes Bild einer Untertauchzeit gibt.
> Auf diesen Winter folgte der Frühling der Befreiung. Abgezehrt und schwach krochen wir aus der Dunkelheit ins Licht [...].
> Wenn ich heute daran zurückdenke, fühle ich mich als Reiter über dem Bodensee, und doch möchte ich um keinen Preis diese Jahre aus meinem Leben streichen. So schwer sie waren, so fruchtbar waren sie auch, und in diesen Jahren wurde der Keim zu meiner jetzigen Tätigkeit gelegt.[190]

Ilse Drucker lag daran, in ihrem Bericht über die Jahre 1933 bis 1945 auch den sozialen Neuanfang mit Hilfe der Quäker darzustellen als Fürsorge für die ausgezehrten Niederländer, „Pflegekinder und die Alten, Schwachen und Invaliden unserer Emigranten zu versorgen".

> Eine weit schwierigere Aufgabe war es, nach dem Leid der deutschen Besetzungszeit, den früheren Feinden wieder die erste Hand zu reichen. Aber die Quäker würden ihren Prinzipien untreu geworden sein, wenn sie dieses Versöhnungswerk nicht auch mit heiligem Eifer aufgegriffen hätten. Ich erinnere mich noch, wie wenn es gestern gewesen wäre, wie wir 1946 die ersten Liebesgabenpakete für Deutschland gepackt haben. Wir gaben unsere eigenen Rationen; denn noch Jahre nach dem Kriege waren bei uns die Herrlichkeiten, wie Butter, Zucker, Kaffee, Schokolade, rationiert.
> Jede Woche brachte ein englisches Quäker-Team, das in Oberhausen stationiert war und das früher in den schwer zerstörten Gebieten der Betuwe (dem holländischen Obstgarten) den Bauern und Gärtnern beim Aufbau geholfen hatte, Obst und Gemüse nach dem Ruhrgebiet. Diese Liebesgaben waren durch dieselben holländischen Menschen

> mit freudigem Herzen gegeben, deren Eigentum kurz vorher durch Kriegsereignisse selbst so gelitten hatte. Aber niemals hat man sich hier menschlichem Leid verschlossen [...].[191]

Durch ihre neue Tätigkeit hatte sie auch die Geschichte der internationalen Quäkerschule in Ommen und vom Schicksal der dort aufgehobenen halbjüdischen Pflegekinder erfahren. 1934 als Gegenmodell gegen die vom Nationalsozialismus in Deutschland bestimmten öffentlichen Schulen und als reformpädagogische Quäkerschule „in Grenznähe zu Deutschland gegründet, nahm die Schule vom ersten Tage an [auch] politisch und rassisch verfolgte Kinder und Jugendliche aus Deutschland auf."[192] 1943 war das Heim den jüdischen Hilfsorganisationen entzogen worden;

> [...] eine der Hauptaufgaben war, die einzige internationale Quäkerschule auf dem Kontinent in Ommen, die im Jahre 1934 gegründet worden war, um den Flüchtlingskinders [!] die Anpassung ans Ausland zu erleichtern, wieder aufzubauen. Manche der Kinder hatten den Krieg nicht überlebt, was um so schmerzlicher war, da die Quäker schon Versteckplätze für sie gefunden hatten, aber nicht alle hatten den Mut, illegal zu leben. Heute ist die Quäkerschule Ommen wieder eine blühende Gemeinschaft [...].

Der Beitrag ließ auch zwei weitere Verbindungen unter den Ehemaligen offenbar werden: zu Ursula Menzel, Abitur 1928, der Tochter Carl Severings, Ehefrau des nordrheinwestfälischen Innenministers Walter Menzel (1946-1950) und SPD-Bundestagsabgeordneten (1949-1961). Ursula Menzel hatte in „Unsere Schule" 1955 über ein Quäker-Workkamp in Gaimersheim geschrieben. Ilse Goebel hatte dieselbe Klasse wie Ilse Drucker besucht und Heinz Krekeler geheiratet, der zunächst Gesandter, dann erster Botschafter der Bundesrepublik in den USA wurde. Sie schloss mit den Worten: „Meine tiefe Dankbarkeit gebührt auch Ilse Krekelers Mann, der so viel Verständnis hatte für meine Bitte, mir bei der Wiedergutmachung für unsere ärmsten Emigranten zu helfen. Durch seine Empfehlung wurden mir Wege geebnet und in den zwei schlimmsten Fällen wurde gleich eine Lösung gefunden".

5. Bernhard Bavink 1945: „ich [vermisste] freilich bei der übergrossen Mehrzahl der Soldaten jedes Verständnis für die Leiden der Bevölkerung in den besetzten Gebieten“.[193]

Zwischen 1941 und 1943 war Bernhard Bavink zu zwei Reisen vom Oberkommando der Marine in Holland eingeladen worden, um mehrere Vorträge zu halten. Er war schon in der Zeit vor dem Krieg von verschiedenen wissenschaftlichen, sozialen und kirchlichen Vereinigungen als Vortragsredner gefragt, nun „im Interesse der Wehrmachtsbetreuung“ tätig.

Die väterliche Familie war aus Holland nach Ostfriesland eingewandert, Bavink hatte von Jugend an im familiären Umgang holländische Sprachkenntnisse erworben. In seinen „Erinnerungen“ beschrieb er angenehme Reisebedingungen, seine Eindrücke von den Soldaten über unterschiedliche Einschätzungen der Kriegsaussichten und die Begegnungen mit einem holländischen Vetter und einer Reisebekanntschaft, in denen er eine „furchtbare Erbitterung gegen die deutsche Besetzung“ kennen lernte. Bavink beschrieb die Stimmung für das Jahr 1941 aus Sicht des Militärs als geteilt:

> während wohl die Mehrzahl sich sehr optimistisch einstellten, waren doch auch eine ganze Reihe besonders älterer Offiziere, die sehr schwarz in die Zukunft sahen und die [...] insbesondere kein Hehl daraus machten, dass die Wehrmacht das Treiben der Parteibonzen aufs äusserste missbilligte. Andererseits vermisste ich freilich bei der übergrossen Mehrzahl der Soldaten jedes Verständnis für die Leiden der Bevölkerung in den besetzten Gebieten. Man sprach fast nur in höchst liebloser Weise von den reichen Pflanzern usw, wie überhaupt den widerborstigen Holländern, denen es ganz recht geschehe, wenn man sie scharf anfasste. Es herrschte geradezu eine feindselige Stimmung, das trat bei der zweiten Reise mir noch mehr entgegen bei Unterhaltungen mit den mitfahrenden höheren Offizieren (für uns Deutsche waren immer Wagen reserviert). Damals war gerade in Amsterdam eine aufsässige Bewegung niedergeschlagen, die dadurch veranlasst war, dass man die zuerst auf Hitlers Befehl entlassenen kriegsgefangenen Offiziere wieder eingefordert hatte.

Bavink verwechselte hier offenbar Ereignisse der Jahre 1941 und 1943 sowie Orte. In Amsterdam hatte die kommunistische Partei 1941 „die aufsässige Bewegung“ – das war ein Streik – ausgelöst, um gegen die Behandlung der Juden zu protestieren. Im April/Mai 1943 hatten sich viele Landwirte in den Provinzen Twente und Friesland an einem Streik beteiligt, weil 300 000 niederländische Soldaten nach Deutschland zu einem sogenannten Arbeitseinsatz geholt werden sollten. Der Streik wurde mit viel Blut unterdrückt, Menschen wurden standrechtlich erschossen.[194] In Leiden sollte Bavink 1941 einer Reaktion auf die Entlassung der jüdischen Professoren aus dem öffentlichen Dienst im Zuge der deutschen Besatzungspolitik begegnen.[195] Bavink notierte,

> ich habe mich in Leiden bei Peter van Gilse* telefonisch angemeldet, von dem ich ja [...] wusste, dass er Ophtalmologe an der Universität war. Er war, als er meinen Namen und die Frage hörte, ob es ihm Freude machen würde, wenn ich ihn aufsuchte, zuerst sehr reserviert und antwortete vorsichtig: ‚Ja, gemischte Freude', liess mich dann aber doch kommen, allerdings nicht in seine Privatwohnung, sondern bestellte mich in sein Sprechzimmer in der grossen Universitäts-Klinik.

Bavink wollte sich im privaten Verkehr „wie in Friedenszeiten" bewegen: Er „sei gekommen, um alte Kindheitserinnerungen aufzufrischen". Das mochte ihm sein Vetter nicht zugestehen. Ohne einzelne Vorhalte zu nennen, gab Bavink nur die auch von Gefühlsäußerungen begleitete lebhafte Bewertung wieder:

> er [reagierte] zuerst seine furchtbare Erbitterung gegen die deutsche Besetzung ab und wurde so wild, dass ich schon im Begriff stand wegzugehen, indem ich sagte, es hätte dann wohl wenig Zweck, dass wir uns unterhielten. [...] worauf er meinte: man könne bei den jetzigen Zuständen als Holländer ja nicht einmal sicher sein, ob ein solcher Besuch nicht von der Gestapo abgesandt sei, um ihn nachher auf seine etwaigen Aeusserungen hin abführen zu lassen.[196]

Bavink erreichte schließlich sein Ziel, mit Peter van Gilse ein privates verwandtschaftliches Gespräch zu führen:

> Ich blieb aber ganz ruhig und sagte nur, dass ich dann doch lieber gehen wolle. Er könne nicht gut von mir erwarten, dass ich ihm näher erkläre, wie ich über die fragliche deutsche Behörde und überhaupt über die deutsche Innenpolitik dächte, ich könnte ihm nur feierlich

---

* Bavinks Vetter aus väterlicher Verwandtschaft.

> versichern, dass er bei mir auf nichts derartiges gefasst zu sein brauche. Er wurde dann ruhiger, lenkte ein und fing an nach seinen Verwandten in Leer und nach anderen Bekannten zu fragen. Ich wusste nicht viel, versprach ihm aber, mich zu erkundigen und bei einem eventuellen zweiten Besuche ihm dann mündlich oder schriftlich zu berichten, [...]. – v. G. brachte mich dann zur Bahn, er war zuletzt ganz freundlich und zugänglich geworden, hatte sich wohl überzeugt, dass ich ein homo bonae voluntatis* sei. Sein Gastgeber sagte, sowie sie aus der Tür vor die Straße traten: „Maar nu moet wij holl. spreken" (im Zimmer hatten wir uns deutsch unterhalten), da er fürchtete, dass er sich sonst in Leiden unmöglich machen würde. Es war damals gerade ein grosser Studentenkrawall gewesen[197], man hatte Geiseln verhaftet, darunter auch den mir bekannten Zoologen van der Clauw, van Gilses Freund, den man nach seiner Erzählung im Gefängnis schlecht behandelt hatte, es herrschte in Leiden allgemeine Siedehitze. So war der Besuch alles in allem, wenn auch interessant, doch wenig erfreulich.[198]

Zum Inhalt der Vorwürfe seines Vetters hinterließ Bavink keine Notiz. Von seinen Vorkriegsreisen in die Schweiz mochte Bavink sich gern an die Gesellschaft mit dem Ehepaar Zeylmans-van Emmighoven aus Rotterdam erinnern, die er in Wilderswil[199] getroffen hatte. In Gesprächen über die Verhältnisse in Deutschland pflegte Bavink vor dem Kriege zwischen dem Programm, das er positiv sah und der Praxis der Nationalsozialisten, die er kritisierte, zu unterscheiden. Seine Gastgeber kannten diese Betrachtungsweise. Sie sprachen nicht von der deutschen Besatzung, nur vom Verhalten der Truppen, ergänzten seine persönliche kritische Sicht auf die Wehrmacht durch eine Differenzierung zwischen „Wehrmacht" und „Parteibonzen": dass jene „sich im ganzen durchaus korrekt benähme,

> hingegen seien die Parteibonzen wie überall unerträglich, und am meisten hassten er [Mr. Z.] und alle Holländer die wenigen Landsleute, die sich zum holländischen Nationalsozialismus (Mussert) hielten. Die würden am Kriegsende an den ersten besten Laternenpfahl gehängt werden. Z. erzählte mir auch von dem grossen Brande von Rotterdam bei der Erstürmung der „Festung Holland", er war gerecht genug, dem dt. Heer dabei nicht alle Schuld zuzuschieben, sondern zu sagen, dass der unglücklicherweise herrschende sehr starke Nordwind die grosse

* (lateinisch) „ein Mensch guten Willens".

> Ausbreitung der bei einer Beschiessung unvermeidlich entstehenden Brände verursacht habe. Sein eigenes Büro (er ist Rechtsanwalt) war auch total verbrannt.
>
> Die zweite Reise fand etwa ein halbes Jahr später im Sommer statt (Mai?). Ich fuhr zuerst nach Utrecht, wurde dort von einem Oberfeldwebel, der der Sohn eines wohlhabenden Barmer Fabrikantenpaares war, abgeholt, logierte mit ihm eine Nacht zuerst dort, besah am folgenden Morgen einiges in der Stadt, vor allem den sehr schönen Dom, und fuhr dann mit ihm über Amsterdam, wo wir zu Mittag assen, zum Helder*, wo ich in einem ganz netten kleinen Hotel „Bellevue" untergebracht wurde.

Bavink nahm nachts die Angriffe der britischen Luftstreitkräfte als „Terrorangriffe auf den Industriebezirk (Düsseldorf usw)" in „endlosen über den Ort hinwegziehenden Fluggeschwadern" wahr. „Das Dröhnen der Motoren klang ganz entsetzlich laut, zwischendurch hörte man auch manchmal das Schiessen der am Strande überall verteilten Flakbatterien [...]". Für die Holländer, die deutschen Flüchtlinge in Holland, waren das Anzeichen eines Kampfes um ihre Befreiung. Bavink hatte die Ankündigung bevorstehender Reaktionen der Bevölkerung als „drohende" Unruhen" in Erinnerung, die ihm „den Aufenthalt in Holland überhaupt sehr ungemütlich machten". Im Verkehr mit Holländern genoss er den Vorzug, der sich aus seinem holländischen Namen und seinen Sprachkenntnissen ergab.

> In dem Hotel fiel mir auf, dass die gesamten Angestellten, insbesondere der Portier, sofort die Höflichkeit selber wurden, als sie meinen Namen hörten oder lasen. Der letztere sagte denn auch sofort: „O, dat is en naam, die heeft in Holland goeden Klang." Er kannte den Prof. B.[avink] von Hörensagen, wusste aber leider auch nicht wo er zu finden sei.

* Den Helder liegt an der nördlichen Spitze der Halbinsel Nordholland.

6. Hedwig Becher, umbenannt Baxter, 1954: „Die ganze Art des Lebens an Bord half viel, um die Vergangenheit zu vergessen“.
geb. Windmüller (geb. 1879)

Hedwig Becher, Witwe seit 1934, gliederte die Flucht aus Bielefeld 1939 in einen Reisebericht ein und machte sie fast unkenntlich. Hedwig Windmüller hatte die Töchterschule und das Seminar für Lehrerinnen an der Schule etwa zur gleichen Zeit wie Emmy Cremer besucht.[200] Nach Abschluss ihrer Ausbildung zur „Lehrerin an einer Töchterschule“ erteilte sie im Schuljahr 1899/1900 Vertretungsunterricht an ihrer ehemaligen Schule,

> bereits 1902 verlobt sich die 21jährige mit dem um elf Jahre älteren jüdischen Kaufmann Baruch Becher, damals Prokurist in der schwiegerelterlichen Firma. Die ostjüdische Minderheit ist bei den eingesessenen Glaubensbrüdern in Bielefeld nicht eben umworben, seine polnische Herkunft ist Baruch Becher jedoch nicht anzumerken. Man verübelt ihm allenfalls, daß er gern auf großem Fuße lebt. Das junge Ehepaar kann es sich leisten, seine Möbel nach Entwürfen des damaligen Gewerbeschuldirektors anfertigen zu lassen und erwirbt schließlich ein villenartiges Haus in der Gütersloher Straße. 1904 bringt sie ihren Sohn Herbert zur Welt. Er studiert später Nationalökonomie und wird [...] Kaufmann. Hedwig Becher gilt als elegante Dame.[201]

> [Hedwig hatte] schon vor ihrer Verlobung [...] eine Rolle im gesellschaftlichen Leben der Stadt gespielt, so als eine der Throndamen des Schützenkönigs vom Jahre 1901. [Nach dem Tode ihres Vaters] arbeitet sie aktiv oder sogar in leitender Funktion in einer Reihe von Gremien vorwiegend sozialer Ausrichtung.[202]

Von 1919 bis zum Tode ihrer Tochter Gerda, die 1922 im Alter von 15 Jahren starb, wirkte sie im Elternbeirat der Schule mit.[203]

> Wir [finden] sie auf einem 1927 Martha Stapenhorst gewidmeten Foto des Vaterländischen Frauenvereins zusammen mit dessen Vorstandsmitgliedern und versehentlich als Hedwig Becker ausgegeben. Wie sich aus einer Vereinsübersicht ergibt, verwaltet sie damals dessen Theater- und Konzertkartenabteilung, eines der acht Ressorts. Im jüdischen Frauenverein, dem sie von früh auf angehört, führt sie Ende der 20er Jahre den Vorsitz. Ebenso ist sie wenig später erste Vorsitzende

im zwölfköpfigen gemischten Vorstand der Bielefelder Sektion der ORT [russisch: Organisation zur Förderung des Handwerks und der Landwirtschaft], die sich um Förderung von Handwerk, Industrie und Landwirtschaft unter den Juden bemüht und somit wichtige Hilfe für die spätere Aufbauarbeit der Palästina-Emigranten leistet. Schließlich rückt Hedwig Becher, als die Bielefelder Jüdinnen 1926 aktives und passives Gemeindewahlrecht erhalten, als erste Frau in das Repräsentantenkollegium der Synagogengemeinde ein. Aus ihrer Stellvertreterfunktion wird 1930 und bis zu ihrer Auswanderung ein festes Repräsentantenamt. Als ausgebildete Lehrerin brachte sie natürlich größere Befähigung für solche Ämter als viele andere mit.[...] Da Baruch Becher herzkrank ist – ein Leiden, an dem er bereits 1934 stirbt – und da die Witwe über keine allzugroßen Sparrücklagen verfügt, ist Hedwig Becher im Alter von 53 Jahren gezwungen, eine Erwerbstätigkeit zu ergreifen, die ihrem erlernten Beruf ebenso fern steht wie die Firmenbranche des Vaters und des Ehemannes. Sie wird Filialleiterin einer Berliner Korsettfabrik und übernimmt gegen ein Monatsgehalt von 400 RM ein Miederwarengeschäft in der Innenstadt. ‚Jeder bewunderte sie, wie tapfer sie war', bekennt eine entfernte Verwandte zu dieser Lebensphase der Hedwig Becher. Aber schon nach vier Jahren – 1936 – bewirkt Naziboykott die Auflösung dieser Filiale. Hedwig Becher ist arbeitslos und hat als 57jährige Jüdin keinerlei Chance.[204]

In „Unsere Schule" berichtete sie 1954. Sie sprach unmittelbar ihre Mitschülerinnen der Klasse 1 im Schuljahr 1895/96, mittelbar alle Leserinnen an, sie folge der Aufforderung Emmy Cremers, „einen Bericht [der] Reise von vor nunmehr 14 Jahren für die Schulzeitung zu schreiben"[205]. Emmy Cremer stellte den Bericht unter die Überschrift „Odyssee einer Ehemaligen: 1939 nach Hongkong" und ließ die Härten der aufgenötigten Emigration in den Worten „nach wieviel Not und Müh" anklingen. Die ihr angetanen Diskriminierungen seit 1933, die Zerstörung der Synagoge, die Deportation jüdischer Männer nach Buchenwald, die ‚Massenflucht' zahlreicher jüdischer Menschen blieben unerwähnt, haben sie am Ende aber resignieren lassen, noch länger in Bielefeld zu bleiben[206]:

Als ich mich im Frühjahr 1939 entschloß, zu meinem Sohn* nach Hongkong zu gehen, der bereits seit 1936 dort lebte und begeisterte

* Herbert Becher, geb. 1904, war 1933 nach Holland und 1936 nach Hongkong ausgewandert.

> Briefe schrieb, war es schon sehr schwierig, die Einreiseerlaubnis in die Kolonie zu bekommen. Während es noch 1936 keinerlei Formalitäten bedurft hatte, in Hongkong zu landen, wurden im Jahre 1939 nur sehr wenig Visen für Hongkong ausgegeben. Mir war jedoch der Weg durch meinen bereits in Hongkong lebenden Sohn sehr geebnet.
> Nach vielfachen Vorbereitungen ging ich schließlich in Genua aufs Schiff. Während der langen Bahnfahrt dorthin habe ich rechte Angst ausgestanden, daß die häufigen Paßkontrollen mich so lange aufhalten könnten, daß ich den Anschluß in Genua versäumen würde, denn es lagen nur knapp 2 Stunden zwischen der Ankunftszeit des Zuges und der Ausfahrt der „Conte Biancamano“[207], des herrlichen 24 000 Tonnen Dampfers, für den ich gebucht hatte.[208]

„Nach vielfachen Vorbereitungen“: In diesen Worten sind schwerwiegende persönliche Entscheidungen wie die Auflösung von freundschaftlichen, nachbarschaftlichen und verwandtschaftlichen Beziehungen ebenso enthalten wie die Auflösung ihres Haushalts und die Duldung der wirtschaftlichen Ausplünderung durch Behörden, die scheinlegale Satzungen wie eine ‚Reichsfluchtsteuer‘ heranzogen. Von ihrem nicht näher bezeichneten Eigentum blieb der Inhalt von zwei Lifts*, die sie mit sich führte. Nach der Beschaffung des Visums hatte sie nur noch die Sorge, auch wegzukommen und pünktlich Genua zu erreichen. Für Hedwig Becher geriet die Schilderung der Flucht zur Beschreibung luxuriöser Reise-, Einkaufs- und Unterhaltungserlebnisse und trat an die Stelle der belastenden Erinnerungen an den Anlass und die Vorgeschichte: „Die ganze Art des Lebens an Bord half viel, um die Vergangenheit zu vergessen.“ Dieses Bedürfnis dürfte auch den Kontakt zu anderen Reisenden bestimmt haben, die auf dem Weg in die Emigration nach Shanghai waren. Sie schrieb nichts von alle dem.[209] Der Weg durch den Suez-Kanal wurde von dem Entsetzen über einen tödlichen Arbeitsunfall begleitet, die Hafenstädte der vierwöchigen Reise gingen vorüber in exotischer Kargheit – Massaua** und Aden – und im subtropischen Überfluss aus der Sicht von Kolonialherren, wie Bombay.

> Da ich Freunde in der Stadt hatte, die mich mit dem Auto am Schiff abholten und mir Bombay zeigten, sah ich viel Interessantes. Die Innenstadt hat schöne, breite Straßen und prachtvolle Gebäude, wie

* Behälter für den Transport von Stückgut auf Schiffen.

** Hafenstadt in Eritrea.

> die Universitätsbibliothek, das Sekretariat und vor allem die herrliche Kathedrale. Es fährt eine Straßenbahn durch all diese Straßen, aber ich erfuhr, daß kein Europäer sie benutzen kann, das wäre zu sehr unter seiner Würde. Die Straßen im Eingeborenenviertel sind eng, aber sauber; man sieht überall Bazare, Tempel und sonderbar bizarr bemalte Häuser. Eine orientalische, vielsprachige Menschenmenge bietet ein pittoreskes Bild, da sieht man neben Hindus Muselmanen, Indo-Portugiesen, Parsen. Die Luft ist drückend und feucht, aber das Haus meiner Freunde hatte große Ventilatoren in jedem der herrlichen Räume, es war großartig und luftig. Dienerschaft ist billig und zahlreich, und so stand denn auch bei Tisch hinter jedem Platz ein Inder, der die Speisen vorlegte und ein anderer, der den Wein servierte. Von der Dienerschaft hat jeder seinen eng begrenzten Arbeitsanteil, und darüber hinaus tut er nicht das Geringste. Die Clubs und Vergnügungsstätten sind von märchenhafter Schönheit. Reiche, farbenprächtige Blumenanlagen, unterbrochen von Schwimmbassins und herrlichen, kunstvoll angelegten Terrassen, auf denen Erfrischungen verschiedenster Art angeboten werden, alles so fremdartig und leuchtend, daß es den Europäer wie ein Traum anmutet, wie ein Erlebnis aus 1001 Nacht.[210]

Auch Colombo, Singapur, und Manila machten freundschaftliche Besuchseinladungen zu unterhaltsamen Stationen.

> Voller Erwartung sah ich Hongkong und dem Wiedersehen mit meinem Sohn entgegen. Da stand er denn morgens früh um 5 Uhr einsam auf dem Pier und schaute ebenso erwartungsvoll dem Schiff entgegen. Es schien eine Ewigkeit, bis man es endlich verlassen durfte. Paßkontrolle, Gepäckrevision etc. etc. Aber endlich wurde es doch Wirklichkeit und ich konnte meinen Sohn nach Jahren der Trennung in die Arme schließen. [...] Schließlich fanden wir denn auch eine passende Wohnung. Zu unserem eigenen Entsetzen wirkte sie zum Schluß so elegant, daß selbst der Gouverneur nicht so schön wohnte. [Das Haus mit] herrlich großen Räumen [umzog] eine breite Veranda mit großen Blumenkästen, die zweimal im Monat vom Hauswirt frisch und sehr üppig bepflanzt wurden. Der Gärtner brachte dann auch gleichzeitig einen großen Korb voll frischer Schnittblumen mit. Es lebte sich wirklich wundervoll in Hongkong. Man hatte reichlich Dienerschaft, Chinesen. Ein guter Haushalt beschäftigte wenigstens drei Leute. [In der Pflege der Geselligkeit hatte] die Gastlichkeit einen großangelegten

> Stil, man versuchte all den Gewohnheiten der verschiedenen Nationalitäten gerecht zu werden. Auf einer Party von 24 Personen zählten wir einmal 19 verschiedene Nationalitäten.[211]

Mit der Kriegserklärung im Herbst 1939 waren der „Reiz und Zauber des ‚Far East' [...] in Hongkong" dahin. Im Juli 1940 mußten die Flüchtlinge aus Deutschland als enemy alien die Kolonie verlassen. Herbert Becher wurde „von seiner Firma nahe gelegt, nach Shanghai zu gehen, wo sie eine Zweigniederlassung hatte". „Shanghai war übervölkert", teilte Hedwig Becher mit. Das Leben sei sehr angenehm verlaufen, wenn auch „in keiner Beziehung" vergleichbar mit Hongkong. Auf die zahlreichen anderen Flüchtlinge aus Deutschland, denen 1941 die deutsche Staatsangehörigkeit entzogen wurde und die kargen Verhältnisse, in denen viele lebten, kam sie nicht zu sprechen. Shanghai war einer der seltenen Orte in der Welt gewesen, für die kein Visum erforderlich war.[212] Bis 1943 lebten Flüchtlinge aus Deutschland in Shanghai neben und außerhalb der Welt der Deutschen Kolonie, in der Nationalsozialisten den Ton angaben. Auf Druck des deutschen Generalkonsulats befahlen die japanischen Behörden ohne ausdrücklichen Bezug auf jüdische Flüchtlinge allen „Staatenlosen", die erst ab 1936 nach Shanghai gekommen waren, den Umzug nach Hongkew[213], in einen Vorort, „der 1937 durch Krieg in japanischen Besitz gekommen war. Hongkew war damals durch Bomben furchtbar zerstört und nicht wieder aufgebaut worden". Die Beschreibung der äußerst dürftigen Wohn- und Lebensverhältnisse veranlasste Emmy Cremer zur Fußnote: „Liebe Hedwig! Du müßtest Dich jetzt in Deutschland daraufhin mal umsehen!!! Cr."

Annemarie Kirstein, geb. Rosenberg, eine Generation jünger als Hedwig Becher, berichtete 1956 aus San Francisco über ihren Aufenthalt in Shanghai:

> Was für eine herrliche Jugend ich doch in Bielefeld hatte! Glauben Sie mir, die Erinnerung daran hat mich all die schweren Zeiten leichter tragen lassen. Sie wissen sicher, daß wir, d.h. meine Mutter, Mariechen Katzenstein, Kl. I 1892 (Cr.), mein 4½ jähriger Sohn, mein Mann und ich 1938 flüchteten, und zwar nach Shanghai in China; zwar sagte uns das Leben in Asien nie besonders zu, doch war die Zeit vor dem Kriege dort sehr interessant; es war uns auch möglich, wieder eine Existenz aufzubauen. Aber dann kam die Besetzung der Stadt durch die Japaner, und statt in einem Nazi-KZ landeten wir in einem japanischen. Es war ein schwerer Schlag für uns, nun zum zweiten Male alles zu verlieren. Meine geliebte Mutter starb darüber. Von dieser schrecklichen Zeit

> möchte ich nichts berichten, ich will sie ganz vergessen; aber unauslöschlich eingeprägt hat sich der wunderbare Augenblick der Befreiung durch die Amerikaner. Können Sie es verstehen, daß wir, statt nach Deutschland zurückzukehren, uns als neue Heimat die USA wählten? Wir wollten unserem Sohn eine bessere Zukunft sichern. So schwer das Leben hier in Amerika auch ist, und sooft wir uns nach deutscher Gemütlichkeit sehnen, so ist es doch ein wunderbares Gefühl, voll und ganz gleichberechtigter Staatsbürger zu sein. Das zeigt sich schon in den Schulen, wo z.B. nie nach dem Religionsbekenntnis gefragt wird. Alle Schüler sind gleich, [...].[214]

1945 kehrte Hedwig Becher zurück nach Shanghai, verließ 1948 zusammen mit ihrem Sohn China und nahm über Tokyo den Weg in die USA. In San Francisco sah sie zum ersten Male die Fülle nordamerikanischen Wohlstandes und reiste von dort nach New York,

> um meine Schwester zu sehen; wir waren nun auch schon seit zehn Jahren getrennt. Das schreibt sich leichter, als es ist. Die Entfernungen in Amerika sind riesengroß. Wenn man auch immer wieder in Deutschland gehört hatte, wie unendlich weitläufig das Land ist, so machte man sich doch nie einen auch nur annähernd richtigen Begriff. Mit dem Pulman war ich fast ohne Aufenthalt vier Tage und fünf Nächte unterwegs; aber die Fahrt mit Schlafwagen und Aussichtswagen oben über dem Zuge war bequem und sehr interessant. Man sah die Rocky Mountains mit ihren malerischen Wasserfällen und die Salz-Seen, die vielfach wie Schneeflächen anmuten. Schließlich New York, die Riesenstadt, in der ich 1½ Jahre lebte. Es ist nicht schwer, in Amerika Arbeit zu finden, nur darf man sich nicht auf eine bestimmte Arbeit einstellen, man muß eben zugreifen, wo immer sich etwas bietet. So arbeitete ich als Zimmermädchen in einem der großen Hotels und hatte täglich 20 Zimmer mit 28 Betten zu machen. Als mir die Arbeit zu viel wurde, nahm ich einen Posten an in einer Puderdosen-Fabrik und schließlich bot sich mir eine Anstellung als Gesellschafterin und Haushilfe bei einer einzelnen Dame, wo ich länger als ein Jahr blieb. Schließlich wollte mein Sohn mich in Portland haben und ich ging nur zu gerne zu ihm.[215]

Sie hatte anschaulich die Lebensverhältnisse beobachtet, die sich an den verschiedenen Orten dargeboten hatten und sich durchgeschlagen. Sie nannte ihr Leben in Jahren 1939 bis 1953 „die Zeit des Märchen-Erlebens“. Amerika habe schon in wenigen Jahren „ein wertvolles, wohltuendes Heimatgefühl gegeben“, das mit dem bevorstehenden Erwerb der US-Staatsbürgerschaft bestätigt werde. Sie grüßte alle Ehemaligen, „die sich meiner noch freundlich erinnern, recht herzlich“ und äußerte, sie würde sich „sehr freuen, von ihnen zu hören.“[216]

7. Else Möller 1958: „Meine Gedanken wandern oft und mit Sehnsucht zurück in die Tropen, und das Einleben hier nach der Weite und Großzügigkeit dort ist nicht ganz leicht“[217] *geb. Thiede (geb. 1890, Seminar 1908)*

Else Möller hatte 1934 ihre Sorgen um den Schulbesuch ihrer Söhne dargestellt. „Zur Ausbildung müssen sie ja doch hinüber [von Guatemala nach Deutschland]. Nur ist die Trennung recht schwer zu ertragen so auf Jahre hinaus.“[218] 24 Jahre später erstattete sie als fast Siebzigjährige den von Emmy Cremer erbetenen Rückblick auf die Stationen ihres Lebens der Jahre 1908 bis 1957. Else Möller hatte 1958 ihren Bericht mit dem Jahre 1915 begonnen, „als ich im April nach Guatemala zurückreiste, um mich mit dem Kaffeepflanzer Walter Möller zu verheiraten, den ich kennengelernt hatte in der Zeit, die ich als Hauslehrerin in Guatemala verbrachte, bald nachdem wir 1908 das Examen in Bielefeld gemacht hatten“. Eine Tochter und zwei Söhne seien geboren: „Es war wohl die glücklichste Zeit meines Lebens.“[219] Schwer sei es gewesen, ohne Nachrichten aus Deutschland zu leben. Mit 2½ Jahren Verspätung habe sie 1918 erfahren, dass auch ihr letzter Bruder gefallen war. Nach dem Kriege ging es bergauf: der gestapelte Kaffee wurde verkauft, Waren aus Europa kamen wieder ins Land. Als sie 1921 die Übernahme einer anderen Kaffeeplantage schilderte, beschrieb sie ausführlich das Landleben, den Verkehr mit Händlern, die Verhältnisse der Landarbeiter, die Landschaft, den Kaffeeanbau und die Ernte.

> Alle die groben Arbeiten […] kamen mir nun zu. Und wie sah das Haus aus! Was habe ich da scheuern und fegen und wieder scheuern müssen, bis ich mit Staub und Ungeziefer einigermaßen fertig wurde! Köchin – nicht dran zu denken! 2 halbwüchsige Indianerinnen waren meine einzige Hilfe; die eine lernte mit vieler Mühe, den Tisch zu decken und Geschirr zu waschen! Die andere stand fast den ganzen Tag am Mahlstein und mahlte Mais und röstete die flachen, runden Maiskuchen, Tortillas genannt, die neben den schwarzen Bohnen die Hauptnahrung

> aller Guatemaltecos sind. Wir haben sie auch Abend für Abend gegessen, und die Kinder gediehen gut dabei. Zum Glück hatte ich eine Wäscherin; das Plätten mußte ich allerdings selbst machen. Im September 1921 war noch ein kleines Mädelchen angekommen, sehr zart und blaß und kränklich; ich hatte zuviel zu tun, und so hat sie auch nicht die richtige Sorgfalt und Pflege gehabt. Sie starb mit 2½ Jahren an den Folgen einer nicht erkannten Malaria.
> So verging die Zeit, und eines Tages wurde die Frage wichtig, wie soll es mit dem Unterricht der Kinder werden?! Natürlich wollte ich den ersten Unterricht selbst geben, aber Haushalt und Kinder nahmen meine Zeit und Kraft so in Anspruch, daß ich es so nicht mehr dazu leisten konnte. Ich hatte neben der Reinhaltung des Hauses täglich die Milch zu entrahmen, Butter und Käse zu machen, Brot zu backen; zum Glück gab es immer frisches Gemüse und auch Obst, daß ich Gemüse gar nicht und Obst nur als Gelee und Marmeladen als Vorrat einkochen mußte. Bananen und Kochbananen (platanos), Apfelsinen, Ananas und Zitronen gab es das ganze Jahr auf der finca*; die Händler brachten uns Pfirsiche, Aprikosen, Brombeeren, Quitten und Äpfel, die wir zum Teil auch roh essen konnten. Zu der Küchenarbeit kam noch die Hühnerzucht; zu Anfang des Jahres wollten an die 60 Küken versorgt werden. Und dann hatte mein Mann als Liebhaberei Bienenzucht angefangen und die Honigernte mit allem Drum und Dran war der Schreck aller Schrecken für mich, obgleich ich da genug Hilfe gestellt bekam. Aber der Honig war köstlich! und eine Bereicherung unseres Speisezettels. Nebenbei machte ich alle Näharbeiten selbst, auch die Arbeitskleidung für meinen Mann stellte ich her, und schließlich wollten die Kinder auch zu ihrem Recht kommen.[220]

Zur Entlastung kam für einige Zeit die Schwester zu Besuch, sie nahm auf der Rückfahrt die Tochter mit nach Deutschland. Die Weltwirtschaftskrise brachte neue Probleme:

> Um 1930 herum waren in den USA die großen Bankkrache, deren Auswirkungen ganz Amerika merkte. Eine Bank nach der anderen machte Schluß, und so verloren wir einen Teil unseres Geldes, das nach der Inflation in Deutschland 1922-23 mühsam wieder zusammengespart und in Dollar angelegt worden war – sicherheitshalber!! Nun war

---

* Bezeichnung der Kaffeeplantage.

> das auch verloren, und wir mußten äußerst sparsam leben, die 3 Kinder in Deutschland mußten zu ihrem Recht kommen.[221]

Ein Jahr lang hielt sie sich in den 30-iger Jahren in Deutschland bei den Kindern auf, ließ die Jungen zur weiteren Ausbildung zurück und fuhr mit der Tochter wieder nach Guatemala. Sie ergriff eine wirtschaftliche Initiative, als sich abzeichnete, dass ihr Mann berufsunfähig werden könnte und eröffnete in Guatemala City eine Pension. Ihr Mann, der 1937 ärztliche Hilfe in Deutschland gesucht hatte, starb 1938, bis zum Kriegsbeginn nahm der Pensionsbetrieb einen günstigen Verlauf, auch dank internationaler Gäste: „viele Touristen aus USA, die oft wochenlang blieben, um das Land gut kennenzulernen“[222]. Danach wurden ausländische Gäste immer seltener. Unter den Einheimischen wuchsen Vorbehalte gegenüber Deutschen. Einzelne Ereignisse, die mit diesem Urteil verbunden waren, nannte Else Möller nicht. Die nationalsozialistische Propaganda hatte bis nach Guatemala gewirkt und eine getrennte Wahrnehmung von Nachrichten geschaffen. Kritische Berichte aus Deutschland, auch solche von ausgereisten Juden aus Deutschland, kamen nicht über und gingen in einer Art ‚Filter‘ unter, der von dem gefühlten Bedürfnis nach Abstand erzeugt wurde: „unter der Oberfläche schwelte die Hetze gegen uns das ganze nächste Jahr [1940] hindurch.“[223] Aus der Rückschau nach fast 20 Jahren wirkt noch eine Feststellung wie aktuell: „Daß die Partei verboten wurde, war richtig; sie hatten zu viel von sich reden gemacht.“[224] 1941 verkaufte sie die Pension und wollte nach Deutschland zurück, über Japan und Sibirien, dachte sie zuerst. Mit dem Überfall auf die UdSSR und der deutschen Kriegserklärung an die USA änderte sich das Leben in Guatemala grundlegend. Ende des Jahres kam der Ausweisungsbefehl für die deutschen Diplomaten, Else Möller konnte sich mit ihrer Tochter den Diplomaten anschließen. Über New York ging die Reise zunächst nach West-Virginia in ein luxuriöses Hotel, „in dem Millionäre wohnten, wenn sie im Sommer in diesem Schwefelbad zur Kur weilten“, ins „The Greenbrier“, den Namen hatte sie sich gemerkt. Am 7. Mai begann die Heimreise mit einem schwedischen Passagierschiff nach Europa.

> Für beide Söhne hatte ich die Erlaubnis gehabt, daß sie mich von September 1939 bis April 1940 in Guatemala besuchen dürften – wie hatten wir uns alle darauf gefreut …[225]
>
> Am 8. Mai, dem Tag nach unserer Abfahrt, bekam ich die auf Umwegen gesandte Nachricht, daß mein ältester Sohn am 28. März an der

> französischen Küste gefallen war. [... Er] hatte seine erste Seemannsausbildung hinter sich und war mit dem Arbeitsdienst gleich zu Anfang nach Polen mitgeschickt worden. Später besuchte er die „Steuermanns"-Schule in Altona, machte das Examen und kam dann als Leutnant z.S. zur Kriegsmarine. [...] Der jüngere wurde vom Arbeitsdienst aus sofort militärisch ausgebildet und machte den Frankreich-Feldzug mit und blieb dort, bis der Krieg mit Rußland kam.
> Am 17. Mai landeten wir in Lissabon und blieben einen Tag in der schönen, interessanten Stadt; am nächsten Tag fuhren wir mit Sonderzügen durch Nordspanien und Frankreich nach Frankfurt a.M., und so waren wir nun endlich in der alten Heimat – wie ganz anders, als ich es mir erträumt und gedacht hatte! In Bremen erfuhr ich durch meine Schwester, daß mein zweiter Sohn vor Sebastopol war, also direkt an der Front. Ich fuhr zu meiner ältesten Schwester nach Westerstede und blieb dort, bis im Juli mein Sohn nach einer leichten Verwundung auf drei Wochen Genesungsurlaub zu uns kam.[226]

Weitere Verwundungen folgten. 1943 „bei alten Freunden aus Guatemala, verlebten wir ein wunderschönes, friedliches Fest [in Dresden] und danach noch 4 Wochen Nachurlaub."

> Anfang Mai bekam ich nach sorgenvollen Wochen ohne Nachricht von ihm die Mitteilung, daß mein Sohn am 28. März 1944, am Todestage seines Bruders, gefallen war in der Gegend von Nikolajew.[227]

> Die folgende Zeit habe ich in einem Zustand von Bewußtlosigkeit verbracht; das bißchen Freude der damaligen letzten Kriegsmonate und das ungeheure Leid der Zeit ließen mich fast unberührt, alles war mir gleichgültig geworden.[228]

„Von der Zeit während des Krieges brauche ich nichts zu sagen; wir haben alle die Schrecken zur Genüge kennengelernt: die Bombenangriffe Tag und Nacht, das Schlangestehen vor den Geschäften usw". Der Umzug zur Tochter, die nach Landsberg an der Warthe mit ihrem Betrieb ausgelagert worden war, brachte nur vorübergehend Entlastung, bis sie gemeinsam Anfang 1945 über Berlin nach Ostfriesland flüchteten.

Die Gruppe der aus Mittelamerika vertriebenen Deutschen hatte sich schon während des Krieges regelmäßig getroffen. Sie wurden für Else Möller und ihre Tochter zu einer Stütze und Neuorientierung: wieder nach Guatemala!

Dafür nahmen sie Obdachlosigkeit in einem Lager für DP's in Kauf: „Mit Koffern und Decken hatte sich jede Familie ihren Unterschlupf abgeteilt vom Nachbarn". Sie wechselten von einem Lager in Kevelaer nach Freimann bei München in ein von den USA geführtes Lager, wo „viele Volksdeutsche dort aus dem Banat und Siebenbürgen, viele Ukrainer und Polen und besonders viele Spanier und Ibero-Amerikaner"[229] lebten, um von dort nach Guatemala ‚repatriiert' zu werden.[230] Über Paris sollte es wieder nach Mittelamerika gehen, war allgemeine Auffassung der anderen deutschen „Südamerikaner". Erst gelang es Tochter Magdalene, auf Umwegen auch Else Möller.

‚Suchen und Wiederfinden' das war das Glück in jenen Jahren, als das Wort ‚Suchdienst' zu den Standardformaten in Radio und Presse gehörte. Sie hatte neuen Lebensmut gefasst, weil sie ihren Enkelsohn wiedergefunden hatte.

> Er war während des Krieges geboren und war dann mit einer Pflegerin nach Hinterpommern gebracht worden, wo er gut gedieh. Diese Frau überließ das Kind beim Nahen der Russen einem 15jährigen Pflichtjahrmädchen*, und dann war es für uns verschwunden, ebenso wie die Pflegerin, die nichts von sich hören ließ. Nach 1½ Jahren Suchen fanden wir das Kind in einem Waisenhaus in Kopenhagen wieder, d.h., es war in dem für deutsche Flüchtlinge eingerichteten deutschen Krankenhaus: er hatte als 2jähriger Kinderlähmung gehabt und konnte noch nicht wieder allein laufen. Januar 1947 hatte Magdalene ihn in Flensburg wiederbekommen und zu uns in das Lager genommen. Das Kind hat viel dazu beigetragen, meinen Lebensmut und meine Lebensfreude wiederzufinden; er ist der Inhalt meines Lebens geworden.[231]

Den Reiseverkehr beherrschten Visumszwang und Reisepässe. Bis 1939 waren die davon bedrängten Reisenden vornehmlich Flüchtlinge mit dem Ziel, aus Deutschland wegzukommen. Nach Kriegsende war es den daheim gebliebenen deutschen Staatsangehörigen kaum möglich, eine Reise ins Ausland zu machen. Else Möller, Tochter und Enkel gelangten mit spanischen Pässen nach Venezuela und fanden dort ein Land im Umbruch:

> Dann begannen die großen Bauten in der Stadt, ein Hochhaus neben dem anderen entstand. Die alten engen Straßen wurden erweitert,

* Ab 1938 waren alle Mädchen nach Abschluss der Volksschule verpflichtet, ein Jahr in Haus- oder Landwirtschaft zu verbringen.

ganze Häuserreihen rücksichtslos heruntergerissen, damit Platz für den Autoverkehr geschaffen wurde.[232]

Zum 1. November bezogen wir das „Apartamento" – ich kann nicht sagen, wie mir zumute war: nach 8 Jahren Herumziehens hatten wir nun wieder ein Zuhause – aus dem uns niemand vertreiben konnte. Wir richteten uns einfach und nett ein; wir hatten immer einen großen Teil unserer Decken und Kissen aus Guatemala mit uns herumgeschleppt, und mit den hellen, leuchtenden Farben machten sie jedes Zimmer behaglich und hübsch. Da die Wohnung mit den 5 Zimmern viel zu groß für uns war, nahm ich Pensionäre auf und hatte so wieder einen richtigen Haushalt. Es waren schöne, reiche Jahre, bis ich 1953 unseren Jungen nach Deutschland bringen mußte seines Beines wegen. Er blieb hier, kam später in ein Internat; aber wir beide hatten drüben doch nicht die rechte Ruhe, ihn so allein hier zu lassen. Und so beschloß ich, im Mai 1957 nach Deutschland zurückzukehren, um den Jungen in den Ferien bei mir zu haben und ihm nahe zu sein.[233]

8. Lisa Stamos 1956: „Man empfindet wohl sein Deutschtum im Ausland mehr als in der Heimat selbst".
geb. Koch, (O I 1922/23)

Lisa hatte 1929 mit ihrem Mann, einem Arzt, Deutschland verlassen und bis 1956 noch nicht wieder besucht. Ihre Anreise führte sie von Norden her die Küste entlang bis Athen. Der Anblick der Akropolis habe sie zurück in ihren Lateinunterricht versetzt, als sie die Altertümer gewissermaßen mit den Augen ihres Lateinlehrers Cardinal sah. Von Athen aus begab sich das Paar in die Heimat der Eltern ihres Mannes, sie erreichte das Dorf auf einem „Schimmel [...], auf dem schöne bunte, selbstgewebte Decken lagen „wie eine Märchenprinzessin", das „Willkommen" klang ihr von allen Seiten entgegen. Sie erlernte die griechische Sprache mit Hilfe des 2jährigen Neffen, erkundete das Land, ging auf seine Menschen zu, genoss ihre Feste, Küche und Früchte. Vom Dorf siedelte die Familie – eine Tochter war inzwischen geboren – schließlich über in die Hafenstadt Volo[s], etwa in der Mitte zwischen Athen und Thessaloniki. Die 30er Jahre vergingen wie ein langer Urlaub am Meer, „es waren schöne Jahre. Volo[s] liegt ja wunderschön am Meere und dahinter das Pelion mit seinen malerisch gelegenen Dörfern". Die Mutter besuchte sie zwei Jahre lang, die Schwester ein Jahr.

Vor dem Krieg flüchtete sie 1940 mit den Kindern aufs Land nach Chortos, erlebte das erste Kriegsjahr wie ein geselliges Ereignis „noch recht friedlich".

> Die nächsten Jahre in Volo[s] waren dann sehr schwer. Wir hatten anfangs italienische, dann deutsche Besatzung. Zunächst erlebten wir eine furchtbare Hungerperiode, so daß es oft schwer war, das Allernotwendigste zum Leben zu finden, vor allem auch für die Kinder, die nun heranwuchsen. Man sah immer wieder Menschen auf der Straße liegen, dic buchstäblich vor Hunger starben. Auch sonst haben wir in diesen Jahren viel Häßliches und Furchtbares erlebt, wovon ich lieber nicht näher berichten möchte.

Das ‚Häßliche', und ‚Furchtbare' kennzeichneten die deutsche Kriegsführung und Besatzungspolitik: Die wirtschaftliche Ausplünderung des Landes, die Deportationen der jüdischen Bevölkerung[234], die Kriegsführung gegen Partisanen in Verbindung mit Geiselerschießungen und dem Niederbrennen von Dörfern. Sie unterdrückte ihre Erinnerungen an Einzelheiten mit dem Satz „Glücklicherweise beginnt das Volk jetzt alles Schwere dieser Jahre zu vergessen. Das beweist der mehr als herzliche, ja begeisterte Empfang, der Bundespräsident Heuss vor kurzem in Athen[235] zuteil wurde."

„Alles Schwere dieser Jahre": das schloss eine Hyperinflation ein, wie sie Deutschland bis 1923 erlebt hatte. 1942 stellte der deutsche Finanzminister Schwerin von Krosik fest, in Griechenland sei der „Endpunkt der Entwicklung so gut wie erreicht"; es gebe einen legalen Markt überhaupt nicht mehr, es gebe kein Preisverhältnis mehr, das zur Reorganisierung dienen könne. Bei Kriegsende „stammten die griechischen Staatsausgaben zu weniger als sechs Prozent aus Steuereinnahmen, [...] ein sicheres Zeichen für den Zerfall des Staates."[236]

> Im ersten Besatzungswinter hatte das Land unter der ersten Hungersnot in Europa gelitten; die Kombination aus Beschlagnahmungen und Horten, kometenhafter Inflation und hohen Verteilungskosten hatte zu einem katastrophalen Zusammenbruch der nationalen Lebensmittelversorgung geführt. Im Frühherbst wiesen die ersten abgemagerten Leichen auf den Straßen Athens auf die kommende Tragödie voraus. In den nächsten sechs Monaten starben Zehntausende an Hunger oder damit verbundenen Ursachen. Die meisten lebten in Athen oder auf einer der pittoresken, aber unfruchtbaren Kykladeninseln, die heute

> Touristenziele sind. Niemand hatte die Hungersnot gewollt oder geplant, [...].[237]

Mazower charakterisiert die deutsche Wahrnehmung der griechischen Probleme mit einem in Griechenland 1942 erschienenen deutschen Zeitungsartikel: „Verdienen es die Menschen in den griechischen Städten, die gegenwärtig nur aus Händlern, Schleichhändlern, Hehlern, Dieben und Arbeitsscheuen zu bestehen scheinen, mit Lebensmittellieferungen der Achsenmächte am Leben gehalten zu werden?“[238]

Die Kriegszeit endete für Lisa Stamos mit dem Abzug der deutschen Truppen. Ausführlich behandelte sie die Entwicklung ihrer beiden Kinder in höherer Schule und Studium, erwähnte auch ihren Eintritt ins Berufsleben, nachdem ihr Mann verstorben war. Sie beschloss den Bericht mit der ausführlichen Schilderung zweier Naturkatastrophen: eines mehrtägigen schweren Erdbebens, in dem 90% der Stadt Volos zerstört wurden und eines Hochwassers nach einem Dammbruch, in dem noch mehr Menschen umgekommen seien als beim Erdbeben.

Die Leser erfahren im Jahre 2013 in Nachrichten Touristisches und die Nöte der Menschen in der Wirtschaftskrise. Seit ihrem Beginn seien „stressbedingte Erkrankungen [...] stetig gestiegen. Eigentlich hätte der Gesundheitsetat angehoben werden müssen. Der IWF aber beschloss, dass nur noch sechs Prozent des Bruttoinlandprodukts dafür freigegeben werden dürften. Deutschland gibt mehr als 10 Prozent aus. Durch den Anstieg der Krankheiten stiegen die Krankenhauseinweisungen dramatisch – durch die Sparprogramme fielen im selben Zeitraum aber 35 000 Klinikstellen weg.“[239] Die Süddeutsche Zeitung berichtet über den Tourismus, dass an der griechischen Riviera „85 Prozent der Touristen aus Deutschland sind“, dass „im Großraum Thessaloniki etwa 5000 Deutsche leben“ und zitiert einen Bürgermeister mit den Worten: „Der Deutsche ist ein klassischer Freund und Tourist.“[240]

9. Antje Kind-Hasenclever 1971: „Was aus einer schlechten Schülerin werden kann.“[241] (1909-1985)

> Mich zog es nach Berlin, dem damaligen politischen und kulturellen Zentrum Deutschlands. Ich fuhr los [1932] ohne feste Stelle und ohne Geld. Wohl bei 75 Firmen stellte ich mich vor, doch keiner wollte das Provinzmädchen anstellen. Ich fing an zu nähen und Spielzeugtiere zu

> fertigen. Für ein Kunstgewerbegeschäft am Kurfürstendamm arbeitete ich kleine, aus Draht gebogene Tiere, mit Wolle umwickelt, die gut verkauft wurden.
> In dieser Zeit heiratete ich einen jungen Chemiker, und wir fingen an, uns mit politisch Gleichgesinnten gegen das beginnende Nazi-Regime zu organisieren. Der Reichstagsbrand war unsere erste Klippe. Mein Mann konnte sich herausreden, aber ich war stundenlangen Verhören im Reichstag* ausgesetzt, weil wir in einer großen Gemeinschaftswohnung einen der drei Bulgaren, die neben van der Lubbe der Brandstiftung bezichtigt wurden, untergebracht hatten.
> Die Sache ging für uns noch gut aus, aber in späteren Zeiten ist sie wohl doch mit auf die große Rechnung gekommen. Der größte Teil unserer Gruppe wurde 1943 verhaftet und zum Teil hingerichtet. Nur mein zweiter Mann und ich, die zufällig außerhalb Berlins waren, konnten in die Illegalität untertauchen, was wohl nur in Berlin möglich war. 1944 wurde in dieser nicht gerade schönen Situation meine Tochter Ulrike geboren. 1945, schon unter amerikanischer Besetzung, kam die zweite Tochter, Sibylle, zur Welt.[242]

In der Überschrift zeigte sich Antje Kind-Hasenclever selbstbewusst. Sie hatte 1971 im Jubiläumsheft der Vereinigung der ehemaligen Schülerinnen 1921 bis 1971 zum 50. Jahrestag der Gründung die Schulzeit an der Auguste Viktoria-Schule mit knappen Worten, ihre Ausbildung an der Kunstgewerbe-, späterer Werkkunstschule, heute Fachhochschule für Design und ihre berufliche Ausbildung bis zur Meisterprüfung als Stickerin ausführlicher behandelt.

> In der Kunstschule habe ich mit großer Begeisterung und viel Eifer gearbeitet, sowohl in den praktischen wie in den zeichnerischen Fächern. Drei Prüfungen habe ich bis zu meinem einundzwanzigsten Lebensjahr erfolgreich abgelegt: Gesellenprüfung und Meisterprüfung als Stickerin (ausgerechnet ich, die ich in der alten Schule nie einen Faden in der Hand gehabt hatte!), die Urkunde bekam ich allerdings erst mit vierundzwanzig Jahren, und die Abschlußprüfung der Schule, mit der mir gleichzeitig die Mittlere Reife zugesprochen wurde. So hatte ich wenigstens dort einen guten Abschluß. Die Ausbildung auf

* Dort befand sich das Untersuchungsbüro der preußischen politischen Polizei.

> der Kunstgewerbeschule war sehr vielseitig und gründlich. Sie gab mir die Möglichkeit, später in den verschiedensten Berufen zu arbeiten.[243]

Der „junge Chemiker", den sie kennengelernt hatte, hieß Robert Havemann. Havemann, 1910 in München geboren, war mit seinen Eltern über Hannover nach Bielefeld gekommen, machte 1929 am Helmholtzgymnasium Abitur, studierte in München und Berlin, promovierte 1935 zum Dr. phil. in Physikalischer Chemie und setzte seine wissenschaftliche Karriere bis zur Habilitation 1943 an der Berliner Universität fort.

Robert Havemann und Antje Hasenclever kannten sich aus der Schulzeit in Bielefeld. „Mich zog es nach Berlin", hatte Antje Kind-Hasenclever aus der Rückschau nach 40 Jahren formuliert. Thomas Hauschild brachte 1988 den „Bericht der Antje Kind-Hasenclever über ihr Leben mit Robert Havemann (1931-1946)" aus dem Jahre 1985 im Deutschlandfunk.[244]

Die „politisch Gleichgesinnten" waren Linkssozialisten und Kommunisten. Havemann hatte in Berlin Mitglieder der „Miles-Gruppe" kennengelernt; er wurde in eine „Gesellschaftliche Arbeitsgemeinschaft" (Gesag) eingeführt, die jeweils aus drei bis fünf Mitgliedern bestand."[245] Diese Gruppe stellte sich ein auf eine langfristige Auseinandersetzung mit „dem beginnenden Nazi-Regime" und suchte jenseits der vergangenen Auseinandersetzungen zwischen SPD und KPD einen Neuanfang. Ihr Selbstverständnis drückte sich aus in der Aufforderung „Neu Beginnen"[246]. Die Organisationsform war von Anfang an verdeckte Arbeit, dazu gehörte auch die Verfügung über eine versteckte Unterkunft. Eine solche befand sich in einem kleinen Zimmer einer großen Wohnung am Hohenzollerndamm 34 in der Nähe des Fehrbelliner Platzes. Dort hatten Havemann und Antje Hasenclever den Bulgaren Vasil Taneff[247] „im Auftrag der Komintern"[248] untergebracht, auch mit Mahlzeiten und Wäsche versorgt. Gegenüber der preußischen politischen Polizei bezeichneten sie ihn am 31. Mai 1933 als Gast von „Frl. Reuter", die ein Zimmer der Großwohnung gemietet, aber nicht selbst bewohnt habe, sie wolle als Schriftstellerin dort ruhig arbeiten. Die Beschreibung der „Frl. Reuter" geriet ins Ungefähre, klingt fast wie die Anweisung für verdeckte Agentinnen:

> Über ihre Verhältnisse und Tätigkeiten hat sie nie etwas verlauten lassen. [...] Im Café saß sie allein am Tisch. Wenn ich sie zufällig aus dem Haus begleitete, ging sie nur ein kurzes Stück Weges bis zur nächsten Haltestelle irgendeines Verkehrsmittels. Sie benutzte Stadtbahn, U-Bahn oder Omnibus.[249]

Abb. 14: Antje und Robert Havemann

Antje Hasenclever bot dem Vernehmer das Bild einer Frau, das er gut protokollieren konnte: sie habe Mahlzeiten gerichtet, Wäsche waschen lassen und Besorgungen erledigt. „Ich habe eigentlich versucht, einen auf charmant und dumm zu machen“[250], sagte sie 1983 im Interview. Antje identifizierte Taneff nach einem Foto.[251] Er habe bis zum 7. oder 8. März das Zimmer der „Frl. Reuter“ bewohnt. Taneff war am 9. März in Berlin verhaftet worden.

„Die große Rechnung“: in diese Worten fasste Antje Kind-Hasenclever alles zusammen, was ihrem Leben von 1933 bis 1945 feindlich entgegengestanden und wie sie sich dessen erwehrt, wie sie ‚zurückgezahlt‘ hatte. Robert Havemann und Antje Hasenclever heirateten 1934. Sie bezogen eine Atelierwohnung Bismarckstraße 100 und lebten dank zusätzlicher Einnahmen Havemanns aus Patenten und Entwicklungen in angenehmen persönlichen Verhältnissen. Havemann besaß eine Leica, kaufte ein großes Motorrad; bis zum Beginn des 2. Weltkriegs machten sie Reisen über München nach Süden durch die Schweiz nach Italien bis nach Sizilien oder nach Jugoslawien, von denen er viele Farbdias aufbewahrte. Unterwegs machten sie gern Station in Ascona bei dem Maler Christian Rohlfs[252]. Dieser hatte Helene Vogt, eine Cousine ihres Vaters Karl Hasenclever, geheiratet. Helene stammte aus Hamm, hatte bis zum Abitur 1919 in der Familie Hasenclever in Bielefeld gelebt, weil für sie die Auguste Viktoria-Schule die nächst gelegene höhere Mädchenschule war, die zum Abitur führte. Die Berliner Gruppe politischer und persönlicher Freunde im engeren Sinn umfasste weitere drei Ehepaare, darunter Anneliese und Georg Groscurth[253], später auch das Ehepaar Kind.

Nach der Machtübergabe an Hitler 1933 war „Neu Beginnen" auf Grund der streng konspirativen Arbeitsweise zunächst von der Repression kaum betroffen gewesen. Havemann arbeitete von 1937 bis 1943 am pharmakologischen Institut der Universität. Die Frauen und Männer seines Kreises konnten ihr funktionierendes Untergrundnetz anfänglich noch weiter ausbauen. „Illegal arbeiten hieß für die kleine Gruppe vor allem: Gefährdete verbergen, versorgen und herausschleusen aus Berlin. Außerdem versuchte man trotz aller Gefahr Gesinnungsgenossen neu zu werben und zu aktiver Mitarbeit gegen den Hitlerstaat zu bewegen."[254] Antje Kind-Hasenclever erinnerte sich 1983:

> Es wurde halt einfach jemand gebracht, häufig waren es Ehepaare, oft waren es nur Einzelleute, entweder von Groscurth und, bevor Anita Berger[255] weg war, von der und, bitte bringt die für ein oder zwei Nächte, meistens wohl für eine Woche unter. Wir hatten über einem großen Flur neben dem Atelier eine Kammer und da haben wir sie dann untergebracht. Es war natürlich für die Leute ganz schrecklich, daß sie sich nicht rühren durften, nicht auftreten durften, nicht zur Toilette gehen konnten, und ich brachte ihnen das Essen, und nur, wenn wir herumliefen, dann haben wir sie zur Toilette gehen lassen, dann waren ja unsere Schritte zu hören.[256]

Man traf sich insgeheim zur politischen Diskussion, „ob das im Norden in Arbeiterwohnungen oder in Dahlem in Villen war [...] Es ging sehr viel um Marxismus, es waren auch Schulungsabende, um Leuten beizubringen, um was es ging. Häufig waren das, glaube ich, noch gar keine Kommunisten, sondern einfach Nazigegner", die für die Gruppe vielleicht zu gewinnen waren. Vorsicht bestimmte den Umgang, man bezog prinzipiell die Folgen einer Entdeckung durch die Gestapo mit ein: Antje erinnerte sich:

> Ich kannte immer nur Vornamen und hab dann auch von Robert erfahren, daß es gar nicht die richtigen Namen waren, das war einfach ein Schutz, da konnte man nichts aussagen, konnte man auch nicht den Nachnamen sagen, weil man ihn ja nicht wußte. Und dann hatten wir noch einen jungen Mann, von dem ich aber auch nur den Vornamen kannte, der kam immer mit dem Rucksack und brachte und holte Schuhe. Wie ein Schusterjunge, wie ein Berliner Schusterjunge, den haben wir auch nur mit Vornamen gekannt, der brachte Nachrichten, die ich einfach ungeöffnet Robert hinlegte. Es war nachher so, daß man einfach wußte, daß man einfach wenig wissen mußte. Wer wenig weiß, kann auch wenig aussagen.[257]

Die politischen Aktionen mündeten im Juli 1943 in die Gründung der „Europäischen Union", in der die Zusammenarbeit von etwa 50 bis 60 Deutschen und 20 000 bis 50 000 Fremd- und Zwangsarbeiter organisiert werden sollte.[258] Man hatte aus der erfolgreichen Landung der Alliierten in Süditalien auf ein rasches Kriegsende geschlossen. Fürsorge galt vom Beginn an den bedrängten Juden. Antje Kind-Hasenclever erinnerte sich, daß man in der Reichshauptstadt mehr[259] wußte über das Schicksal, das die NS-Führung den Juden zugedacht hatte als sonstwo.

> Als Juden erst nachmittags um fünf einkaufen durften, dann war ja nichts mehr in den Läden. Da mußte man sehen, daß man denen vorher was besorgte. Dann durften die Juden nicht mehr auf Bänken sitzen in Parks, dann durften sie nicht mehr ins Kino gehen, da haben wir dann Filmvorführungen von, na von Farbdias gemacht, die Havemann unterwegs auf unseren großen Reisen – wir waren in Jugoslawien, in Sizilien, wir waren auf dem Motorrad überall –, und da machte er Farbfotos, und dann haben wir die Juden alle eingeladen. [...] Man wußte schon in Berlin von den Vernichtungslagern, eben über diese Quelle Groscurth. Aber auch von anderen Leuten. In Berlin war bekannt, daß was geschah, aber es war so z.B., in Bielefeld beim Vater, der sagte immer: ‚Ihr hört in Berlin die Flöhe husten. Das ist nicht wahr. Das mag schlimm sein, aber so schlimm ist es nicht'. Das war ganz einfach so, daß man in Berlin wirklich immer mehr wußte als anderswo. Man sah ja auch manchmal Züge von dunklen Gestalten, die morgens ganz früh durch die Stadt zogen, das waren Juden. In Berlin sammelten sich ja auch alle Juden.[260]

Zugleich mit dem politischen Widerstand leistete die Gruppe „humanitären Widerstand und unterstützte vorrangig von der Deportation bedrohte Juden. Sie beschafften Unterkünfte, zum Teil in ihren Wohnungen und Grundstücken, gefälschte Personalpapiere, Kennkarten, Reisebescheinigungen und Lebensmittel."[261] Das setzte auch die Verfügung über Lebensmittelkarten voraus. Havemann berichtet: „Zur Beschaffung von Nahrungsmitteln habe ich bei meinen Freunden in München eine ununterbrochene Sammlung von Lebensmittelkarten organisiert, die mir monatlich zugesandt wurden."[262] Antjes im Krieg verwundeter, danach beinamputierter Bruder Hilmar bewegte sich in Bielefeld seit 1943 in einem sozialen Raum und einer Teilöffentlichkeit, wo er mit der Bemerkung: „Antje hat ein U-Boot. Habt ihr Marken übrig?"[263] die Belange seiner Schwester zu fördern vermochte, Vater Karl Hasenclever schickte regelmäßig Lebensmittelkarten nach Berlin.

In einer Vernehmung am 7. September 1943[264] berichtete Kurt Müller über ein Gespräch mit seiner Mutter, es stehe „eine Judenaktion" bevor. Er wolle zwei Juden mit ihrer Hilfe unterbringen. Darauf habe seine Mutter gesagt, „daß sie die beiden Menschen vor ihrem Tode retten wolle." Diese Absprache sei nötig gewesen, weil eine auswärtige Unterbringung in Hannover durch Frau Havemann „erst in 8 bis 14 Tagen" habe erfolgen können. Kurt Müller wurde wegen der Unterbringung des Heinz Günter Wolf und seiner Mutter sowie der Mitarbeit in der Europäischen Union zum Tode verurteilt und am 26.6.1944 hingerichtet. Beim Verhör über „das Verbergen von Juden" umschrieb Herbert Richter am 7.9.1943 die offizielle Version: „Mir ist aber bekannt, daß die Juden einen Judenstern tragen müssen, und abgesehen von einigen Ausnahmen in ihrer großen Mehrzahl außerhalb des Reiches zum Arbeitseinsatz kommen."[265]

Der Volksgerichtshof zog im Todesurteil über Havemann und andere Mitverschwörer den „von Menschenhass"[266] bestimmten Schluss:

> Wie schamlos die Gesinnung der Angeklagten ist, ergibt sich daraus, daß sie geradezu systematisch illegal lebende Juden unterstützten, ja sogar mästeten. Aber nicht nur das, sie verschafften ihnen sogar falsche Ausweise, die sie vor der Polizei tarnen sollten, als wären sie nicht Juden, sondern Deutsche.[267]

„Die Menschen wollen eben neben ihrem Kummer auch noch was anderes haben“[268]

Entspannung suchten die Menschen in Geselligkeit. Feste zu feiern

> war einfach auch so ein Gegenelement gegen diese Kriegsexistenz. Und man war ja noch verhältnismäßig jung [1943 34 Jahre], also durchaus in einem Alter, wo man noch gerne feiert und da nahm man eben jede Gelegenheit wahr. Und ich kann mich noch an eine Gelegenheit erinnern, da war Groskurth auch dabei. Da haben wir so eine Art Lokal aus dem Atelier gemacht und haben gefeiert. Da waren auch Juden dabei. Die dahin kamen und da mit untertauchten. Keiner wußte das.[269]
>
> Es gab nach jeder Bombennacht „Zitterkaffee“, dafür wurde gesammelt. Das wurde gefeiert, daß man überlebt hatte. Das nannte man dann „Zitterkaffee“.[270] Das war der Tanz auf dem Vulkan, das kann man schon sagen.[271]

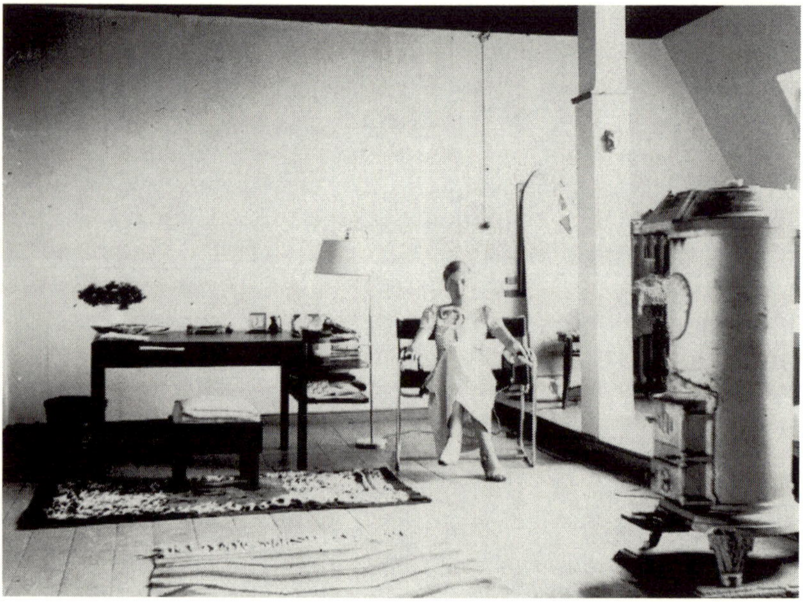

Abb. 14: Antje im Atelier

Am 4. September 1943 wurde die Gruppe verhaftet, in den weiteren Ermittlungen durch Folter und Hausdurchsuchungen wurde der Kreis der Betroffenen größer. Vor dem Volksgerichtshof wurden 13 Prozesse gegen 37 Personen geführt und 14 Todesurteile gefällt: gegen Robert Havemann, Georg Groscurth und 12 weitere Männer und Frauen. Havemann überlebte im Zuchthaus Brandenburg-Görden. Die Gestapo entdeckte sechs jüdische Menschen, unter ihnen Herta Brasch, die durch die Gruppe geschützt, aber noch nicht in Sicherheit gewesen waren. Sie wurden nach Abschluss der Prozesse nach Auschwitz deportiert. Drei überlebten.[272]

Antje Havemann hatte in der ersten Hälfte des Jahres 1943 die Trennung von ihrem Mann erwogen und sich entschieden, bis zum Kriegsende mit der Scheidung zu warten.[273] Sie erhielt die Nachricht von der Verhaftung ihres Mannes in Hessen am Telefon durch Enno Kind. Er war zufällig der Verhaftung entgangen. Mit ihm traf sie sich in Berlin am Anhalter Bahnhof; jetzt waren sie selbst auf der Flucht und selbst auf Unterstützung angewiesen. „Etwa vier Wochen ‚vagabundierten' die beiden durch Berlin, schliefen möglichst jede Nacht bei anderen Freunden."[274] Anfang Oktober vergewisserte sich Antje gemeinsam mit ihrer Schwester Christa, die Atelierwohnung werde nicht (mehr?) bewacht. Sie bezog mit Enno Kind nunmehr eine ständige, beileibe keine sichere Wohnung. Die enge persönliche Beziehung zwischen ihr und Enno Kind blieb der Gestapo verborgen:

> Elisabeth Kind ist die Ehefrau des zur Zeit flüchtigen Photographen Enno Kind, der – kommunistisch eingestellt – vor allem mit Robert Havemann in enger Verbindung stand." „Durch ihren Mann wurde sie nach und nach mit dessen Freunden und Gesinnungsgenossen bekannt, die sämtlich den Nationalsozialismus ablehnten, überwiegend politisch links eingestellt waren und zum Teil sogar dem Kommunismus huldigten,

heißt es auf Seite 3 der Begründung eines Urteils zu 3 Jahren und 6 Monaten Zuchthaus vom 15.4.1944. Sie habe „auf Veranlassung und unter maßgebendem Einfluß ihres Mannes"[275] gehandelt. Sie betrieb aus der Haft heraus die Scheidung von ihrem Mann, hatte sich schon im Februar 1943 scheiden lassen wollen und sich darüber mit Havemanns beraten. Drei Wochen lang hielten sich Enno Kind und Antje Havemann in der Atelierwohnung versteckt, bis Bomben das Haus und die Wohnung zerstörten. Antje Havemann und Enno Kind „haben noch einen Tag lang Hab und Gut in einem leerstehenden Bus auf der Straße bergen können." Sogar die Nähmaschine konnte Antje Havemann aus dem 5. Stockwerk retten.[276]

Fritz Vogt, ein Verwandter, nahm die Flüchtlinge bei sich in Zehlendorf auf. In der Anonymität eines großen Mietshauses, in der Wohnung[277] der evakuierten Familie, fanden sie ein Heim, das sie mit Hilfe ihrer geretteten Habe recht anheimelnd umgestaltet hatte. Antje Havemann wusste seit Anfang November, dass sie schwanger war. „Die Schwangerschaft bekam ihr gut, ihre Vorfreude war groß.[278] Sie meldete sich im Stadtbezirk Zehlendorf an, erhielt Lebensmittelkarten, die für Schwangere besondere Zuteilungen vorsahen, verhielt sich aber so vorsichtig wie eine Illegale. Zum Besuch ihres Ehemannes „in der Strafanstalt Brandenburg / Görden" hatte Antje Havemann am 14.1.1944 eine Besuchserlaubnis für sich und ihre Schwiegermutter Elisabeth Havemann aus Hannover beim Oberreichsanwalt des Volksgerichtshofs erbeten[279]; am 14.4.1944 war ihre Adresse nicht gerichtsbekannt, als Elisabeth Kind beantragt hatte, Antje Havemann als Zeugin vorzuladen.[280] Bis kurz vor ihrer Entbindung hatte Antje ihren Ehemann regelmäßig in der Strafanstalt besucht. Angesichts der Schwangerschaft aus der Verbindung seiner Frau mit Enno Kind befürchtete Havemann, dass zwischen seinen Eltern und seiner Ehefrau „kein ganz glückliches Einvernehmen herrschen könnte;" er betonte, „Antje ist der Mensch, dem ich immer beistehen werde und von der ich auch weiß, daß sie mir immer beisteht" und forderte seine Eltern auf: „Seid lieb zu ihr."[281] Einen Monat später schrieb er: „Du meine geliebte Frau Antje. Ich habe Dir heute angesehen, wie schwer das Leid auf Dir lastet, an dem ich allein Schuld trage. Ich wünsche Dir von Herzen, dass für Dich glücklichere Tage nicht mehr allzu fern sind, wenn Dir das von uns lang ersehnte Kind geboren ist."[282] Tochter Ulrike wurde im Mai 1944 geboren. Das erste Jahr mit Tochter

> muss unglaublich hart für ihre Eltern gewesen sein. Sie verbrachten es weitgehend im Laufgraben, wo sie sich stunden-, manchmal tagelang aufhalten mussten, wo das Kind gestillt und gewickelt wurde. Und wenn sie ins Haus zurückkehren konnten, gab es oft stundenlang weder Strom noch Wasser.[283]

> Wir konnten dann z.B. nicht mit den Hausbewohnern in den Luftschutzkeller gehen. Und deswegen hatte mein Vetter uns im Garten einen Gang gegraben, rechtwinklig, so daß wir in einer Ecke sitzen konnten. Wenn Alarm war, kriegten wir durch diesen Fliegeroffizier* Nachricht und gingen vor allen Luftschutzbewohnern in den Graben,

* Fritz Vogt war auch Luftschutzwart.

> weil wir es vorher wußten. Und es war schon ein schreckliches Gefühl, wenn so 10m davon eine Bombe einschlug, dann schaukelte dieser Graben. Und meine Tochter kriegte gebackene Zwiebäcke oder kriegte die Brust, damit sie nicht quengelte.[284]

Die Abschirmung von der Außenwelt bot einigermaßen Sicherheit um den Preis von Unruhe und Ängsten. Antje Havemann und Enno Kind gingen unterschiedlich damit um:

> Es war eine harte Zeit, vor allen Dingen für Enno Kind, weil der durchdrehte und sagte: Ich melde mich jetzt. Und da haben wir immer versucht, ihn zurückzuhalten. Wir haben's ja auch geschafft. Ich habe ihn dann hingesetzt und habe ihn aus Streichholzschachteln ein Dorf machen lassen, und da hat er dann gesessen und gebastelt und gemalt, da war er ein klein wenig abgelenkt. Dazu hat er sicher ein gutes halbes Jahr gebraucht. Aber er saß immer in dem Schrank und hörte die Nachrichten und sagte immer: Ich geh jetzt, und ich melde mich. Es war schrecklich. Ich war geduldiger. Wenn man ein Kind erwartet, ist man ohnehin geduldiger als Frau, und als Frau hat man ja auch die Aufgabe, diesen Mann, ich möchte beinahe sagen, zu bändigen.[285]

Antje kannte in der NSV* am Fehrbelliner Platz einen Arzt noch „von Jugend auf". Indem sie ihn auf eine konkrete Situation ansprach, erlebte sie eine unerwartete Begründung für politisch-moralisches Handeln:

> Der kannte uns von Jugend auf. Er war ein Jugendfreund. Und Jugendfreundschaften überbrücken ja Nazi und Kommunist. Es gab eine ganze Menge... er war ja ein offizieller, der hätte ja seinen Posten verloren, wenn ... Das war merkwürdig, ganz merkwürdig, daß man mit dem diskutieren konnte und der uns nicht angezeigt hat. Das erstaunt mich heute immer noch.[286]

Sie erhielt für verfolgte halbjüdische Familien Evakuierungsscheine.[287] 1944 war der Arzt Begleiter in Lazarettzügen, „und dann ist er immer zu den Gestapoleuten in das Abteil gegangen und hat die Bücher durchgeblättert und sagte uns dann, ja der Enno Kind ist immer noch ganz weit oben auf der Fahndungsliste."[288]

---

* Nationalsozialistische Wohlfahrtsorganisation.

Wirksam war die Hilfe, die ihr Robert Havemann aus dem Zuchthaus Brandenburg angedeihen ließ. Seine Hinrichtung wurde zunächst sechs, später alle zwei Monate neu verschoben.

> Seine Kollegen aus dem Pharmakologischen Institut, vor allem Professor Wolfgang Wirth, Professor Heubner und Dr. Fritz von Bergmann bemühten sich beim Heereswaffenamt, für das sie seit 1938 auf dem Gebiet der Giftgasforschung arbeiteten, um einen Forschungsantrag, der im April 1944 vom Reichsminister für Justiz bewilligt wurde. Eigens für Havemann wurde ein Laboratorium in einer Zelle eingerichtet.[289]

Der Arzt Dr. Fritz Bergmann, der als Mitarbeiter des Heereswaffenamtes freien Zutritt zum Labor und damit zu Havemann hatte, war es, der kontinuierlich die Verbindung zwischen ihm und seiner Frau Antje aufrecht hielt.

> Dr. v. Bergmann, mit dem er zusammengearbeitet hat, durfte immer Material hin- und hergetragen. Und das meiste war natürlich Alkohol, wo Robert dann Schnäpse draus machte, und dann kam er wieder, und die Schnäpse tauschte er ein bei den Wärtern, und dann brachte er Schinken oder Speck, Brot und Zwiebeln, und wir konnten uns davon ernähren. Das klingt heute sehr grotesk, aber es war so. Im Zuchthaus hat er sich mit allem Material, was er sich hat bringen lassen, z.B. ein Radio gebastelt, hat auch da den englischen Sender gehört. Das klingt alles ein bißchen grotesk, aber es ist so, er hat eine Zeitschrift herausgegeben.[290]

Auf die Nachricht von der Geburt der Tochter seiner Frau und Enno Kinds hat er „sogar im Labor aus Glas eine kleine Entenmutter mit einem Küken gebastelt und hat uns das geschickt. Er war damit ganz einverstanden."[291]

Im Keller erwarteten alle den Einmarsch der Sowjetarmee.

> Man hatte eben einfach gemeinsam Angst. „Ich mußte immer, wenn wir Schritte hörten, herausgehen mit der Tochter auf dem Arm, die zweite war schon unterwegs, und die Russen sind ja sehr kinderlieb, die machten mit ihren schmutzigen Fingern dududu. Und dann grabbelten sie in der Hosentasche und suchten irgendein dreckiges Bonbon raus für das Kind, was man ihm einfach geben mußte, weil man ja das Haus freihalten wollte. Mir ist das immer gelungen, einfach durch die Muttergestalt.[292]

Antje und Enno zogen nach Kriegsende um in die Wohnung des Oberreichsanwalts Ernst Lautz, der der Ankläger im Robert Havemann-Prozess gewesen und mit seiner Familie bereits im Februar aus Berlin geflohen war. Ein Sohn des im Januar 1945 hingerichteten Julius Leber führte Robert Havemann wieder zu seiner Ehefrau Antje. Im Sommer 1945 wurde Sibylle, die zweite Tochter geboren. 1946 verabredeten die Eheleute Havemann „eine Scheidung, aber wir waren halt freundschaftlich miteinander verbunden, und das hat ja auch nie aufgehört."[293] Bei dem gemeinsamen Gerichtstermin trug Antje ein rotes Unterkleid, aus der Robe des berüchtigten Wohnungsvorgängers angefertigt [...]."[294]

> Die Ehe mit Enno Kind war allerdings nicht von langer Dauer. Kind verließ Berlin und ging zurück in die Schweiz, deren Staatsbürger er ja war. In dem an Schärfe zunehmenden Kalten Krieg hielten Antje Kind-Hasenclever und Robert Havemann Verbindung. Mehrere Male versuchte Havemann, seine geschiedene Frau für sich zurückzugewinnen.[295]

Werkkunstschule Aachen, Papierfabrik, Museum und zwei Töchter

Antje Kind-Hasenclever hatte 1971 die Erinnerungen an die Jahre 1943 bis 1949 in drei Sätzen abgehandelt. Im Bericht an ihre ehemaligen Mitschülerinnen fuhr sie fort:

> Im Jahr 1949 – von den Amerikanern aus Berlin ausgeflogen – stand ich mit meinen beiden kleinen Töchtern allein in Westdeutschland. Was tun? Ein mir aus Berlin befreundetes Architekten-Ehepaar, das in Düren im Rheinland lebte, schlug mir vor, zu ihnen zu kommen. So zog ich mit den Kindern nach Düren.[296]

Als ihre beiden Töchter mit dem Studium fast fertig waren, berichtete Antje Kind-Hasenclever ausführlich auf vier Seiten, wie sie künstlerisch, beruflich und organisatorisch im Rheinland heimisch geworden sei. Sie erteilte

> Unterricht an der Werkkunstschule in Aachen, im Sticken, Batiken und Weben. Für eine Papierfabrik kombinierte ich Farben, Futter und Bänder der Briefpapierpackungen. Im Museum stellte ich meine Batiken aus. [...] wir wurden von Berlinern zu Rheinländern. Sehr

> bald kam eine Tätigkeit für Werksentwürfe in der Dürener Glashütte hinzu, wo ich die in der Bielefelder Kunstschule gelernten Techniken auf Glas umsetzen konnte. Es ist eine schöne Arbeit in einem solch großen Werk, sie erfordert allerdings auch einigen persönlichen Einsatz. Letztlich muß man immer wieder im Betrieb selbst, d.h. in den Hütten, in der Malerei und der Schleiferei entwerfen, weil alles auf dem Papier Entworfene auch von den im Betrieb tätigen Handwerkern nachvollzogen werden muß. Zum Entwerfen gehört auch gleichzeitig die Kalkulation. Man kann ein noch so schönes Muster finden, immer steht am Anfang die Frage: „Was kostet es?" Im Jahre 1953 gründeten wir eine Kulturgruppe im Betrieb, um den Kontakt vom Betrieb zum ‚Designer', wie wir ja nun heißen, zu festigen. Übrigens waren wir zeitweise bis zu vier Designern aus der Bielefelder Kunstschule in der Firma, nur aus verschiedenen Generationen. Diese Kulturgruppe bekam Kunstgeschichtsunterricht vom Dürener Museumsdirektor. Ich organisierte für sie Museumsbesuche im ganzen Rheinland, bis Holland und Belgien hin. Langsam kam ich von der Entwurfsarbeit ganz ab; die kulturellen Arbeiten in der Firma nehmen mich jetzt ganz in Anspruch, und ich wurde Kulturreferentin der Firma.[297]

In dieser Zeit holten sie die Erinnerungen an die Kriegsjahre in Verbindung mit Schmerzen ein, wenn sie an das Schicksal Verfolgter dachte. „Mit Trauer" hat Antje Kind-Havemann 50 Jahre später daran gedacht, wie gering ihre Möglichkeiten waren. Die Erinnerungen an gelungene Rettungstaten wurden blass, die an die Verhaftungen Schutzbefohlener wieder lebendig, ja, sie verband das sogar mit Schuldgefühlen. In einem Kleiderstoff sah sie ein sichtbares Zeichen. „Diesen Stoff, den habe ich später verschenkt. Der brannte mir wie Feuer in den Händen, und ich habe ihn später, schon, wie ich in Düren war, verschenkt. Das war mir so schrecklich, den überhaupt anzurühren."[298] Sie hatte 1943 die Jüdin Hertha Brasch besucht. Die arbeitete als Zuschneiderin, hatte sich überglücklich über den Besuch gezeigt und den Stoff geschenkt. Deren Verhaftung verknüpfte sie mit ihrem vorherigen Besuch. Sie sei offenbar observiert worden, vermutete sie. Die Prozessakten blieben bis 1989 unter Verschluss des Ministeriums für Staatssicherheit der DDR, sie sind seitdem im Bundesarchiv Berlin. In der Darstellung bei Simone Hannemann ergibt sich indessen aus den Akten, dass die Gestapo schriftliche Beweise gefunden hatte.[299]

> Die Schuldgefühle sind allen Leuten, die verhaftet wurden, gegenüber aufgetaucht. Man konnte ja nichts dazu, man konnte ja auch gar nichts für sie tun bis auf dieses gelegentliche Aufheben, aber was nützte das. Man hat sie acht Tage aufgehoben, und dann sind sie rausgegangen und im nächsten Lokal verhaftet worden. Es war ja nur in Berlin möglich, solche Menschen vor Verhaftungen zu bewahren, allerdings wurden die Nazis auch sehr viel gewitzter. Vorher waren sie es gar nicht, hatten sie offenbar die Wege noch nicht so gefunden. Nachher im Krieg wurde das immer schlimmer.[300]

Als eigenes Werk sah sie ihre Spielzeugsammlung an. Sie war schon 1971 so groß geworden,

> daß sie etwa 4 000 bis 5 000 Stücke [umfaßte]. [...] Die Sammlung wurde in Hamm und auf der Veste Coburg ausgestellt und wird als nächstes in Bonn und München gezeigt werden. Diese Sammlung wird mich vermutlich meinen ganzen Lebensabend beschäftigen mit katalogisieren, ergänzen und flicken. Alles in allem habe ich zuzeiten ein schweres, aber auch ein sehr glückliches und interessantes Leben gehabt. Ich habe gelernt, aus allem, was mir begegnet ist, etwas zu machen, es anzuwenden und anzugreifen.[301]

Den Traum von einem eigenen Spielzeugmuseum haben ihre Töchter in Bebra-Solz eingelöst, wo Antje Kind-Hasenclever 1985 starb und beerdigt wurde.

In das Schlusswort an die Ehemaligen der Auguste Viktoria ließ sie das Selbstbewusstsein einer Frau einfließen, die als „allein erziehende Mutter“ das Leben mit ihren zwei Kindern zu meistern vermochte:

> Inzwischen sind die Töchter mit dem Studium fast fertig; eine ist verheiratet und die zweite folgt ihr im Sommer, so daß die Mutter langsam etwas „leiser treten“ kann. Alles in allem habe ich zuzeiten ein schweres, aber auch ein sehr glückliches und interessantes Leben gehabt. Ich habe gelernt, aus allem, was mir begegnet ist, etwas zu machen, es anzuwenden und anzugreifen. Vor allem habe ich gelernt, meinen Kindern die Schule nicht zu ersparen. Sie haben Abitur und Studium der Faulheit ihrer Mutter zu verdanken, die durch das Leben erfahren hat, daß man alles Versäumte in mühsamer Arbeit nachholen muß und kann, nur eben kostet es mehr Mühe als in der Schule. So bin ich mit meinen

nun sechzig Jahren vielleicht doch keine Schande für die „alte Penne“. Wenn ich anfangs schrieb, daß ich faul gewesen bin und nichts gelernt habe, so habe ich doch später eingesehen, daß ein Mensch lernen muß, wenn er Freude am Leben, an der Familie und am Beruf haben will.[302]

Europäischer Neuanfang mit Bernhard Bavink

> In den ersten Tagen nach Kriegsende hatte niemand Zeit und Gelegenheit, Bilanz zu ziehen. Erst in der Rückschau ließen sich Zahlen und Daten und die Verluste ermitteln, die der Krieg für die Stadt Bielefeld gebracht hatte.[303]

Spürbar waren die Verbrechen gewesen, die Täter meist, ihr Aufenthalt selten bekannt. Sichtbar war die Lücke, die das zerstörte Gebäude der Auguste Viktoria-Schule hinterlassen hatte. Ungewiss waren die Einzelschicksale der aus Bielefeld deportierten jüdischen Menschen. Im Juni 1945 hatte, wie oben bereits erwähnt, Landrat Artur Ladebeck mit einem Bus 38 Bielefelder Überlebende aus Theresienstadt abholen lassen. Von ihnen konnte er Auskunft erhalten, Nachrichten über den Holocaust kamen mit der Bericht-

Abb. 16: Schulgebäude 1946. Freiwilliger Ehrendienst zum Aufräumen

erstattung über die Nürnberger Kriegsverbrecherprozesse an. Wie lückenhaft die Kenntnisse in der Stadt waren, zeigte die Art und Weise, wie Ladebeck, seit dem 31.12.1945 Oberbürgermeister der Stadt Bielefeld, die Anfrage der Universität Bern vom 16. März 1949 aufnahm, in der sich Prof. Dr. H. Greinacher nach der Ursache des plötzlichen Todes seines Freundes Eduard Wertheimer erkundigte. Er vermerkte für seine Mitarbeiterin: „Bitte Herrn Hirschfeld anrufen, ob er Auskunft über Eduard Wertheimer einholen [!]. Ich habe beide Brüder gut gekannt."[304] Sie vermerkte stenographisch auf dem Brief den Selbstmord Wertheimers. „Eduard Wertheimer sollte am 31.7.1942 nach Theresienstadt deportiert werden. Wenige Tage vorher, am 21.7.1942, nahm er sich das Leben."[305]

Der Lehrer und Reichsbannerführer Ladebeck war im September 1933 in Schutzhaft genommen worden, im November entlassen, von Januar bis April 1934 abermals[306], nach eigenen Angaben weitere drei Male[307] verhaftet. Er war aus dem Schuldienst entlassen und pensioniert. Die SPD hatte sich dem Kurs strikter Legalität verschrieben. Einzelne gingen soweit, dass sie 1933 ihren jüdischen Genossen rieten, nicht zur Versammlung zu kommen; eine Verhaltensweise, die die Betroffenen sichtlich verletzt hatte. Bis 1934 lebte Josef Laufer mit seiner Familie in Bielefeld, seiner Geburtsstadt. Als er nach der Machtergreifung der Nationalsozialisten im Alter von 21 Jahren nach Israel auswanderte, wurde aus ihm Jossef Laor. Sein Sohn Yitzak Laor[308] berichtete der NW,

> mein Vater war Mitglied der SPD und in der Gewerkschaft, und wenn er etwas erzählt hat, dann darüber. Und über seinen Bruch damit.

NW: Bielefeld war damals eine sozialdemokratische Hochburg.

> Ja, das war sein ganzer Stolz. Und ich glaube, dass es der persönliche Verrat war, der meinen Vater traumatisiert hat. Er konnte nie vergessen, dass ihn Freunde aus der SPD schon 1933 baten, nicht mehr zu den Treffen zu kommen, weil es unpassend sei – für die Partei. Ab da wollte er mit niemandem mehr etwas zu tun haben.[309]

Sozialdemokraten trafen sich nach dem Verbot ihrer Partei „aus Sorge vor Verfolgung in kleinen Gruppen in der Senne, um politische Ideen auszutauschen."[310]

Landrat Ladebeck sah seine Aufgabe in einem europäischen Zusammenhang. Das Schweizer Arbeiterhilfswerk hatte ihn zu einem Erholungsurlaub in das neu errichtete Ferien- und Bildungszentrum „Casa Solidarietà" in Cavigliano im Tessin eingeladen, mit ihm „Vertreter fast aller europäischen Nationen." Erholungsurlaub war schon ein dringendes Bedürfnis der durch Nationalsozialisten verfolgten Menschen, Erholung von Druck und Erholung vom Mangel in Ernährung und freiem geistigen Austausch. Es dürften ausnahmslos Sozialisten oder Sozialdemokraten gewesen sein, die – das sagt der folgende Ausdruck – „in kameradschaftlicher Aussprache" „am Abend um den Kamin vereint" saßen. „Wir sprachen über das Thema Religion – Naturwissenschaft – Sozialismus", berichtete Ladebeck, mithin von eigenen Überzeugungen, Möglichkeiten und Zielen gesellschaftlicher Entwicklung. Sie haben gemeinsam als Vertreter fast aller westeuropäischen Nationen Werte betrachtet, europäische Werte. Der Weg von diesen Überlegungen zur genaueren Beschreibung der Werte und schließlicher Institutionalisierung führte über zahlreiche „Arbeitstagungen – u.a. Bad Dürkheim, [...] Palermo und Genf"[311], ist aber in Einzelheiten kaum bekannt. 1950 war Artur Ladebeck eines der sechs Mitglieder im Initiativausschuss, der die Gründung des „Rates der Gemeinden Europas" vorbereitete.[312] Diese Organisation bezweckte „die Verwirklichung der Autonomie für alle europäischen Gemeinden".[313]

„Den Rahmen dieser Beratungen bildeten die Befreiung von Faschismus und Nationalsozialismus und die Vision einer Weltfriedensordnung der Vereinten Nationen."[314] Die Wiederherstellung der Demokratie in Westeuropa sollte nicht wieder zermürbt werden durch die Außenpolitik der europäischen Mächte und die inneren Konflikte wie zwischen den Weltkriegen, als die Sozialisten und Sozialdemokraten sich und die Demokratie nicht hatten behaupten können.

> Bei den Gesprächen in Cavigliano „wurde auch der Name Bavink genannt. Als ich darauf hinwies", – so fuhr Ladebeck fort – „daß dieser Mann als Lehrer einer der Schulen der Stadt Bielefeld tätig gewesen sei, machte eine Teilnehmerin die Bemerkung: „Wie reich muß doch Euer Land an geistig bedeutenden Menschen sein, wenn Ihr einen solchen Mann an einer Schule verwendet und ihn nicht auf den Lehrstuhl einer Universität beruft."[315]

Artur Ladebeck wiederholte diesen Bericht 1957: er sei als erster Deutscher eingeladen worden, nannte die Teilnehmer „einen Kreis internationaler Widerstandskämpfer"[316], „zwei Französinnen" hätten Bavinks Bücher gelesen. Die „kameradschaftliche Aussprache" nach der Zeit gemeinsam überstandener Verfolgung und der Hinweis auf den ‚Reichtum' Deutschlands hatte offenbar ein Glücksgefühl aufkommen lassen. Ladebeck bemerkte, es sei ihm „doch eine innere Freude, daß der Name Bavink weit über die Grenzen unseres Vaterlandes hinaus einen guten Klang hat".

Abb. 17: Artur Ladebeck und Innenminister NRW Dr. Walter Menzel

Es ist unbekannt, auf welche Positionen Bavinks sich Ladebecks Gesprächspartnerinnen bezogen hatten. In einem europäischen Gespräch über Werte dürfte ein „Kreis internationaler Widerstandskämpfer" sich von der Zerstörung aller Werte durch den Nationalsozialismus abgegrenzt und nach Gemeinsamkeiten gesehen haben. Ein Angebot Bavinks war, wie er es sah, das „Kulturangebot" der

> Wissenschaft. In ihr sind tatsächlich schon heute die qualitativen (persönlichen, zeitgeschichtlichen, völkischen usw.) Unterschiede so verschwindend gering, daß es schon heute vollkommen sinnlos ist, innerhalb der Wissenschaft von ihnen noch irgendwelches Aufhebens zu machen. Wer kümmert sich denn heute innerhalb der Wissenschaft – einerlei welcher – noch darum, ob ein Autor irgendeiner Arbeit [...] Deutscher oder Japaner [...]usw. ist?[317]

Ein politischer Anreiz für die Übernahme dieser Position lag 1946 auch darin, den Neuanfang in Deutschland über die Wiederherstellung einer freien Wissenschaft zu suchen. Nach der Rückkehr hatte er seinem Freund und späteren Nachfolger Herbert Hinnendahl die Frage gestellt: „Wie geht's dem Bavink? Was macht der? Für den müssen wir was tun."[318] Auf die Nachricht von Bavinks Tod am 20.6.1947 schlug Ladebeck die Umbenennung der Auguste Viktoria-Schule in Bavink-Schule vor. Anstelle einer Begründung erzählte er bei der Feier zur Umbenennung von der Begegnung mit der Anerkennung Bavinks in der Schweiz. Hinnendahl hatte 1992 in Erinnerung, dass in der SPD-Ratsfraktion nach dem Vorschlag Ladebecks gefragt worden sei, ob Bavink denn auch kein ‚Nazi' gewesen sei. Ladebeck habe darauf geantwortet, ja, es gebe da „Jugendsünden", aber von denen habe er sich bald getrennt.

Bernhard Bavink: Bielefeld, das Kultusministerium, die Schulaufsicht und die NSDAP

Als die Auguste Viktoria-Schule 1947 den Namen Bavinks erhielt, lebten noch viele, die er unterrichtet hatte und die ihm in Bielefeld begegnet waren. Professor Dr. Bernhard Bavink (30.6.1879- 27.6.1947) war Lehrer an der Auguste Viktoria-Schule von 1912 bis 1944. Albert Einstein und Otto Hahn waren in demselben Jahr wie Bavink geboren, Konrad Adenauer, erster Bundeskanzler der Bundesrepublik Deutschland, 1876, drei Jahre früher.

Bavink unterrichtete Mathematik, Physik, Chemie und Biologie. Er förderte das Interesse und die Leistungen seiner Schülerinnen in diesen Fächern, war allgemein beliebt und menschlich geschätzt. Das preußische Kultusministerium in Berlin stellte 1922 fest: „Seine Unterrichtsmethode wie seine Erfolge sind durchaus sichtbar." Unter Hinweis auf seine wissenschaftspublizistische Tätigkeit heißt es weiter:

> Es wäre zu wünschen, daß diesem Manne ein anderer Wirkungskreis an einer geistig anregenderen Stelle geschaffen würde. Jedenfalls wird Referent diesen geistig bedeutenden Mann im Auge behalten.[319]

Die Stadt wandelte 1926 seine „Studienratsstelle in eine zweite Oberstudienratsstelle" – eine Stelle war an jeder höheren Schule, eine zweite ungewöhnlich und nur noch ein zweites Mal in Westfalen – und beantragte seine Beförderung zum „Oberstudienrat und Fachberater für Mathematik und Naturwissenschaften".[320] Bavink vertiefte das Verständnis der Naturwissenschaften zueinander. Dabei betätigte er sich in der Erwachsenenbildung in Bielefeld, publizistisch durch Herausgabe der Zeitschrift des „Keplerbundes zur Pflege der Naturerkenntnis" „Unsere Welt, Illustrierte Zeitschrift für Naturwissenschaft und Weltanschauung" von 1920 bis 1939, in zahlreichen Veröffentlichungen und in Vorträgen vor gesellschaftlichen Verbindungen, pädagogischen und wissenschaftlichen Kreisen. In kritischer Betrachtung naturwissenschaftlicher Erkenntnisse erörterte Bavink auch politische und christlich-religiöse Fragen. Er wurde zum Mitglied verschiedener wissenschaftlicher Gesellschaften berufen. Inwieweit Bavink seinen Zeitgenossen 1947 und noch 50 Jahre über seinen Tod hinaus in der Öffentlichkeit Anlass zu Anerkennung und zu Kritik gegeben hat, ist am gegebenen Ort darzulegen.

Am 18.12.1918 hatte Bavink in einem „Offenen Brief an Herrn Oberlehrer Dr. Müller"[321] sich gegen einen Beitritt in die „Deutsche Demokratische Partei" und gegen die parlamentarische Demokratie ausgesprochen. Bavink trat der DNVP bei und hat auch aktiv einige Versammlungen durchgeführt. Er war „dezidierter Antidemokrat"[322] wie auch die DNVP. Später hat er den Nationalsozialisten das Wort geredet und geschrieben: „Von dem intensiven Miterleben der politischen Bewegungen dieser letzten Zeit vor der Staatsumwälzung von 1933 wird weiter unten in anderem Zusammenhange zu berichten sein, da ich damals mit meiner eigensten Arbeit mitten in diesen Bewegungen drinstand. [...]"[323] 1947 waren diese Ereignisse, auch der Umweg über Bavinks Veröffentlichungen zur Werbung für die NSDAP wahrscheinlich vergessen, eher nicht, dass Bavink im März 1933 die Initiative ergriffen hatte, eine „Arbeitsgemeinschaft für deutsche Kultur" zu gründen und den Beitritt des „Stahlhelms, des Kreiskriegerverbandes, der Abteilung Volksbildung der NSDAP, des Kampfbundes für deutsche Kultur, des Deutschbundes, und des Deutschnationalen Handlungsgehilfen-Verbandes" erreichte. Das ließe sich auch als ‚Jugendsünde' bezeichnen. Das Jugendliche stand für den Beginn der nationalsozialistischen Zeit, Bavink war 54 Jahre alt. Ab Mitte des Jahres trat Bavink kaum noch in diesem Zusammenhang auf.[324]

In den Jahren 1931-1933 bemühte sich Bavink ohne Erfolg, die Berufung als Hochschullehrer zu erreichen.[325] An der TH Hannover hatte die Fakultät 1927 Bavink vergeblich für einen Lehrauftrag im Fach Philosophie vorgeschlagen.[326] Im Frühjahr 1932 „kam Bavink [...] erstmals direkt mit der NSDAP in Kontakt".[327] Im ‚Völkischen Beobachter' erschien am 15.6.1932 ein Beitrag zu Darwins Todestag, am 17.8.1933 der Artikel „Rassehygienische Unfruchtbarmachung und Christentum". Am 1. April 1933 war er Mitglied der NSDAP geworden. Klaus Hentschel stellt fest, Bavinks Eintreten für „Objektivität und Wertfreiheit in der Wissenschaft" habe „ihn schon bald unverhofft zum Dissidenten" gemacht.[328] Das sei von Zeitgenossen anerkannt worden.

> Während viele seiner Kollegen an Schulen und Hochschulen mit dem NS-Apparat weiter kollaborierten, und, nicht zuletzt aus Angst vor Repressionen, jede eventuell mißliebige öffentliche Äußerung unterließen,[51] insistierte Bavink von 1934 an darauf, in dem Publikationsorgan des Keplerbundes Unsere Welt (UW), dem er ja seit 1920 vorstand, immer wieder seinen eigenen Überzeugungen und Idealen Ausdruck zu verleihen, auch wenn diese offiziellen Staats- und Parteidoktrinen widersprachen.[329]

Bavink sei entschieden gegen die Betrachtung der Wissenschaft aus völkischer oder rassischer Sicht aufgetreten und habe die Annahmen einer ‚Deutschen Physik' (Philipp Lenard) und einer ‚Deutschen Mathematik' (Ludwig Bieberbach) konsequent kritisiert. „So sehr Bavink Anfang 1933 auch mit dem Antisemitismus der Nazis sympathisiert haben mochte, so wenig war er doch bereit, diesen in die Bewertung wissenschaftlicher Ergebnisse einfließen zu lassen".[330] Er zitiert Bavink mit den Worten:

> Weder religiöse noch rassische oder sonstige ‚Standorte' haben das geringste Recht zu dekretieren, was ‚wahr' und was ‚falsch' ist, wenn und soweit es sich dabei um Fragen handelt, die tatsächlich durch nüchterne sachliche Untersuchung entschieden werden können.[331]

Bavink habe seine Kritik so zu formulieren verstanden,

> daß sie als das Bekenntnis eines „wahrhaft deutschen Naturforschers" verstanden werden mußten, nicht als Verunglimpfung der Parteipolitik durch irgendeinen Außenseiter. Dadurch, daß die Kritik Bavinks eine solche blieb, die scheinbar von innen kam, konnte sie selbst unter Bedingungen des ansonsten so rigiden NS-Staates eine beträchtliche Breitenwirkung entfalten, ohne daß man Bavink selbst viel anhaben konnte.[332]

Der Märkische Adler vom 23.7.1937 griff Bavink an, ohne Wirkung zu erzielen, „Ein Professor, den wir entbehren können! Der Biologismus erfunden – „Keplerbund" auf dem Kriegspfade"[333]. Dieser Veröffentlichung war eine Information mit der Überschrift „Biologismus" – ein neues Schlagwort!" vorausgegangen, die das „Rassepolitische Amt der NSDAP. Reichsleitung" am 20.4.1937 hatte ergehen lassen. Der Bericht über einen Vortrag Bavinks schloss mit der Wertung: „Auf jeden Fall bedeutet der Aufsatz Dr. Bavinks einen Angriff gegen das rassische Denken und damit gegen die nationalsozialistische Weltanschauung."[334]

Freiräume und Grenzen des Wissenschaftsbetriebs für selbstverantwortliches Handeln unter den Bedingungen des NS-Staates lassen sich aufzeigen, indem dargestellt werden kann, wie das Ministerium den Antrag der Universität Münster, Bavink zum Honorarprofessor zu ernennen, behandelt hat. Den ersten Antrag hatte sie am 28.6.1941 gestellt und mit der 6. Auflage von „Ergebnisse und Probleme" begründet:

> In einer würdigen, eindringlichen Sprache setzt der Verfasser sich auch in dieser letzten Bearbeitung ein für den unantastbaren, durch nichts zu ersetzenden Wert der zweckfreien Forschung gegenüber den unüberwachten Tendenzen eines stumpfen, kurzsichtigen Utilitarismus, der ihr den Lebensraum zu beschränken sucht.[335]

Nationalsozialistisches fehlt. Die Akte des Ministeriums zur Ernennung Bavinks zum Honorarprofessor war schon bis zur Ausfertigung vorbereitet, als ein Vermerk den Sachbearbeiter mit der Meldung erreichte, „dass das mit großer Reklame angekündigte Buch von Bavink Münster [...] von der Partei verboten wurde."[336] Die Universität, zur erneuten Stellungnahme aufgefordert, bettete Bavink in einen Kranz von staatlichen, wissenschaftlichen und Parteiinstitutionen – ‚Propaganda-Ministerium', ‚Auswärtiges Amt', ‚Kaiser Wilhelm-Gesellschaft', ‚Braunes Haus' – fügte die nationalsozialistischen Parole – „gegen die Judenherrschaft"[337] hinzu und erneuerte ihren Antrag. Es sei „von größter Bedeutung", „wenn ein Mann wie Herr Professor Bavink eine Lehrtätigkeit ausüben könnte". Am 7.12.42 bekam der Sachbearbeiter ein ablehnendes Votum, die Ehrung Bavinks bedeute eine Stellungnahme im Streit um die Grundlagen der Physik (z.B. gegen Lenard)[338], und die Naturphilosophie Bavinks stelle „unbestreitbar" einen „für christlich konfessionelle und kirchlich gebundene Kreise willkommenen Gedankengang dar. Andere Kreise lehnen sie zum größten Teil ab." Die Universität Münster wiederholte ihren Antrag am 25.1.1944. Schließlich übergab das Ministerium diesen Vorgang an die Parteikanzlei der NSDAP. Diese übermittelte am 20.12.1944 ihre Bedenken, Bavink habe dem „Rothary-Club [!] bis zu seiner Auflösung als Mitglied angehört. Auch in weltanschaulichen Fragen" solle „er nicht die nötige Festigung besitzen, die für einen Vertreter des Fachgebiets ‚Naturphilosophie' erforderlich" sei, „eine Änderung seiner Haltung" sei „bei seinem fortgeschrittenen Alter nicht mehr zu erwarten." Am 16.2.1945 beschied das Ministerium die Universität Münster endgültig abschlägig.[339] Diese hatte Bavink ein halbes Jahr zuvor zu ihrem Ehrenbürger ernannt. Am Ende berief ihn die Universität Münster 1947 kurz vor seinem Tode zum Honorarprofessor.

Das Schulkollegium Münster hatte sich 1943 mit einem Antrag Bavinks auf Genehmigung einer Vortragsreise in die Schweiz zu befassen. Es berichtete am 16.8. dem Minister, „Oberstudienrat Bavink genießt in weiten Fachkreisen wegen seiner wissenschaftlichen Leistungen großes Ansehen. Ich habe gegen die Erteilung der Genehmigung zu einer Vortragsreise in die Schweiz keine Bedenken geltend zu machen. Bolle." [340] Jedoch erging am 17.11. auch ein Bericht an den Minister, unter den Sachbearbeitern in der Abteilung für höhere Schulen sei

> niemand, der mit der Bavinkschen Naturphilosophie genau genug bekannt wäre, um ein vollkommen sicheres Urteil über ihren politischen Wert oder Unwert abgeben zu können. Der Berichterstatter ließe es – unbeschadet Bavinks unbestrittenen Verdienste um die positive Wissenschaft – fraglich erscheinen, ob Bavink der geeignete

> Mann [sei], um der demokratischen, durch und durch rationalistischen Schweiz ein richtiges Bild von dem Wesen und Charakter der weltanschaulichen Bewegung zu geben, die in Deutschland unter nationalsozialistischer Führung politische Gestalt [annehme].[341] Kn.

Das Auswärtige Amt, durch die Gesandtschaft in Bern dazu angestoßen, drängte Bavink, seine Vorbereitungen auf die Reise in die Schweiz abzuschließen. Unter Hinweis auf zusätzliche Einladungen erweiterte Bavink seinen Antrag auf eine nunmehr 14tägige Beurlaubung. Oberschulrat Dr. Knackstedt, der, wie auch Bolle, aus dem Vorgehen gegen Otto Bauer und Emmy Cremer bereits bekannt ist, vermerkte am 17.12., eine Entscheidung auf den voranstehenden Bericht vom 17.11.43 sei nicht eingegangen. – Er habe daher auch das 2. Urlaubsgesuch nicht genehmigt.[342] Bavink hatte seine Reise in die Schweiz bereits vom 22.11. bis zum 5.12.1943 durchgeführt.

Urs Schildknecht 1985: Wieso Bavink-Gymnasium?

Urs Schildknecht hat die Verknüpfung Bavinks mit dem Schulnamen 1985 eingehend behandelt.[343] Er stellte den Ablauf der Namensänderung, aber auch Bavinks publizistischen Beiträge aus den 1920-er und 1930-er Jahren zu Fragen der Eugenik, Staatsauffassung, der Frauenrechte und zum Nationalsozialismus dar. Schildknecht ordnete das Verwaltungshandeln des Jahres 1947 den „Demokratisierungsidealen"[344] der britischen Besatzungsmacht zu. Diese besagten, dass „militaristische" Namen und Bezeichnungen aus dem öffentlichen Raum zu entfernen seien. Schildknecht bemerkte, es sei nirgends darauf ausdrücklich Bezug genommen worden, Artur Ladebeck habe die Initiative zur Namensänderung ergriffen.[345] In der Öffentlichkeit seien auch kritische Stimmen gegen die Aufgabe des überlieferten Schulnamens laut geworden. Für eine Kritik am Namen der letzten deutschen Kaiserin gibt es in den Quellen keinen Beleg.[346]

Der Verfasser setzt voraus, der Name der Schule habe in der 1904 beschlossenen Form unverändert bis 1947 fortgedauert. Aktenkundig ist ein Antrag des Magistrats vom 28.4.1923, die Schule fortan als „Auguste Viktoriaschule" zu bezeichnen, genehmigt vom Kultusminister am 16.6.1923.[347] Auf der pragmatischen Ebene ist diese Arbeit insofern wenig belastbar, zumal der Verfasser den Kaisertitel als aktuell kritisierten Ausdruck einer nicht demokratischen Verfassungsform interpretierte und diesem Umstand mehrfach argumentatives Gewicht beimaß. Im Übrigen zeigt diese Arbeit anschaulich, wieweit Urs Schildknecht als Schüler aus dem Geschichtsunterricht heraus differenziert die ideologischen Voraussetzungen und den Verlauf der nationalsozialistischen Machtausübung analysiert hat. Die im Jahre 1985 gewonnenen Einsichten zu den Positionen Bavinks und die Reflexionen über Geschichtsbilder bleiben im Vorfeld der Umbenennung von 1996 näher zu betrachten. Die Schriften Bavinks dürften im Kreise der sozialdemokratischen Ratsmitglieder wenig oder nicht bekannt gewesen sein. In den Beratungen nannte sie niemand.

Das Nebeneinander von Ladebecks europapolitischen Aktivitäten und der Umbenennung der Auguste Viktoria-Schule in Bavink-Schule auf sein Betreiben hin macht eine sinnvolle Verknüpfung wahrscheinlich. Jedenfalls hat die Freie Presse Ladebecks Ausführungen so verstanden, Bavink habe „mit seinem Namen auch den der Stadt Bielefeld in die Welt der Wissenschaft" getragen.[348]

Professor Dr. Bernhard Bavink im Gedächtnis der Bavink-Schule 1947 bis 1996

Aloys Wenzl beschrieb die „geistige Situation, in die Bavink hineinwuchs". Er habe sie mit geformt, mit gestaltet und „seinen Zeitgenossen fruchtbar" gemacht.[349] Weitere zeitgeschichtliche Bezüge unterblieben. Für die nachgelassene Schrift, Das Christentum im Rahmen der Gegenwartskultur, fand sich kein Verleger, für den Druck als vervielfältigtes Manuskript erreichte die Schule mit Hilfe Ladebecks eine Spende und städtische Haushaltsmittel.[350]

Vor den Schülerinnen der Oberstufe sprach 1967 Dr. Walter Junge über die Person und das Werk Bavinks.[351] Zum einen nannte er Bavinks Tätigkeit als Lehrer und Erzieher und beschrieb seine „warmherzige menschliche Art, in der er seine Klassen leitete, das mit feinem Humor gewürzte pädagogische Geschick, mit dem er die Oberstufen-Schülerinnen in die oft schwierige mathematische und naturwissenschaftliche Materie einführte".[352] Zum anderen seien „Naturerkenntnis" und „Gottesglaube" für Bavink prinzipiell vereinbar gewesen. Er habe „den Riß zwischen dem Lebenselement Religion und der gesicherten Naturerkenntnis nicht ertragen" können. „Die Schließung dieses Risses war sein Ziel, wenn er insbesondere die Grenzfragen zwischen Naturwissenschaft und Religion sowie zwischen Naturwissenschaft und anderen Kulturgebieten in Schriften und Reden behandelte". Junge fügte hinzu, daß in der Gegenwart manche von Bavinks Vorstellungen „aus naturwissenschaftlicher Sicht als unerlaubte Grenzüberschreitung" abzulehnen seien, die ihre Ursache in einer Mißdeutung der aus der Heisenbergschen Unbestimmtheitsrelation gezogenen Folgerungen und in einer falschen Interpretation des Kausalitätsprinzips" hätten. Das mindere „den bleibenden Wert seiner Bemühungen um eine Vereinigung der Bereiche Religion und Physik keineswegs". Junge schloss mit einem Hinweis auf

> die Schriften, die Bavink zu biologischen Fragen veröffentlicht hat. Er nahm, obwohl ursprünglich Anhänger der Idee, später scharf gegen die erbbiologischen Schlußfolgerungen des dritten Reiches Stellung und verteidigte mit Nachdruck die Ansicht, daß es keine rassisch bedingte Wirklichkeit bzw. Naturerkenntnis geben könne, da die Wirklichkeit seiner Auffassung nach vor unserer Erkenntnis existiert.[353]

Ähnlich äußerte sich Junge regelmäßig in seinen Ansprachen an Abiturientinnen und Abiturienten.

Die Schule hatte zum 150jährigen Jubiläum Armin Hermann zum Vortrag eingeladen. 1978 behandelte Hermann das Thema Bernhard Bavink und die Philosophie.[354] Bis zum Ende der 1970er Jahre seien neue Richtungen entstanden wie „Wissenschaftstheorie", „Wissenschaftsforschung", „Wissenschaftsgeschichte", die, „ohne selbst Naturwissenschaft zu sein, über Naturwissenschaft"[355] reflektierten. Für seine Zeit habe Bavink diese Stelle mit seinen Publikationen ausgefüllt und dargelegt, die Naturwissenschaften seien „vielleicht die größte aller Leistungen des abendländischen Geistes."[356]

In der Erkenntnistheorie habe sich Bavink gegen den Positivismus für den „kritischen Realismus" nach Eduard v. Hartmann entschieden, hier habe Bavink die Grundlage für seine Kritik an dem Rassedogma der Nationalsozialisten gesehen. Anfänglich habe Bavink der nationalsozialistischen Bewegung positiv gegenübergestanden. Wie so viele Bürger im Lande sei er betont national und antisemitisch eingestellt gewesen. Seit 1934 habe er offen das Rassedogma bekämpft: „Weder religiöse noch rassische oder sonstige ‚Standorte' haben das geringste Recht zu dekretieren, was ‚wahr' und was ‚falsch' ist."[357]

Die Geschichtslehrer der Schule kannten die inzwischen wirksame Erweiterung ihrer Wissenschaft um die kritische Sozialwissenschaft. Die Begriffe des Nationalismus, Antisemitismus und der konservativen Prädisposition des Nationalsozialismus hatten ihren Eingang in den Geschichtsunterricht und dort kritische Hinterfragung gefunden. Zusammen mit dem Mitschüler Roland Jeske behandelte Claudia Milberg 1982 das Thema: „Bethel und die Euthanasie im Dritten Reich", mit Anja Pohl vom Helmholtzgymnasium

1985 „Wiedergutmachung an Zwangssterilisierten des Nationalsozialismus. Fritz Niemand – das Schicksal eines Betroffenen". Das Stadtarchiv Bielefeld gestaltete 1983 eine Ausstellung vom 28. Januar bis 20. März „Im Zeichen des Hakenkreuzes", begleitete sie mit einem Katalog, der die Ereignisse bis zum „Aushängen der weißen Fahnen, dem Zeichen der Kapitulation" 1945 enthielt.[358] 1985 informierte die Ausstellung über „Kirche im Nationalsozialismus" auch mit einem Zeitungsbericht über einen Vortrag Bavinks „Christentum und Rassenhygiene" (Eugenik)[359].

Um die nachhaltige Wirkung nationalsozialistischer Propagandareden zu zeigen, hieß es in einer anderen Veröffentlichung: „So referierte beispielsweise ein Lehrer der Auguste-Viktoria-Schule, Professor Bavink, regelmäßig zum Thema „Rasse"[360]. In einem Vortrag bemerkten die Autoren „Die Bielefelder sollten sich überlegen, ob diesem Mann nicht zu viel Ehre angetan wird!"[361] Mit dem Namen der Schule wurde der Name Bernhard Bavinks zum Katalysator einer geschichtspolitischen Diskussion über Eugenik, Anpassung oder kritische Distanz zum Nationalsozialismus.

Die Aufnahme zeitgeschichtlicher Fragen löste Kritik aus mit dem Vorwurf einer verspäteten „Ent-nazifizierung 1985" und Rückmeldungen ehemaliger Schülerinnen. Margret Marflow, geb. Weiss, emigriert 1939, erinnerte sich aus ihrer Zeit als Schülerin:

> Die Aussage über Prof. Bavink gäbe ein ganz verkehrtes Bild eines menschlich hochstehenden Mannes, der lediglich durch seine wissenschaftlichen Schlüsse als ein die Rassenverfolgungen unterstützender Mensch hingestellt würde. Frau Dr. M. antwortete mir daraufhin, daß ich nicht die einzige jüdische Emigrantin sei, die Prof. Bavink heftig in Schutz nähme [...].[362]

1991-1996: Bavink, die Eugenik und die Euthanasie

Urs Schildknecht hatte 1985 herausgearbeitet, wie Bavink aus weltanschaulicher Überzeugung in einer sozialdarwinistischen Sichtweise ein staatliches Programm zur Durchsetzung der Eugenik propagiert und den Nationalsozialismus befürwortet habe. Für Klaus Musfeld war „Bernhard Bavink als ‚christlicher' Wegbereiter der Vernichtung ‚unterwertigen' Lebens" publizistisch hervorgetreten.[363] Musfeld stellt das gesamte Werk Bavinks und die Eugenik unter das Ziel der Euthanasie. Die Eugenik sei staatlich gewollt und in der Gesellschaft weithin gebilligt worden. Mit dem Hinweis auf den

Namen des Bavinkgymnasiums suchte er eine politische Wirkung zu erreichen. Als einzigen Beleg für Bavinks Stellung zur Euthanasie zitierte Musfeld die Besprechung einer Schrift[364] aus dem Jahre 1929, in der Bavink sich auf Euthanasie bezog.[365] Im Hinblick auf einige vom Autor Helmuth Schreiner genannte Beispiele räumte Bavink ein, es sei notwendig, mit Vorschlägen zur gesetzlichen Regelung der Euthanasie

> sehr, sehr vorsichtig zu sein, damit nicht Leben vernichtet wird, dem doch vielleicht noch irgend ein Wert, wenn auch in ganz anderer Richtung als der normalen zukommt. Sie [diese Beispiele] treffen aber die Forderung gar nicht, daß die Gesellschaft das Recht haben müsse, sich von solchen Existenzen zu befreien, die wirklich rein gar nichts bedeuten, sondern nur ‚leben', d.h. wie Tiere oder nein, auf einem untertierischen Standpunkte, dahinvegetierten.

Ein solches Zerrbild findet sich an keiner weiteren Stelle bei Bavink, eine weitere Befürwortung einer gesetzlichen Regelung der Euthanasie auch nicht. In der Rezension sah sich Bavink im Dienste des Fortschritts. Er zeigte sich von der Berufung des Autors auf Gott, der das Leben gegeben habe, nicht überzeugt. Es gebe zwei verschiedene Gottesauffassungen. Er glaube, die Geschichte habe zwischen ihnen bereits entschieden. „Die Schreinersche [Gottesauffassung] ist die gleiche wie die, die einen Bruno auf den Scheiterhaufen und einen Galilei vor die Inquisition brachte, die grundsätzlich bis heute immer und überall einen Fortschritt des ethischen Denkens ablehnt, bloß desshalb, weil er neu ist [...]."

1940 erklärte Bavink ein eigenes Kapitel zur Eugenik als „entbehrlich"[366], kritisierte indessen die Ablehnung der „leider unvermeidlichen Maßregeln der sog. „negativen Eugenik" (Sterilisation u.a.)". „Bavinks Leserschaft war riesig. Für die achte Auflage seines Hauptwerkes lagen vor dem Erscheinen 25.000 Vorbestellungen beim Verlag", schließt Musfeld seinen Beitrag. Er hatte zuvor den Zusammenhang von Bavinks Beiträgen zur Eugenik mit dem Werk „Ergebnisse und Probleme" hergestellt. Offenbar erwarteten die Leser andere Gegenstände als Musfeld nahe legt.

Am 31.10. 1991 stellte die Fraktion „Bündnis 90/Die Grünen" eine Anfrage im Hauptausschuss, ob „Bavink sich zur Zeit des Nationalsozialismus befürwortend zur „Vernichtung unwerten Lebens" geäußert haben soll" und fügte nicht datierte Ausführungen von Musfeld bei. Am 14.11.1991 beschloss der Hauptausschuss der Stadt Bielefeld, ein wissenschaftliches Gutachten einzuholen. Michael Schwartz reichte den schon zitierten Beitrag ein „Bernhard Bavink: Völkische Weltanschauung – Rassenhygiene – „Vernichtung lebensunwerten Lebens", Reinhard Vogelsang erläuterte 1993 im Vorwort der Veröffentlichung als Band 13 in der Reihe „Bielefelder Beiträge zur Stadt- und Regionalgeschichte" den Zusammenhang.

Unter der Überschrift „Bernhard Bavink: Wegbereiter der Euthanasie?"[367] veröffentlichte das Stadtblatt einen Beitrag des Bielefelder Historikers Hans-Walter Schmuhl. Bavink sei es um den „Brückenschlag zwischen naturwissenschaftlicher Erkenntnis und christlicher Ethik" gegangen. Besonders wichtig sei ihm die Anerkennung der „darwinistische Selektions- und Evolutionstheorie" gewesen, auch „eugenische Maßnahmen wie die Umschichtung der Fürsorgelasten, Eheberatung und -verbot, die „nötigenfalls zwangsweise Sterilisation" und die Freigabe der Abtreibung aus eugenischer Indikation", ließen sich „mit christlicher Ethik in Einklang zu bringen". „Auf die ‚Euthanasie'-Frage ging Bavink nur am Rande ein".

Man müsse sich in der Gegenwart bewusst machen, wie tief „eugenische Denkmuster vor 1933 und nach 1945" in die Gesellschaft eingedrungen seien.

Abb. 18: Bavink mit UII 1930 / Abitur 1934. Von rechts: Liselotte Schimmelpfennig, Sésée Becker, Tochter des Dr. Heinrich Becker, Erika Wertheimer, Ursula Piepenbrink, Käthe Dütemeyer, Bavink. Bavink bevorzugte Anerkennung und Lob seiner Schülerinnen, prinzipielle Nörgelei lehnte er ab (Lebenserinnerungen, S. 281)

Zwischen 1991 und 1996 wurden die Positionen Bavinks in mehr als 50 Artikeln und Leserbriefen diskutiert: mehrere Verfasser nahmen die Frage nach dem Umgang mit Behinderten in der Gesellschaft auf, fragten nach „Kontinuität in der deutschen Geschichte“[368], der Bedeutung des Namens als Vorbild oder ein Hochschullehrer versuchte sich in der Rolle als Angehöriger der politischen Polizei: „der Schüler [mit bestimmten Thesen Bavinks] würde wegen rechtsradikaler Agitation von der Schule fliegen.“[369] Bavink zitierte oft Wilhelm Busch, gelegentlich ließ er beim Harmoniumspiel in der Aula Schlagetakte – „was machst Du mit dem Knie, lieber Hans?“ – einfließen. Er ging mit ihnen in die Aula und spielte etwas vor, wenn er den Physikunterricht zu hoch angesetzt hatte. Es beeindruckte sie, dass er die Leistung der Margret Weiss 1937 vor der Klasse als beispielhaft lobte, während alle wussten, dass sie Jüdin war. 1944 gab er kostenlos Privatunterricht, um beim Übergang von der Luisen-Realschule zur Auguste Viktoria-Schule zu helfen.[370]

In den Jahren 1991 bis 1996 wurde die Überlegung Schmuhls in der Tagespresse aktuell bestätigt, ein willkürlich gewählter Ausschnitt sei angemerkt[371], als Beispiel der Bericht über den 50. Gynäkologen-Kongress ausgewählt. Darin heißt es,

> dass zwischen 1933 und 1939 schätzungsweise 300 000 Menschen – darunter zwei Drittel Frauen gegen ihren Willen zwangssterilisiert wurden; weitere 50 000 Frauen haben eine erzwungene Abtreibung erlitten. Fast fünfzig Jahre nach Kriegsende fanden die Gynäkologen [zum ersten Mal] Worte für eine späte Entschuldigung an die Opfer.[372]

Insgesamt sei ein Prozent aller gebärfähigen Frauen von der Zwangssterilisation erfasst worden, berichtet der Bielefelder Historiker Hans Ulrich Wehler.[373] Am 8.7.2013 erschien in der Presse die Nachricht, dass

> mit dem Bau einer Gedenkstätte für die von den Nazis ermordeten 300000 psychisch kranken und behinderten Menschen begonnen [wird]. In der Tiergartenstraße 4, nahe der Philharmonie, wird eine 30 Meter lange blaue Glaswand an sie erinnern. In der längst abgerissenen Stadtvilla in der Tiergartenstraße 4 waren die Massenmorde, an denen Dutzende Ärzte beteiligt waren, von 1939 an zentral organisiert worden.[374]

Kontroverse um Bavink

Die Schule beriet in den Gremien die Kontroverse um Bavink und die damit verbundenen Sachverhalte. Sie informierte durch Aushang in der Schule und in der jährlichen Schulzeitung, zuletzt für das Schuljahr 1995/96 insbesondere über die Diskussion um Eugenik, resümierte die Veröffentlichungen von Michael Schwartz, Klaus Hentschel, Jörg Willer, Margret Gromann und Urs Schildknecht. Im Beitrag über das von Michael Schwartz verfasste Gutachten hieß es:

> Auf die im Hauptausschuß der Stadt Bielefeld 1991 gestellte Frage, ob sich Bavink befürwortend zur Vernichtung lebensunwerten Lebens geäußert hat, stellt der Autor fest, ‚daß grundsätzlich kein direkter Zusammenhang zwischen Eugenik und Euthansie konstatiert [...]' werden könne (S. 72). Der Autor resumiert, ‚jedoch bleibt Bavink aufgrund der in seinem Falle gegebenen engen Nachbarschaften von Rassehygiene, Rassismus und „Vernichtung lebensunwerten Lebens" ein hervorragendes Beispiel für die inhumanen Konsequenzen einer völkisch-biologischen „Weltanschauung", die zu ihrer Zeit durchaus mit den Attributen der Modernität versehen war' (S. 88).[375]

Die Schulkonferenz empfahl der Stadt Bielefeld am 10. Juli 1995, den Namen der Schule beizubehalten. In Beiträgen wurde häufig der Name Bavinks mit dem Begriff des Vorbilds im positiven wie im negativen Sinne verbunden, selten war es mehr als der Versuch einer Betonung des eigenen Standpunktes durch die Begriffslogik des Wortes. Im Bericht über eine Podiumsveranstaltung hieß es, Klaus Hurrelmann sei der Frage nachgegangen, welche Bedeutung Vorbilder für Jugendliche heute haben. „Nicht schwärmerische Verehrung komme in der Regel den Vorbildern zu, sondern nüchterne Auseinandersetzung mit den Licht- und Schattenseiten einer Persönlichkeit."[376] „Bavink kein Vorbild" Bavink als Vorbild – mit dieser Frage, setzte sich Rainer Detmer auseinander. Er schloss mit dem Fazit:

> Eine „richtige" Entscheidung, die alle guten Gründe für sich einfordern darf, kann es in diesem Fall nicht geben. Man wird keiner Seite abstreiten können, daß sie plausible Gründe für sich beanspruchen kann. Denn einerseits wird in Bavinks pro-eugenischer Parteinahme die Idee des Individuums, also das, was Moderne ausmacht, einem nur noch technisch verstandenen Fortschrittspathos geopfert, andererseits

> vertritt Bavink, indem er sich der nationalsozialistischen Vereinnahmung verweigert, das, was wir den Schülern heute nahebringen sollten: Zivilcourage.[377]

Anfang 1996 leitete die Ratsmehrheit aus SPD und Die Grünen/Bunte Liste über den Schulausschuss das förmliche Verfahren zur Namensänderung ein. Eine schriftliche Begründung haben die Fraktionen ihrem Antrag nicht beigefügt: „Begründung: Erfolgt mündlich", hieß es in der Vorlage. Die Schulkonferenz wurde angehört und lehnte erneut eine Namensänderung ab. Beide Bielefelder Tageszeitungen berichteten am Tag nach der Entscheidung.

Das Westfalen-Blatt titelte unter der Zeile „Aus „Bavink-Gymnasium" wird „Gymnasium am Waldhof" – Erregte Debatte im Rat: „SPD und Grüne setzen neuen Namen durch".[378] „Der Naturwissenschaftler und Pädagoge Bavink (18791947) könne wegen seiner Aussagen zur Eugenik (Erbpflege) heute nicht mehr als Namensgeber der Schule akzeptiert werde", sei die Meinung der Ratsmehrheit gewesen. An den Anfang ihrer weiteren Berichterstattung setzte die Zeitung zwei Ordnungsrufe, verbunden mit den Aussagen, die sie ausgelöst hatten. Sachlicher seien die Beiträge von Bürgermeister Eberhard David (CDU) und SPD-Fraktionschef Hamann gewesen. Für Eberhard David lasse die Namensänderung die Achtung des Andersdenkenden vermissen, sie beruhe auf „Besserwisserei". Nicht beachtet werde, dass Menschen 1947 die Namensgebung beschlossen hätten, die „in erheblichem Maße unter dem Nationalsozialismus gelitten" hätten. Nicht geachtet werde das Votum der Schulkonferenz, „offenbar gehe es nur um die Durchsetzung von Parteitagsbeschlüssen". Hans Hamann habe erklärt, es sei schwer „im Fall Bavink ein abschließendes Urteil zu fällen", „Bavinks wissenschaftliches Werk" habe er als „gefährliche Lehre" bezeichnet. Bürgermeister Dr. Rainer Wend (SPD) habe die Diskussion als „die belastendste" erlebt, die er im Rat habe führen müsse. Im Weiteren referierte das Westfalen-Blatt die Beiträge der Ratsmitglieder Dr. Manfred Fröhlich (BfB) und Dr. Manfred Beck (Grüne). Jener habe die Diskussion als „Provinzposse" bewertet, dieser „zwischen der Würdigung des „beliebten Lehrers" und des politischen Publizisten unterschieden, der sich „zur Judenfrage, zu Eugenik, und zur Euthanasie in einer mit den Werten unseres Grundgesetzes unvereinbaren Weise" geäußert habe.

Die „Neue Westfälische" wählte unter dem Satz „Ratsmehrheit beschließt Umbenennung des Bavinkgymnasiums" die Schlagzeile „Kein Vorbild für die Jugend"[379]. Sie zitierte aus dem Redebeitrag des BfB-Ratsmitglieds Dr. Fröhlich die Bewertung der Diskussion um Bavink „was sich hier abspielt" als „anmaßend“ und als „Provinzposse“. Aus dem Beitrag des SPD-Ratsmitglieds Hans Hamann wurde der „Hinweis auf Bavinks Thesen zur Rassenhygiene“ mit der Folgerung verknüpft, „daß [Bavink] „kein Vorbild für künftige Staatsbürger“ sein könne. Bürgermeister Eberhard David habe „gar nicht auf die Eugenik eingehen“ wollen, bei vorbehaltsloser Kritik an „Äußerungen“, „die wir heute nicht verantworten können“, sei zu würdigen, „daß er sich von seinen Thesen losgesagt habe“. Dr. Manfred Beck, Bündnis 90/Die Grünen, habe gefordert, „man müsse [...] trennen zwischen der Würdigung des beliebten Lehrers und erfolgreichen Wissenschaftspublizisten Bernhard Bavink einerseits und dem politischen Publizisten andererseits.“ Bürgermeister Dr. Rainer Wend (SPD) habe eingeräumt, „daß die Ratsmehrheit die Angehörigen Bavinks verletze und viele belaste, die Bavink gekannt hätten oder das Gymnasium besuchten.“ Als Beispiel dafür, dass Bavink „leider nicht die Umkehr gemacht habe“ die Eberhard David angedeutet habe, schloss die Zeitung den Bericht über den Redebeitrag mit dem als Zitat aus der Zeitschrift „Unsere Welt“ gekennzeichneten Satz, „daß die Gesellschaft das Recht haben [müsse], „sich von solchen Existenzen zu befreien, die wirklich rein gar nichts bedeuten, sondern nur ‚leben‘, d.h. wie Tiere oder nein, auf einem untertierischen Standpunkte, dahinvegetierten.“

In der Ratsdebatte war es den Sprechern der Ratsmehrheit nicht um Aufklärung über widersprüchliche Sachverhalte, vielmehr um Stimmungsmache gegangen. Der Weg ging über die Erregung von Gefühlen, das Gefühl der Angst, das ein Sprecher durch den unbestimmten Hinweis auf die „gefährliche Lehre“ Bavinks erzeugen wollte; der zweite Sprecher redete von Mitleid und Selbstmitleid und ließ diesen Gefühlen den Schrecken eines Zitats ohne Zusammenhang folgen. Der Sprecher von Bündnis 90/Die Grünen erweckte den Anschein von Aufklärung über die „Hinterfragungs-Demontage“[380] der Maßstäbe einer älteren Generation, die dem eigenen, nicht reflektierten Urteil nicht entsprachen. Er steigerte die Stimmung, indem er ein Ratsmitglied in den historischen Zusammenhang einbezog und dafür einen Ordnungsruf erhielt. Der Adressat dieses Vorwurfs hatte zuvor einen Ordnungsruf für seinen Ansatz von Stimmungsmache erhalten. „Nicht auf Erkenntnis, sondern auf politische Bewegung durch Stimmungen und Stimmungsmache“[381] hatte die ‚geschichtspolitische‘ Ratsdebatte hingewirkt. Das Ziel einer Geschichtspolitik, die „auf das Bewusstsein der Zeitgenossen wirkt“, war an keiner Stelle ausdrücklich angesprochen worden, kann aus den Zeitungsnachrichten auch nicht abgeleitet werden.

1996 „Gymnasium am Waldhof" anstatt „Bavink-Gymnasium".

Die Schule hat die Adresse Waldhof 8 gegenüber dem ehemaligen Gutshaus Waldhof. Inhalte sind in Verbindung mit dem neuen Namen nicht verhandelt worden. Gustav Engel verbindet Waldhof mit dem Namen einer Familie im Mittelalter, etwa „de Wolde"[382], Reinhard Vogelsang erwähnt, auf dem Waldhof habe ein Jugendlicher nach einem Totschlag „für drei Wochen Asyl gefunden"[383]. Die Befürworter des überlieferten Schulnamens wollten mit dem Namen Bavinks auch das Gedächtnis an die Widersprüche stärken, die in seiner Person sichtbar geworden waren. Die Widersprüche zeigten sich besonders scharf in Bavinks Schrift „Organischer Staat und Eugenik", erschienen 1933, am 24.7.1933 „auf Anordnung der Geheimen Staatspolizei beschlagnahmt"[384]. In den Beiträgen von Schmuhl und Hentschel ist diese Schrift materiell umfassend betrachtet worden: „antisemitisch" (Hentschel), „in den Vorschlägen weitergehend als die Nürnberger Gesetze" (Schmuhl). Betrachtet man diese Schrift als Dokument der Zeit, so bewegt sich Bavink in der Rolle als Wissenschaftler, argumentiert auf dem Boden des historisch überlieferten konservativen Antisemitismus, behandelt die Anwesenheit von Juden in Deutschland als ein Einwande-

Abb. 19: Waldhof, Vorplatz – Gymnasium am Waldhof

rungsproblem und führt neu den autoritären Staat als Handlungsbevollmächtigten ein, der in die Persönlichkeitsrechte der deutschen jüdischen Staatsbürger und Einwohner eingreifen soll.

Bavink gab zu bedenken, „alle seit dem Jahre 1914 zugewanderten jüdischen Familien haben binnen einer gewissen, nicht allzu knapp bemessenen Frist das Land zu verlassen".[385] Für alle früher in Deutschland sesshaft gewordenen jüdischen Familien schlug er rechtliche und abgestuft auch politische Teilhaberechte bei der Bekleidung öffentlicher Ämter vor. Ähnlich hatte sich Hans-Joachim Schoeps in der Abgrenzung gegenüber den aus Osten eingewanderten Juden eingelassen. Er verfügte eigenen Angaben zufolge über gute Verbindungen zur deutschnationalen Parteielite im „Herrenklub" und im Jungkonservativen Klub, stand als „nationalkonservativer deutsch-jüdischer Religionshistoriker und Religionsphilosoph dem Nationalsozialismus positiv gegenüber" und wollte national gesinnte Juden in den Nationalsozialismus integrieren".[386] Er habe in einer Denkschrift vorgeschlagen,

> die nach 1918 eingewanderten Ostjuden und die Zionisten, soweit sie sich nach ihrem eigenen Bekenntnis nicht als Deutsche, sondern als Auslandspalästinenser fühlten, [...] bis zu ihrer Auswanderung unter den Schutz des Minderheitenrechtes [zu] stellen, den alteingesessenen deutschen Juden aber ihre vollen staatsbürgerlichen Rechte und Pflichten durch die Reichsregierung verbindlich garantieren [zu] lassen.[387]

Der historische Staatsapparat in öffentlicher Verwaltung, Justiz und Militär wurde bis 1918 von konservativen Eliten bestimmt, die dem halbabsolutistischen Charakter des Deutschen Reiches und Preußens entsprachen. In der Zeit der Weimarer Republik war ihr Einfluss stark geblieben.[388] Sie hatten institutionell[389] oder nach dem Maß persönlich formulierter antisemitischer Vorurteile in Einzelfällen Juden in ihrer menschlichen Würde verletzt, im beruflichen Fortkommen diskriminiert und an der Übernahme militärischer oder politischer Leitungsaufgaben gehindert, sie aber in der Rechtsanwendung gleich behandelt. Bavink hatte offensichtlich in den ersten Monaten der nationalsozialistisch geführten Reichsregierung ein Risiko für die jüdische Bevölkerung in Deutschland bemerkt und wollte die historische Rechtstaatlichkeit gewahrt wissen.

> Daß im übrigen dann aber der unter uns weilende Jude, sofern er sich nichts zuschulden kommen läßt, den gleichen Schutz und das gleiche Gastrecht genießen muß wie jeder ordentlich sich betragende

> Ausländer sonst, das sollte selbstverständliche Ehrenpflicht eines auf seinen Ruf als Kulturvolk haltenden Volkes sein […].[390]

Die Grenze zu einem wie auch immer gearteten irrationalen Antisemitismus zog er mit den Worten: „Ein anständig gesinnter Mensch wird sich immer wieder dagegen empören, daß Grausamkeitsinstinkte sich an Unschuldigen unter der Maske nationaler Begeisterung auslassen."[391] Bavink argumentierte von den zu erwartenden Ergebnissen her: „man [kann] nun doch nicht alle Halb- und Vierteljuden einfach totschlagen […]"[392] Ungeahndete Misshandlungen und Totschlagsverbrechen an Juden waren Anfang 1933 nicht selten. Die später einsetzende industrielle Tötungsmaschinerie setzte die Straflosigkeit des „Tötungshandwerks" und die „ideologischen Obsessionen" Hitlers voraus.[393] Das „Reichsministerium für Wissenschaft, Erziehung und Volksbildung"[394] war durch das Innenministerium auf Bavinks Schrift hingewiesen worden. Dieses erwartete, dass gegen Bavink vorgegangen werde und kritisierte zu allererst[395] die Äußerungen Bavinks, in denen er die historische Rechtstaatlichkeit gewahrt wissen wollte. Es nannte diese Anmerkung „geradezu eine Greuelpropaganda", mithin so, wie der Aprilboykott 1933 gegen jüdische Geschäfte und Einrichtungen propagandistisch begleitet worden war. In jedem Fall betrachtete Bavink die Juden als Menschen: „[…] die Juden sind ein Volk" und „Ein Volk ist eine durch Geschichte und gemeinsamen Kulturbesitz verbundene Menschengruppe."[396]

In gleicher Weise lässt sich die 6. Auflage von „Ergebnisse und Probleme […]" zeitgeschichtlich betrachten. Das Vorwort ist „September 1940" datiert, auf ein Datum, als viele ‚wissenschaftliche' Autoren ihr Werk Adolf Hitler als dem „Sieger über Frankreich" im „großen Kriege" beflissen und voreilig gewidmet haben. Bavink widmete es „Der Gesellschaft Deutscher Naturforscher und Ärzte". „Pfingsten 1941", im Vorwort zur 7. Auflage, begründete Bavink „auf mehrfach vorgelegte Frage" seine Entscheidung:

> Diese Widmung sollte vor allem ein sichtbares Zeichen des Dankes für die Ehrung sein, die mir die Gesellschaft durch die Wahl in ihren wissenschaftlichen Ausschuß im Jahre 1936 erwiesen hatte. Im übrigen wird jeder, der das Buch aufmerksam gelesen hat, sich meine sonstigen Beweggründe denken können.

Damit hatte er die Widmung ausdrücklich zum Politikum erklärt. Den Namen oder eine Bezeichnung, die auf Hitler oder den Nationalsozialismus verwies, sucht der Leser auf 796 Seiten vergeblich.

Bavink steuerte im Abschnitt „Probleme der Artenbildung“ auf Staatsformen zu. Nachdem vor 30 Jahren, „alle Welt Stammbäume konstruierte und ‚entwicklungsgeschichtliche‘ Erklärungen gegenwärtig zu beobachtender biologischer Erscheinungen“ gegeben habe, sei

> eingetreten, was immer eintritt, wenn man mit allzu großen Erwartungen an eine Sache herangeht: die nachträgliche Enttäuschung ist um so größer, je höher gespannt vorher die Erwartungen waren, und dann wird nur allzu leicht das Kind mit dem Bade ausgeschüttet. Man läßt an der Sache kein gutes Haar mehr, die man vordem so hoch in den Himmel erhoben hatte. Das gilt von Staatsformen so gut wie von Menschen und von wissenschaftlichen Theorien.[397]

Ähnlich hatte er sich in der 5. Auflage 1933 ausgedrückt. Da war der Begriff der Staatsform auf die Demokratie der Weimarer Verfassung zu beziehen. 1940 zog der Führerstaat in Deutschland alle Aufmerksamkeit auf sich, nicht mehr die Demokratie. Auch wenn Bavink persönlich an keiner Stelle eine abweichende Meinung zum Reich, das sich im Krieg befand, hätte ausdrücken wollen: seine Leser konnten hier ein Angebot finden, wenn sie selbst den Abstand zum NS-Führerstaat suchten. In der 7. Auflage hatte Bavink diese Stelle überarbeitet. Es hieß jetzt: „Das gilt von wissenschaftlichen Theorien so gut wie von Menschen, von Staatsformen u.a.m.“[398]

Im Generalstab des Militärbefehshabers in Frankreich hegten die Militärs große Vorbehalte gegenüber Hitler und dem Nationalsozialismus. Der Chef des Stabes der Heeresgruppe D, Carl Hilpert*, hatte Bavink im „Interesse der Wehrmachtsbetreuung“ 1941[399] zu einem Vortrag nach Paris eingeladen. Diese Einladung ist im Zusammenhang mit dem Erscheinen der „Ergebnisse und Probleme“ in der 6. Auflage zu sehen. „Er entpuppte sich als grosser Verehrer meines Werkes“, notierte Bavink in seinen Erinnerungen.[400] Mit ihm habe er „ein paar Stunden in sehr intimem Gespräch“ gesessen. Mehr erfährt der Leser nicht über den Inhalt. Die einzige Bemerkung Bavinks zu aktuellen militärischen Sachverhalten in seinem Werk bezog sich auf eine Atombombe.[401] Bavink hatte den Abschnitt über die Grundlagen der Kernphysik und „etwaige kriegerische Verwendungen“[402] mit dem Satz geschlossen: „Die Entwicklung geht so schnell, daß, wenn diese jetzt – im Februar 1940 – hingeschriebenen Zeilen gedruckt werden, sie vermutlich schon längst wieder

---

* Carl Hilpert, Chef des Stabes der Heeresgruppe D vom 26.10.1940 bis Sommer 1942, danach im Osten.

durch neue Überraschungen überholt sind." Bavink überlieferte keine Sachverhalte, nur Hilperts Einstellung zur militärischen Lage.

> Er war, wie ich deutlich merkte, ebenso sorgenvoll wie ich, obwohl damals noch alles äusserlich ganz gut zu stehen schien. – Am Abend nach dem Vortrag und schon vorher beim Abendessen sass ich mit den gesamten Herren des Gen[eral]St.[abs][403] zusammen ausser dem durch eine Grippe behinderten Gen[eral]Feldmarschall v.Witzleben*, der sich entschuldigen liess.[404]

Bavink hat keine Tagebuchaufzeichnungen zu dieser Reise gemacht. Er hat die Reise irrtümlich[405] auf das Jahr 1942 statt 1941 datiert und seine Erinnerungen in der Zeit zwischen dem 30. April und 5. Mai 1945 niedergeschrieben.

1940 geriet der Antisemitismus in Deutschland in seine letzte Stufe der Irrealität. Bei Bavink fehlt das Wort Antisemitismus. Über Juden heißt es wieder, wie schon 1933: „Wer [...] beispielsweise die Juden immer wieder als eine „Rasse" bezeichnet – sie sind ein Volk, mit anderer Rassenmischung als die meisten ihrer Gastvölker –, wird nie zu haltbaren Urteilen gelangen." Ein Volk wiederum sei „eine durch Geschichte und gemeinsamen Kulturbesitz, insbesondere in der Regel durch gemeinsame Sprache), verbundene Menschengruppe"[406]. Die öffentliche Bestimmung der Juden als „Menschen" ohne antisemitischen Unterton war im Deutschland von 1940 noch seltener als der Verzicht auf die Huldigung an den Führer.

In der Nachlese sei auf eine Literaturübersicht aus 22 Reproduktionen von Publikationen der Jahre 1898-1941 verwiesen.[407] Der erste Beitrag (1913) enthält die Forderung, „daß der Monistenbund die Euthanasiepropaganda recht bald in sein Programm aufnehmen wird." Weiter wird der Anspruch auf straffreie Beihilfe oder das Recht zur Selbsttötung diskutiert, eine gesetzliche Regelung der „Euthanasie" entworfen (1920) oder abgelehnt. Auch Bavinks oben erwähnte Besprechung der Schrift von H. Schreiner „Vom Recht der Vernichtung unterwertigen Lebens", Unsere Welt [1929, 123-124], S. 70-71, ist zu lesen.[408] Das Jahr der zuletzt erschienenen Publikation legt einen Zusammenhang mit der Augustpredigt 1941 des Münsteraner Bischofs Bernhard v. Galen nahe, in der er das nationalsozialistische Regime des Mordes an geistig kranken Menschen angeklagt hatte.

---

* Erwin v. Witzleben, 1941 – 15. März 1942, Oberbefehlshaber West, von Hitler am 15. März 1942 in die Führungsreserve versetzt, beteiligt am 20. Juli 1944, vom Volksgerichtshof am 8.8.1944 zum Tode verurteilt und am selben Tag hingerichtet.

Als „Reichsarbeitsgemeinschaft Heil- und Pflegeanstalten" (RAG) handelte die mit der Durchführung des nationalsozialistischen „Euthanasie"-Programms beauftragten Kanzlei des Führers (KdF), die alle Bereiche und Mitarbeiter umfasste, die räumlich außerhalb der KdF ihren Sitz in der Berliner Tiergartenstraße 4 hatten. Die Vollstrecker der ‚T 4-Aktion' konnten in den Literaturauszügen ihr eigenes Tun im geschichtlichen Zusammenhang sehen. Wie sie die unterschiedlichen Auffassungen gewichtet haben, ist nicht bekannt.

Bavink hatte sich 1929 für eine gesetzliche Regelung der Euthanasie ausgesprochen. Seine Mahnung, mit Vorschlägen zur gesetzlichen Regelung der Euthanasie „sehr, sehr vorsichtig zu sein" hat er nicht konkretisiert; indessen behauptete er, es gebe eine Praxis ärztlichen Verhaltens gegenüber Schwerstbehinderten, die durch Unterlassen medizinischer Hilfe im Einvernehmen mit den Angehörigen einer planmäßigen Tötung gleichkomme. Diese Praxis sei gesetzlich zu regeln. Zu den Grundlagen eines Gesetzes hätte seine Einlassung gehören können, er habe sich von der Berufung des Autors Helmut Schreiner auf Gott, der das Leben gegeben habe, als nicht überzeugt erklärt. Es gebe zwei verschiedene Gottesauffassungen, hatte Bavink ausgeführt. Er glaube, die Geschichte habe zwischen ihnen bereits entschieden.

„Die Schreinersche [Gottesauffassung] ist die gleiche wie die, die einen Bruno auf den Scheiterhaufen und einen Galilei vor die Inquisition brachte, die grundsätzlich bis heute immer und überall einen Fortschritt des ethischen Denkens ablehnt, bloß deshalb, weil er neu ist, [...]." Bavink hatte die Kopernikanische Wende als wissenschaftshistorisches Ereignis zum Mythos erhoben, kirchenhistorisch eingeordnet, durch Berufung auf Gott theologisch überhöht, die Darwinsche Evolutionstheorie als neue Erkenntnis der „Kopernikanischen Wende" gleich gesetzt und sein Verständnis der Darwinsche Evolutionstheorie zur Grundlage einer neuen Ethik erklärt.

Eine Äußerung aus dem Jahre 1934 wirkt wie ein Widerruf dieser Auffassung. Bavink hatte wahrgenommen, dass auch nach Inkrafttreten des Erbgesundheitsgesetzes in kirchlichen Kreisen Kritik an den Maßnahmen der „negativen Eugenik", insbesondere der Zwangssterilisation geübt wurde. Bei einer Diskussion der ethischen Aspekte berührte er indirekt auch die Frage der Euthanasie.

> Der eigentliche Sinn des ‚fünften Gebots' [sei, so führt er aus,] die Achtung des Ich vor jedem fremden Lebenswillen, [...] die sich keineswegs (vgl. Matth. 5) darauf beschränkt, daß man diesen nicht brutal vernichten darf, sondern vielmehr die Forderung enthält, in dem anderen ganz

allgemein ein Geschöpf des gleichen Gottes zu ehren, [...]. Soviel steht jedenfalls fest, daß demzufolge die christliche Ethik verlangt, den fremden Lebenswillen ebenso hoch zu achten wie den eigenen (Luk. 10,27), d.h. also *jedenfalls keine Lebenseinheit ohne Not zugrunde gehen zu richten, ja auch nur passiv zugrunde gehen zu lassen.*[409]

Das Ende der Diskussion um Bernhard Bavink?

In der Hoffnung auf eine kommunale Steuerung der europäischen Nachkriegszeit hatte die Umbenennung der Auguste Viktoria-Schule in Bavink-Schule einen zeitgeschichtlichen Ursprung gehabt. Dieser war durch die zwischenstaatliche europäische Einigung überlagert und bereits 1957 in Vergessenheit geraten, ein Sachverhalt, den der grundsätzlich restriktive Umgang mit der Zeitgeschichte erklärt hat. Der Versuch Aloys Wenzls, das Werk Bavinks zu restaurieren, sagt, wie der Versuch, posthum das Werk „Das Christentum im Rahmen der Gegenwartskultur" zu edieren, mehr über die Zeitumstände des Jahres 1957 als über Bavink aus. In der Schule war Bavink gegenwärtig in der Vertiefung des naturwissenschaftlichen Unterrichts und in seiner Haltung als kritischer Rationalist gegenüber der Rassemonomanie des Nationalsozialismus. Klaus Hentschel ließ ihn als „Dissidenten" erkennbar werden, der den Zumutungen eines angepassten Verhaltens in Fragen der Wissenschaftlichkeit offenen widersprach und alle Möglichkeiten nutzte, seine Positionen zu vertreten. Seine Zeitgenossen konnten bei ihm ein Angebot finden, wenn sie selbst den Abstand zum NS-Führerstaat suchten. Damit vergleichbare wirksame publizistische Distanzierungen anderer Autoren von wesentlichen Teilen der NS-Ideologie sucht der Leser vergeblich. Insofern kann die Betrachtung seines Beispiels zu einer Kritik an der feigen, übervorsichtigen oder vom Nationalsozialismus überzeugten wissenschaftlichen Publizistik hinführen. Die NS-Ideologie wirkte in der Bundesrepublik lange Zeit fort. Das Schwurgericht in Kassel erkannte zweimal die Mitglieder eines Sondergerichts als „überzeugte, ja fanatische Nationalsozialisten" und wertete „die geistige Verbohrtheit" als Entlastungsgrund.[410]

Über den engagierten Widerspruch gegen einen Kernbereich der NS-Ideologie hinaus sind Widerstandshandlungen mit Bavinks Person nicht zu verbinden. Er war zugleich neu entdeckt worden als antidemokratischer und konservativ gesellschaftlich orientierter Publizist, der sich zeitweilig engagiert an der Eugenik-Diskussion beteiligt und die Ansprüche des Einzelnen auf Achtung seiner Würde und Unversehrtheit bekämpft hatte. Armin

Hermann brachte die wissenschaftsgeschichtliche Situation des Jahres 1978 ein, die Aktualisierung der Zeitgeschichte durch die Orientierung zur kritischen Sozialgeschichte nur als Zitat einzelner Begriffe. Die öffentliche Debatte um Bernhard Bavink wurde in der Stadt von einer lebhaften zeitgeschichtlichen Debatte begleitet, die auch an anderen Gegenständen, Erinnerungsorten und Themen geführt wurde. Nach der Umbenennung bewirkten die mit dem Namen Bavinks verbundenen Widersprüche nur noch innerhalb der Schule einen Anstoß, nicht mehr darüber hinaus. Der Name ist aus dem kommunalen Kontext entfernt. Die Schülerinnen, die noch in der ersten Hälfte des 20. Jahrhunderts die Auguste Viktoria-Schule besucht hatten, verloren mit dem Namen ihres hochgeschätzten Lehrers die Brücke zu der Schule, an der sie gelernt hatten. Die voraufgegangene Namensänderung war so wenig spektakulär, dass kaum jemand sie bemerkt hat.

1923: Von der „Kaiserin Auguste Viktoria-Schule" zur „Auguste Viktoria-Schule"

„Erstes Jahrbuch der Kaiserin Auguste Victoria-Schule Bielefeld 1919"

Die Umbenennung von „Kaiserin Augusta-Schule" in „Auguste Viktoria-Schule" sollte „den veränderten Zeitverhältnissen"[411] entsprechen, ist von der Öffentlichkeit kaum, auch von Autoren der 1960er bis 1990er Jahre gar nicht bemerkt worden. Wilhelm Warning überging sie 1933 stillschweigend in der Festschrift. Beide Benennungen waren schon in der Kaiserzeit nebeneinander auch im dienstlichen Schriftverkehr üblich, wo es nicht auf amtliche Dokumente mit Außenwirkung ankam. Der Elternbeirat verwendete im Briefkopf 1922 die Bezeichnung „Auguste Victoria-Schule". Das Provinzial-Schulkollegium in Münster hatte von Anfang an zu der kürzeren Schulbezeichnung geraten.

Die „veränderten Zeitverhältnisse" waren in der Schule unmittelbar nach Kriegsende hervorgetreten. Die Schülerinnen schufen ein „Erstes Jahrbuch der Kaiserin Auguste Victoria-Schule 1919 Bielefeld."[412] Schon der Titel war Programm: „Erstes Jahrbuch", eine neue Zählung sollte beginnen in einer neuen Zeit. Es wurde ein kostbares bibliophiles Werk, „geschaffen nur von unsern Kindern, verhätschelt von allen, nicht zum wenigsten von der Druckerei der Firma Fritz Eilers junior, vom Chef herunter bis zum Faktor, Setzer und Drucker. Außen: Bütten. Gold mit Blau, innen: allerschönstes Papier, ausgesuchte Letter, sauberste Klischee"[413], so der Deutschlehrer Paul Lindner; als Emblem eine Grafik mit Allee und Schulportal in Gold gedruckt, insgesamt 68 Seiten, zahlreiche Zeichnungen, der Text in Schwarz in einer dem Jugendstil entlehnten Type unter blau gedruckten Seitenüberschriften auf blauen Absatzlinien.

Für die Herausgeberinnen stellte Sophie Seydel (OI) die aus der jüngsten Vergangenheit gewonnenen geistigen Anregungen voran:

> So ist das Jahrbuch ein Abbild unserer selbst und damit auch der Zeit, in der wir leben. Doch hat die jüngste Vergangenheit nicht allein starke geistige Anregung gebracht; sie hat sich als die Unglückszeit unseres Vaterlandes lastend auf unsere Seele gelegt, und sie wird in unserer Erinnerung bleiben als ein Glied der schweren schmerzenden Kette, die unserm Volk auf seinem Weg zur neuen Zukunft anhängt.

> Es mag zunächst befremden, daß in den Beiträgen zum Jahrbuch der Schmerz über das Unglück unseres Vaterlandes nicht stärker zum Ausdruck kommt, da doch auch wir Jungen an diesem Schmerz tragen.

Die Schülerinnen setzten dieser Erwartung das Gefühl eigener Stärke entgegen.

> Aber in uns ist die Hoffnung und der Glaube an eine bessere Zukunft so groß, daß wir das Leid der Gegenwart aufgehen lassen in das starke Gefühl der Pflicht, am Wiederaufbau mithelfen zu sollen. Und die Freude über die neuen Aufgaben, die Freude, etwas Schönes schaffen zu dürfen, spricht auch aus unserm Jahrbuch.

Wie in einem Jahreszyklus seien die Beiträge von „Kleinen und Großen“ aus den Klassen Sexta bis Oberprima als „Versuche“, nicht „die Reife der Vollendung“ als Gemeinschaftswerk und zur Stärkung der Schulgemeinschaft entstanden.

Die Anregung hatte im Mai 1919 der Schulleiter Dr. Hermann Hegenwald (geb. am 8.5.1884) gegeben. Er war 1918 als Lehrer der Fächer Deutsch, Französisch, Philosophie und Religion über die Stationen Danzig und Königsberg, als Direktor in Sondershausen (Thür.) und Herford in sein Amt berufen worden. Bei seiner Einführung hatte er noch erklärt, eine Schule habe eine „allgemeine Bildungsgrundlage für die besondere Berufsausbildung“ zu geben, eine Mädchenschule habe „d i e k ü n f t i g e H a u s f r a u u n d M u t t e r z u e r z i e h e n.“[414] Das Jahrbuch passte in die neue Zeit. Am 19. Januar hatten bei den Wahlen zur Deutschen Nationalversammlung zum ersten Male in Deutschland Frauen, die Mütter der Schülerinnen, das Wahlrecht ausgeübt. Jetzt wählten die Schülerinnen der Klassen OI–UII der Studienanstalt und der Abschlussklasse I des Lyzeums [wie U II]

> nach dem allgemeinen, geheimen, direkten Wahlrecht je eine Schülerin in den Jahrbuch-Ausschuß. Es folgte die erste Sitzung dieser Auserwählten unter der Leitung des Direktors. Eine nicht geringe Feierlichkeit schwebte über der kleinen Versammlung, man wußte nicht recht, sollte man sich bedrückt oder gehoben fühlen durch die neue Würde, mit der man angetan war.[415]

Der Erwartung, den „Schmerz über das Unglück des Vaterlandes“ angemessen auszudrücken, stellten sich auch einzelne Schülerinnen in ihren Beiträgen,

Abb. 20: Erstes Jahrbuch

Magdalene Hesselmann, (U I) im Bericht über den 38. Kongress der Inneren Mission: „Welche Aufgaben warten der Inneren Mission nach dem Zusammenbruch unteres Vaterlandes?“ Magdalene Hesselmann hatte in der Predigt[416] die Verkündigung „arbeitsreicher, herrlicher Zeiten“ im Streben „zu wahrem Menschentum“ als Ausdruck der Hoffnung verstanden für alle, „die in der Zukunft für unser tief gesunkenes Volk gar keinen Lichtblick sehen, nichts als einen schwarzen, gähnenden Abgrund“. Das war ein Konzept Innerer Mission, das in der sozialen Frage auf die Not der Menschen sah. Die Beschreibung des Vortrages, den Reinhold Seeberg[417] gehalten hatte, mündete in die Forderung nach „innerer Erneuerung“, die „unserem Volke so not“ tue. Die Betrachtung der sozialen Not als ein geistliches Problem war zu einem politisches Programm geworden, um die Revolution von 1918 zu überwinden. „Kraft, ... Bewegung, ... Die frische, lebendige Art der Vortragsweise, diese sprühende Begeisterung und überzeugende Gewißheit, ... gewaltiger Ernst“: das klang schneidig.[418]

Magdalena Hesselmann war Pfarrerstochter, brachte aus dem Elternhause und dem Religionsunterricht fachliche Vorkenntnisse[419] mit. In der Schule hatte sie gut gelernt, auf Inhalte und auf Äußerungsformen zu achten, das stellte sie unter Beweis. Ihr imponierte der forsche Ton Seebergs. Auch die Kreissynode Bielefeld sah die soziale Not als ein primär geistliches Problem. Nach der gebotenen „Pflege der aus dem Krieg zurückgeflutete[n] Jungmännerwelt“ folgten im Bielefelder Aufgabenkatalog Innerer Mission gleich die Abgrenzung gegen „religiöse Strömungen der Gegenwart“, „Verstärkung der Evangelisation und Apologetik“.[420]

Das Jahr 1919 hatte noch keine Normalität in der Versorgung mit Lebensmitteln gebracht. „Wuchertum“ und „Schleichhandel“[421] drückten die Kritik an den Verhältnissen aus. Dies nahmen radikale Gruppen – „Spartakusleute“ –, die mit dem Weg in die parlamentarische Demokratie nicht einverstanden waren, zum Anlass, in der Öffentlichkeit für ihre Ziele zu werben. „Am Sonnabend, dem 28. Juni, zwangen sie die Händler auf dem Wochenmarkt, ihre Lebensmittel unter Preis zu verkaufen, ohne dass die Behörden reagieren konnten.“[422] Den darauf folgenden Montag kam es auf dem Kesselbrink zu einer Demonstration, im weiteren Verlauf ereignete sich die Explosion einer Handgranate, die ein Todesopfer und 16, davon 6 schwer Verletzte forderte. Streiks schlossen sich an. „In der Nacht zum Dienstag, dem 1.Juli, rückte das 1.Bataillon des westfälischen Freikorps Gabcke [...] in Bielefeld ein [...] Über den Stadtkreis Bielefeld wurde der verschärfte Belagerungszustand verhängt“, der mit einem Versammlungsverbot verbunden war. Am 1. Juli

> schoß die Besatzung des Rathauses scharf in eine Ansammlung auf dem Rathausplatz und verletzte dabei einen Lehrling. Nachmittags erschoß ein Zeitsoldat [als Angehöriger des Freicorps] in der Niedernstraße einen 20jährigen Arbeiter aus 3 bis 4 Metern Entfernung mit dem Karabiner, weil der Arbeiter der Aufforderung, weiter zu gehen, nicht nachgekommen war.[423]

Ingeborg Kühn (U I) verfasste über diese politische und sozialen Krise einen Bericht im Jahrbuch, der auf die mit den Ereignissen verbundene Spannung abzielte. Sie habe bei der Mathematikarbeit die Schüsse gehört. „Und schon öffnet sich die Klassentür, und verheißungsvoll stehen die Haare des Eintretenden zu Berge, während er verkündet: „Frei, das Rathaus wie der Kesselbrink sind zu meiden!" Zwischen Kesselbrink und Rathaus lag die Schule. „Aha! Also Putsch!"[424] Die Verfasserin beschreibt den Weg zum Rathaus, ein Maschinengewehr auf dem Rathausbalkon und einen Soldaten, „was machte der Soldat da eben für'n bissiges Gesicht!"

Abb. 21: Erika Staeckelberg O III (1. Jahrbuch, S. 25)

Sie berichtet über eine politische Rede:

> Und schon hat ein Jüngling, – 20 Jahre mag er zählen –, die Rathaustreppe erstiegen, und redet, – die Hände in den Hosentaschen –, redet da mit höchstwichtiger Miene von „nicht gefallen lassen“, redet von Freiheit, Ungerechtigkeit, Regierung absetzen etc. Ich glaube, er wußte selbst nicht recht, was er alles redete. Na, die's gehört hatten, wußten's auch schon nicht mehr, als sie schrieen: hurra ! hurra!

Ingeborg Kühn betrachtet die Menschen um sich herum:

> Unten ziehn sie in Trupps daher, die Rotbeschleiften, und giftige Blicke sprühen aus ihren Augen, sodaß man bei ihrem Anblick, je nach Veranlagung, etliche Schritte zurückweicht. Hier also schiebt und drängt man sich herum, jeden zweiten Menschen für einen Spartakisten haltend, [...] die Blicke erwartungsvoll auf das Maschinengewehr gerichtet, das uns aber den Gefallen nicht tut, mal loszurattern.

Der Weg Richtung Kesselbrink führte wieder an der Schule vorbei, aus der „sich mehrere schulranzenbepanzerte Schlangen schlängeln, bestehend aus den Jüngsten der Schule. Zwei und zwei ziehen sie sittsam dem schützenden Führer nach. Eine Schlange biegt herum auf die Bahnhofstraße.“ Am Jahnsplatz haben sich viele Neugierige versammelt, „und da man auch neugierig ist, macht man ebenfalls halt, um irgendwo etwas Neues aufzuschnappen“. Sie ersetzte die Härte der grausamen Fakten im Bericht über die blutigen Ereignisse am Kesselbrink durch das Stilmittel der Übertreibung:

> Und schon kommen auch zwei stolze Tertianerinnen angestürzt, die natürlich „mitten drin“ gewesen sind und sich gegenseitig an Redewasser übersprudeln. Natürlich hatten sie „beinah“ einen Schuß gekriegt, der nachher einem anderen „beinah“ den Kopf und einem dritten „beinah“ beide Beine abgerissen hatte ! Dreißig Tote lagen da mindestens schon ! Das Blut spritzte man so ! – Bei jedem Schuß rast die unruhige Menge etliche Schritte vorwärts, und sobald er verhallt ist, bleibt man wiederum zu Gruppen vereinigt stehen.[425]

Sie fasste den Bericht in Gedichtform zusammen:

PUTSCH

Ri, ra, rutsch,
Das ganze nennt man Putsch !
Auf 'm Markt man wirft mit Kohlesköpfen,
Mit Steckrüben und Blumentöpfen !
Ri, ra, rutsch,
Das ganze nennt man Putsch !

Die Schule wird vor Schreck geschlossen,
Weil draußen jemand hat geschossen!
Ri, ra, rutsch,
Das ganze nennt man Putsch !

Anstatt nun schnell nach Haus zu gehn,
Bleibt man natürlich zehn Mal stehn.
Ri, ra, rutsch,
Das ganze nennt man Putsch !

Ist man am „Schlachtfeld“ angelangt,
Man um sein bischen Leben bangt.
Ri, ra, rutsch,
Das ganze nennt man Putsch!

Hier schießt man, schleudert Handgranaten
Auf rotbeschleifte Putschsoldaten!
Kinder, ich reiße aus!
Nach Haus, nach Haus, nach Haus !

Lore Bock (UI) steuerte zur ‚Kunstgeschichte' eine politische Erkenntnis bei. Sie hatte im Oktober 1918 Bilder von Hodler* gesehen, dem ‚Vater des Expressionismus'. Die Revolution der Expressionisten nannte sie „ein Zurück zum Primitiven, ein[en] Sturz alles Bestehenden, eine Revolution. So ist der Ring geschlossen vom Primitiven ausgehend wieder hineinmündend ins Primitive. [...] Eine Revolution bringt immer erst späte Früchte."[426] Der Jahrbuch-Ausschuß machte „mit Vergnügen" seine „Unabhängigkeit gelegentlich geltend". „Das Jahrbuch war eben ganz unsere Sache [...]."[427] Das erste Jahrbuch enthielt nur Beiträge von Schülerinnen und aus allen Jahrgangsstufen. Sophie Seydel OI, Martha Rothweiler UI, Edith Birkholz OIIa, Marie-Luise Schönfeld OIIb, und Lili Munscheid UII und Magdalene Ziegler Lyzeum Klasse I. haben im Jahrbuch-Ausschuss die Beiträge ausgewählt.

Paul Lindner sah einen Zusammenhang mit der längerfristigen Entwicklung der Schülerinnen:

> Wir Lehrer des Deutschen bemerkten schon seit Jahren, mehr und mehr sich steigernd, einen freieren Fluß der Rede, persönlichere Anteilnahme, stärkere Betonung des eigenen Erlebens in Wort und Schrift, namentlich auch im Aufsatz. Das mag allgemein im Zusammenhang stehen mit der starken geistigen Aufwärtsbewegung, die in unserem Volke im Gange ist.

Lindner sah in ausdrücklicher Distanz zu den neu eingeführten Mitwirkungsmöglichkeiten der Schülerinnen auch eine größere Nähe zwischen Schülerinnen und Lehrern im Vertrauen,

> das sich nicht durch Schülerräte und Elternräte gebildet hat, sondern einfach dadurch, daß wir Lehrer unseren Kindern nicht mehr gegenüberstehen mit dem falschen Glorienschein erborgter Allwissenheit und Unfehlbarkeit um den Kopf, sondern als Menschen mit warmem Herzen. Das war nicht immer und nicht überall so.

Darauf gerichtete Kritik, die Schule wolle „ganze Klassen von Dichtern und Malern heranziehen" hatte er schon vor dem Erscheinen des Jahrbuchs kennengelernt und zurückgewiesen."[428] Er sprach dem Kritiker – er nannte ihn „Neunmalweisen" – grundsätzlich die Fähigkeit ab, die Wirklichkeit vorurteilsfrei wahrzunehmen.

---

* Ferdinand Hodler (1853-1918).

Ruth Florsheim 1970
(1900-1998, Abitur 1920)

Ruth Florsheim, die zum ersten Jahrbuch eine Graphik beigesteuert und 1920 Abitur gemacht hatte, sprach 50 Jahre später die Abiturientinnen an:

> So unglaublich es Euch „Heutigen" scheinen mag: im Zuge der Spirale, die so oft Entwicklungen darstellt, liegt Euer Ausgangspunkt direkt und nahe über unserem von damals. Die Soldaten: Väter, Brüder, Verlobte waren oder waren nicht zurückgekehrt. Wir Mädchen, durch Zuerkennung des Wahlrechts politisch großjährig geworden, fühlten schwere Verantwortung; in Demütigung, Hunger, Inflation und Not der Nachwehen des verlorenen Krieges verschlang die Revolution nicht nur ihre Kinder, sondern riß auch reine Saat noch vor dem Keimen wieder aus. Beim Abitur servierte uns der Bürgerkrieg des Kapp-Putsches[429] in die Mathematikarbeit hinein Maschinengewehrstöße vom Jahnplatz, – eine erste, keineswegs letzte Erfahrung –. Wir waren radikale Weltverbesserer, ebenso entschlossen und produktiv wie Ihr.[430]

Abb. 22: Ruth Florsheim
(1. Jahrbuch S. 32)

Die Gratulation zum 90. Geburtstag berichtete auch von ihrem Leben:

> Ruth Florsheim ist eine Frau mit viel Herz und Ausstrahlung, deren Fröhlichkeit, geistige Beweglichkeit, Engagement und Toleranz faszinieren. Insbesondere dann, wenn man weiß, welch schweres Leben sie hinter sich hat. Die meisten ihrer Angehörigen verlor sie durch die Verfolgung der Juden während der Naziherrschaft. Sie selbst emigrierte 1933 nach Italien und landete nach vielen Monaten der Unsicherheit und Ungewißheit schließlich in Palästina.

Einen Teil ihrer Jugend hat die gebürtige Dortmunderin in Bielefeld verbracht, wo sie [in der Kaiserin Auguste Viktoria-Schule, dem jetzigen] Bavinkgymnasium ihr Abitur machte. Anschließend besuchte sie die Werkkunstschule in Dortmund und studierte in Berlin. Dort war sie dann in der Buchgrafik tätig.
In Jerusalem gründete und leitete Ruth Florsheim die Buchgrafikklasse der „New Bezalel Academy". Bis 1950 hielt sie im Rahmen eines Reise-Kulturauftrages Rundfunkvorträge in Italien, der Schweiz und Frankreich.
1952 kehrte sie aus gesundheitlichen Gründen nach Deutschland zurück. Mit über 50 Jahren – als Künstlerin und Publizistin international anerkannt – begann sie, in Heidelberg Soziologie, Geschichte und Kunstgeschichte zu studieren. Ihre Lehr- und Vortragstätigkeit führte sie von 1957 bis 1965 in die USA.
In Bielefeld ließ sie sich 1969 nieder. Die Gründung der Arbeitsgemeinschaft Bielefeld der Deutsch-Israelischen Gesellschaft im Jahre 1975 geht auf ihre Initiative zurück.
Ebenso ist sie – bis heute – in der kleinen jüdischen Kultusgemeinde aktiv, die sie zum Beispiel im Jugendwohlfahrtsausschuß vertritt. Wenn dieser sich zu Beginn einer Legislaturperiode neu konstituiert, hat Ruth Florsheim als ältestes Mitglied stets zunächst den Vorsitz.[431]

„Zweites Jahrbuch der Kaiserin Auguste Viktoria-Schule Bielefeld 1921"

Das zweite Jahrbuch nannte im Vorwort für den Jahrbuch-Ausschuss Kara v. Borries[432] (OI) im Vergleich zur vorangehenden Ausgabe „sehr viel bescheidener", es machte äußerlich nur noch wenig her: einfacher Karton als roter Umschlag, als Papier einfache Qualität, nicht holzfrei, schlichter einfarbiger Druck, keine Sondermajuskeln zu Anfang eines Beitrags, nur sechs Klischees, sonst Fertigdekoration aus dem Setzkasten, im Umfang 40 Seiten, keine öffentliche Ankündigung in der Presse. Es erschien erst am Ende des ersten Quartals 1921 auf Beschluss der Schulgemeinde. „Ein Jahrbuch der Primen und der ersten Klasse, nicht der ganzen Schule, soll erscheinen. Die anderen Klassen können Beiträge einliefern. Die abgehenden Schülerinnen bitten um die Beteiligung der Lehrer."[433] Verglichen mit den Kosten des Ersten Jahrbuchs dürfte nach den Preisen von Dezember 1919 der Aufwand bei der Hälfte gelegen haben. Beide Ausgaben wurden aus Beiträgen der

Elternschaft finanziert. In dem verringerten Aufwand spiegelte sich ihre verschlechterte wirtschaftliche Lage. Unklar ist, ob die Redaktion des Jahrbuchs oder seine Finanzierung den erhöhten Zeitbedarf erzeugt hat. Die erste Seite widmete das Jahrbuch dem in die Pension ausscheidenden stellvertretenden Schulleiter Professor Dr. P. Wolf, die nächste füllte Direktor Hegenwald mit einem nicht adressierten Aufruf, der in die Sprache auch seltene Sprechformen wie die des Gerundivums aufnahm und im vorletzten Absatz feststellte: „keine Selbstgefühle irgend eines Könnens.“ Und abschließend:

> Zaghaft wagendes Hervortasten und gläubiges Hoffen soll sich in dem bunten Gewebe der folgenden Blätter vor uns ausbreiten in dem letzten Gefühl, das heute mehr denn je alle Fäden sich wirksam einzufügen haben in die Volks-, Vaterlands- und Menschengemeinschaft, die uns trägt, und der wir dienen. Direktor Dr. H. Hegenwald.

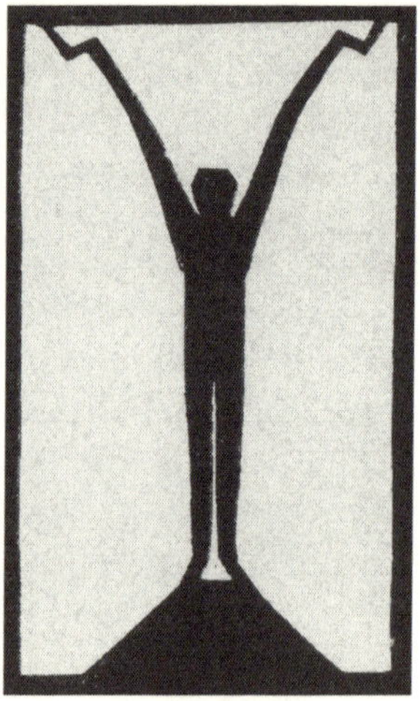

Abb. 23: Erna Obermeier, O II, Scherenschnitt (2. Jahrbuch, S. 3)

Die Begriffe Volks- und Vaterlandsgemeinschaft hatten Konjunktur, die Berufung auf die „Menschengemeinschaft“ öffnete die Enge der voranstehenden Worte. Es war ein Versuch, Kants Gedanken vom „Ewigen Frieden“ aufzunehmen.[434] Die Datierung Bielefeld, am Gedenktage der Gründung des Deutschen Reiches 18.1.1921, drückte den Wunsch nach Erhaltung des Reiches, den allgemeinen politischen Grundkonsens im Bürgertum aus. Kara von Borries stellte die grundsätzliche Übereinstimmung mit den Normen der Erwachsenen voran:

> Beides, Pflichttat im Alltag und großes, freies Aufwärtsstreben muß zusammenkommen, wenn wir für Volk und Vaterland und für unsern engeren Menschenumkreis dienstbar werden wollen. Unserer Schule danken wir von Herzen dafür, daß sie uns nach beiden Richtungen hin angeleitet hat. Auf uns wartet eine große Aufgabe. Wir haben Deutschlands schwerste Zeit in unseren jungen Jahren miterlebt, das wollen wir nicht vergessen. Wir sind deutsche Mädchen. In diesem Bewußtsein liegt unser Stolz und unsere ernste Pflicht.

Das war der Ausdruck von Patriotismus, der begleitende Neuanfang „großes, freies Aufwärtsstreben“. Mitglieder des Lehrkörpers wirkten auch im Ausschuss mit.

> Die Auswahl und Anordnung der Gedichte, Skizzen und Zeichnungen wurde wie im vergangenen Jahr durch einen Schülerinnen-Ausschuß getroffen, hilfreich beraten und unterstützt von unserm Herrn Direktor und andern Mitgliedern des Lehrkörpers. Wir waren alle mit Begeisterung dabei. Auch unsere Lehrer hatten wir um kleine Beiträge gebeten, die uns Begleiter und Erinnerungen im späteren Leben sein sollen. Wir freuen uns ganz besonders über diese Beiträge und sind unsern Lehrern und Lehrerinnen auch hierfür von Herzen dankbar.

Abiturientin Magdalen Hesselmann versuchte im „Ausblick (salus publica suprema lex)“* auch eine politische Perspektive auszumachen. Sie führte die neukonservative Idee der völkischen „Gemeinschaft“ bis zu Schleiermacher in seiner Autorität als „Kulturphilosoph“ und „Ganzheitstheoretiker“[435] und zu Fichte, setzte die Lebensphilosophie gegen die rationale Auffassung von Staat und Nation.

> Da genügt es nicht, die nationale Idee im Gedanken und Begriff zu erfassen, sie muß erlebt werden. Denn allein aus ursprünglichem Erleben dieser Idee kann der Glaube an das Vaterland hervorgehen“

und zeigte auf, die neue Zeit habe der deutschen Frau

> neue Wirkungsbereiche eröffnet. Mag sie sich im öffentlichen Leben betätigen oder in dem ihr ureigenen Gebiet der Familie – überall kann sie kraft ihres Frauenwesens, nämlich auszugleichen, zu schlichten, unserm Volk vor allem das eine, was ihm heute besonders nottut, schenken: Sinn für Gemeinschaft![436]

Gemeinschaft war ein utopisches Ziel, in dem die im Alltag erfahrenen sozialen, wirtschaftlichen und politischen Widersprüche aufgehoben schienen; zugleich ein „Kampfruf“ der „romantisch-irrationale[n] Elemente des Bürgertums“, die der „Gesellschaft“ „als einem Gebilde von Menschenhand

---

* „Das öffentliche Wohl sei oberstes Gesetz“. Abwandlung von „Salus populi suprema lex“. Cicero, de legibus, III, 3.8.

mißtrauten“[437]. „Gemeinschaft“ war im privaten Bereich mit Wohlgefühl verbunden, darüber hinaus blieb der Begriff unbestimmt und damit inhaltlich leer.

Zeit. Vaterland. Deutsch.

Auf den Seite 30-36 sind zehn Lehrerbeiträge abgedruckt. Otto Bauer zielte mit dem Begriff der Brüderlichkeit auf die Innenpolitik.

> Wenn deutscher Geist [...] der Freude alle Herzenstore öffnet; dem ärmsten und geringsten Volksgenossen die unbeschränkte Achtung vor der Würde und vor dem Werte menschlicher Persönlichkeit in echtem Brudersinn entgegenbringt – so müßt es wahrlich mit dem Teufel zugehn, wenn Deutschland nicht sein Ostern neu erlebte!

Die politische Lage Deutschlands sah er als Totenruhe; erkennbar ist sein Versuch, den Gedanken der Solidarität dem Gemeinschaftsbegriff anzunähern.

Anne-Marie Morisse stimmte in den Grundkonsens ein, die aktuelle politische Lage als außenpolitische Krise zu sehen, die Jugend sei die Hoffnung in „des Vaterlandes [...] schwerster Schicksalsstunde“. Sie appellierte an die Abiturientinnen und forderte „Denkend, fühlend, handelnd habt unverrückt das eine Ziel vor Augen: Den Wiederaufbau unserer Nation!“ Den Primanerinnen hatte sie die Aufsatzthemen: „Die Bedeutung der grossen Persönlichkeit in der Geschichte“ (Herbst 1920) und zur Reifeprüfung Ostern 1922 „Ein Mahn- und Trostwort an das deutsche Volk im Dunkel der Gegenwart: „Lasset uns, liebe Brüder, mit fröhlichem und getrosten Herzen auch mitten unter der dunklen Wolke arbeiten; denn wir arbeiten an einer großen Zukunft.“ (Herder)[438]

Karl Mönkemeyer füllte eine ganze Seite mit „Der Germanen Not.“ Die Schülerinnen hatten ihn gebeten, „etwas Deutsches“ zum Abschied zu schreiben. Erhalten haben sie eine vage völkische Sicht auf die Geschichte der Völkerwanderung, des Mittelalters, der aktuellen Zeitverhältnisse und das Rezept: „Nur einfacher deutscher Sinn und schlichter deutscher Glaube führen uns aus unserer Not heraus. Diesen deutschen Glauben kann auch der Einfachste unter uns haben, wenn er nur in seinem Volkstum wurzelt.“ Die Absage an Rationalismus ist deutlich, ein programmatischer Antisemitismus klingt an. Der Lärm des gerade beendeten Krieges drang nach innen bei „dem Kampf um deutsche Art, um deutsches Recht und deutsche

Gottesverehrung". „Die Kämpfer" seien „schon angetreten, die ersten Streiche [...] schon gefallen": die grausamen Weltkriegswaffen in die Ritterzeit romantisch entrückt, im Hintergrund vielleicht auch die Freude über die Ausschaltung politischer Gegner.[439]

Paul Lindner zielte auf die „Gegenwart", so hatte er die Zeit nach „dem Krieg" und außerhalb „der Last des Friedens" genannt. Er nahm den Ton seiner Rezension des ersten Jahrbuchs auf: „Schöpferische Jugend! Unausgeglichen sind die Kräfte, überschäumend und keck untermißt sie die Abstände, stürzt, erhebt sich wieder und steigt aufwärts. „Leise und fast unmerklich" habe sich auch das Gesicht der Schule geändert. Seine positive Sicht wiederholte er mit den Worten des Hans Sachs in Wagners Meistersingern „Ihr schlosset nicht im gleichen Ton: das macht den Meistern Pein; doch nimmt Hans Sachs die Lehr' davon, im Lenz wohl müss' es so sein."

Elli Lohmann nahm die Zeitenwende an; sie schrieb in einem „Wort der Kunstbetrachtung":

> Heftig und wild erscheint dir oft die neue Kunst! Da ist nichts Ruhendes und Behagliches darin, es gärt und tastet und ringt nach neuen Ausdrucksformen. Wär' es wohl anders möglich in dieser Zeit der Revolution und des Umschwungs? Nach Verinnerlichung und Vertiefung geht das ganze Streben von heute.

Gegen das Verharren in der Vergangenheit forderte sie dazu auf, „versuche, mit deiner Zeit mitzugehen und bewahre dir die innere Beweglichkeit, die die Kinder haben. Du nimmst einen Schatz mit ins Leben hinaus, der dir immer lieber sein wird, je länger du ihn hast und der dir stets Licht und Freude in den Alltag bringen wird."

Handarbeitslehrerin Laura Wagner stellte den Schülerinnen Arbeit „in reichem Maße" in Aussicht. Jedem „Vaterlandsfreunde" müsse „ein Aufstieg Deutschlands am Herzen" liegen. Sie bat alle, ihr „bestes Können und Schaffen in den Dienst des Vaterlandes zu stellen und durch treue Arbeit Deutschland wieder einen Platz an der Sonne zu erwirken". Die Selbsttätigkeit der Schülerinnen sollte sich in der Unterwerfung unter die Normen der Erwachsenen erschöpfen.

Luise Vorländer riet zum „Miterleben von Kunst", Hanna Berendes bezeichnete die „dienende Liebe" als „Schlüssel zum Menschen" und Paula Jerrentrup gefiel das Wort „treu" am besten; die Wörter Zeit, Vaterland und Deutsch kamen bei ihr nicht vor. Direktor Hegenwald hatte eingangs die „Volks-, Vaterlands- und Menschengemeinschaft, die uns trägt, und der wir dienen" beschworen. Seine lyrischen „Stammbuchblätter" blieben auf zwei Seiten ohne diesen Bezug und ohne die Wörter „Zeit, Vaterland und Deutsch". Hegenwald geriet im Laufe des Jahres 1922 in einen offenen Konflikt mit einer Gruppe, später dem überwiegenden Teil des Lehrerkollegiums und der Elternschaft. Konfliktgegenstand war die in den Jahrbüchern offenbar gewordene freie Arbeit der Schülerinnen, die erkennbar von der überlieferten Rollenverteilung zwischen Lehrer und Schülerinnen abgewichen war:

> Ich kam 1918 als noch nicht 34jähriger Direktor an die Schule" führte Hegenwald aus, [...] und vielleicht hatte „auch meine Jugend daran Schuld, daß meine Art, mit den Mädchen umzugehen und sie persönlich und individuell zu fördern, bewußt und unbewußt mehr den Gesichtspunkten etwa der freien Schulgemeinden[440] entsprach als bei einer großen geschlossenen Schule und bei den vielen Möglichkeiten zu Mißverständnissen und Mißdeutungen möglich war.[441]

Diese Reflexion dürfte Hegenwald erst im Nachhinein angestellt haben. Er ließ sich zum 1. April 1923 an eine staatliche – das heißt vom preußischen Staat unterhaltene – höhere Jungenschule in Göttingen versetzen.

In Häufigkeit und Intensität der nationalen Appelle unterscheiden sich beide Jahrbücher. Deutlich treten im zweiten Jahrbuch neukonservative Formeln hervor, undeutlich bleibt die Hinwendung zur Demokratie. Das erste Jahrbuch erschien am Ende des Jahres 1919, als der Friedensvertrag von Versailles unterzeichnet, aber der Umfang der wirtschaftlichen Belastungen noch offen war, der sich aus den Reparationsforderungen ergeben sollte. Von 1920 an verhandelte die Reichsregierung über die Höhe der Reparationszahlungen, in Volksabstimmungen sollte über den Verbleib einzelner Grenzgebiete im Deutschen Reich entschieden werden. Zum Kapp-Putsch bezogen die Bielefelder Stadtverordneten gegensätzliche Positionen zwischen republikanisch-demokratisch und antidemokratisch-monarchistisch.[442] Er scheiterte als Versuch einer Gegenrevolution, das Militär, insbesondere die Freikorps, „die eben noch den Kapp-Putsch unterstützt hatten, waren im benachbarten Ruhrgebiet blutig gegen streikende Arbeiter vorgegangen. Die Zahl der Toten, „die die Ruhrarbeiter zu beklagen hatten, ist niemals genau ermittelt worden. Sie lag mit Sicherheit weit über 1000"[443]. Die wirtschaftliche Lage auch der Schülerinnen aus zuvor gutsituierten Familien beobachtete Wilhelm Warning und deutete die Zusammenhänge:

Sehr einschneidend wirkten sich die Inflation und die Ruhrbesetzung aus. Nicht nur verließen viele Schülerinnen aus wirtschaftlichen Gründen in den Jahren 1922/23 die Schule[444], sondern es hatten auch die zurückbleibenden größtenteils kaum mehr die Mittel, sich die nötigen Schulbücher und Hefte zu verschaffen. In der Not mußte die Schule nach Kräften helfend eingreifen. Sie veranstaltete Geldsammlungen zur Unterstützung bedrängter Schülerinnen, gründete eine Hilfsbücherei und errichtete eine Austauschstelle für Schulbücher. Bei der schlechten Ernährungsmöglichkeit kam ferner vielen Schülerinnen die von den amerikanischen Quäkern eingerichtete Speisung zustatten.[445]

Das öffentliche Austeilen von Essensportionen war nicht ungewöhnlich in Deutschland und kam seit der Industrialisierung in der Geschichte der Armut vor. Jetzt hatte die physische Not das Bürgertum erreicht. Freya Lemcke und Hoi-Ying Yiu berichten, dass 27 Kinder der Auguste Viktoria-Schule an der Quäkerspeisung teilnahmen.[446] Unter ihnen war auch Antje Hasenclever.[447]

1923 Auguste Viktoria-Schule: die Anpassung an die republikanische Staatsform?

Hans Ulrich Wehler macht für die Zeit seit dem Beginn der 1920er Jahre einen „Hexenkessel politischer Phobien“[448] aus. Die Westfälische Zeitung ließ mit ihrem Bericht über die Einführung des neuen Schulleiters Willy Schulz aus Soest eine Bielefelder Mischung erkennbar werden.[449] Schulz war von 1907 bis 1912 bereits Lehrer an der Schule gewesen, hatte sich 1917 vergeblich und ohne in die engere Wahl gezogen zu werden, um die Schulleiterstelle beworben[450], 1923 präsentierte ihn Kultusminister Otto Boelitz* dem Bielefelder Magistrat im Austausch gegen die Übernahme Hegenwalds an eine staatliche Schule.[451] Schulz erschien in seiner Antrittsrede gewissermaßen als Vertreter einer schöneren Zeit. Die künftigen Ziele des Mädchenschul-Unterrichts sollten der Knabenbildung nicht gleichartig, wohl aber gleichwertig sein. Schulz schien es angezeigt, die Unterwerfung der Schülerinnen unter die Normen der herrschenden bürgerlichen Gesellschaft zu sichern. Er attackierte das pluralistische Wertesystem[452], rief den Pflichtbegriff auf; die Lehrerschaft habe den Unterricht zunächst einmal nach völ-

* Otto Boelitz (1876-1951), 1915-1921 Direktor des Gymnasiums in Soest, DVP, 1921-1925 Preußischer Minister für Wissenschaft, Kunst und Volksbildung.

kischen Gesichtspunkten zu leiten und das „Pflichtbewußtsein der weiblichen Schuljugend zu stärken", dass sie als Frauen „eine sittliche Neugeburt unseres Volkes herbeizuführen" hätten; die Ablehnung gesellschaftlicher Veränderungen drückte sich in militärischer Wortwahl aus, „die deutsche Frau im deutschen Volkstum zu verankern" und in der Furcht vor neuen Leitideen, den deutsch-nationalen Vorstellungen fremden „undeutschen Idealen". Die reale gesellschaftliche, soziale und politische Vielfalt beschränkte er auf die Vorstellung einer allgemein verbindlichen „deutschen Wesensart", die Gemeingut aller Deutschen werden müsse. Schulz sagte mit dem Ausdruck der Hoffnung – im breiten politischen Konsens über die Notwendigkeit einer Revision des Versailler Vertrages –in einer „Zeit, in der fast jeder Lichtblick fehle", müsse eines Tages kommen, „der unserm Volke die Rettung aus der Not bringe". Im Relativsatz war ein virtueller „Staatsmann" beschworen worden. Der Blick weg von den Politikern, die die schwierigen innen- und außenpolitischen Probleme zu lösen hatten, glitt hin zu einer Vorstellung von Geschichte, die auf ‚die großen Männer' dank einer ‚großen Persönlichkeit' verkürzt war. Diese Betrachtungsweise lud ein zu einem Ausflug in die Vergangenheit, vorbei an den Altären einer vergangenen Zeit. Schulz verknüpfte seinen Wunsch nach grundlegender Verbesserung der außenpolitischen Lage mit einer ‚Leerstelle', die tatsächliche Lage des Reiches und die Möglichkeiten der deutschen Politiker blieben „jenseits einer rationalen Diskussion"[453]. Autoritär verfügte er, bei einer Verstärkung der *„Deutschkunde"* seien die Schülerinnen künftig „nicht nur zu Trägerinnen des religiös-sittlichen Gedankens, sondern auch des nationalen Gedankens [...] zu erziehen". Mit der „Aufgabe der Wiederaufrichtung unseres Reiches" steige sie „zur ebenbürtigen Mitarbeiterin" auf. – Weiter sollte die Gleichberechtigung von Mann und Frau nicht gehen. Die künftige Frau müsse mehr mit „praktischen Kenntnissen, insbesondere mit mehr Mathematik in der Oberstufe" und im „Handarbeitsunterricht" ausgestattet sein, dass sie „den Lebenskampf in der Tat auch bestehe." Handarbeitsunterricht war das Kernfach zur Vertiefung des traditionellen Rollenbildes junger Frauen.

Die Ansprache war inhaltlich unkonkret geblieben und hatte sich nicht auf den Deutsch- oder Kunstunterricht ausgewirkt, wie schon dargestellt. Es erschienen keine weiteren Jahrbücher, im Herbst 1924 gründete sich auch an der Auguste Viktoria-Schule eine Schulgruppe des Vereins für das Deutschtum im Ausland mit der Maßgabe, eine deutsche Schule in Fellin in Estland zu unterstützen. Gelegentlich flammte halböffentlich ein Funken Kritik an den herrschenden Verhältnissen auf, so in der Klassenzeitung „Klassenquerschnitt" einer U II 1927, als die Schülerinnen ihre Kritik an der fehlenden

Gleichberechtigung mit den Mitteln des Lateinunterrichts ausdrückten. Das Lateinische kennzeichnet die unterschiedliche Rechtsstellung von Mann und Frau mit zwei Verben: „nubit": eine Frau lässt sich dem Manne zuführen, „sie heiratet"; der Mann handelt selbständig und zielbewusst „in matrimonium ducit": er „führt" [die Frau] in die Ehe, „er heiratet". Die Schülerinnen der U II übersetzten „heiraten, (vom Mann gesagt)" in ihrer Sichtweise mit „in *martyrium* ducere".[454]

Seit 1922 war die preußische Regierung im Zuge der Entwicklung und Durchsetzung von Schulreformen daran interessiert, Städten die Trägerschaft einzelner Schulen abzunehmen. In Bielefeld wurde zunächst die Cecilienschule in Betracht gezogen, später auch die Kaiserin Auguste Viktoria-Schule.[455] Die Stadt hätte sich gern der Kosten einer Schule entledigt. Im Zuge der Klärung von Einzelheiten kam es im März 1923 zu einer Konferenz in Berlin, deren Protokoll beim Leiter der Cecilienschule Dr. Karl Hahn auf Kritik stieß. In den Mittelpunkt geriet eine Bemerkung, die dem Minister zugeschrieben, von ihm ausdrücklich dementiert wurde[456], die Cecilienschule sei „zu pietistisch und zu nationalistisch" und komme deshalb für eine Verstaatlichung nicht in Betracht. In einem Schreiben an Minister Boelitz vom 4.4.1923 versicherte Hahn, er habe, wo er „bisher Gelegenheit hatte, verkündet", dass der Minister die ihm „zugeschriebene Äußerung „pietistisch und nationalistisch" nicht getan habe. Eine Abschrift erhielt auch Oberbürgermeister Stapenhorst, Vorsitzender des Vorstandes der Kaiserin Auguste Viktoria-Schule. In der folgenden Vorstandssitzung fiel die Entscheidung: „Vorstand schlägt vor, die Schule Auguste Viktoria-Schule zu benennen. Die Genehmigung der Schulaufsichtsbehörde ist einzuholen."[457] Der Magistrat stellte den Antrag, „Auf Vorschlag des Vorstandes der Kaiserin Auguste Viktoriaschule haben wir beschlossen, diese Schule den veränderten Zeitverhältnissen entsprechend „Auguste Viktoriaschule" zu benennen. Wir bitten um Zustimmung."[458] Das Schulkollegium in Münster befürwortete den Antrag, im Ministerium stieß er auf Erstaunen: „Ich kann den Zweck dieser Namensänderung nicht erkennen. Wenn sie eine Anpassung an die republikanische Staatsform darstellen soll, so halte ich die Idee für so komisch, daß ich bitten müßte, von meiner Mitzeichnung absehen zu wollen." Der Minister genehmigte.[459] Ein anderer Bezug als die undeutlichen „Geräusche" im Nebeneinander der beiden Mädchenschulen in der weiteren Schulentwicklung ist in den Akten nicht erkennbar. Die Veränderung hielt sich im Rahmen der Entwicklung von Alt- zu Neukonservativen. Die Verstaatlichung einer Bielefelder höheren Schule kam nicht zustande. Die höhere Mädchenschule setzte die 65jährige städtische Schulgeschichte fort.

1889: Dr. Gustav Gerth: „Die höhere Mädchenschule ist keine bloße Luxusschule"

Bis zum Beginn des 20. Jahrhunderts hatte der preußische Staat geringen Einfluss auf das Mädchenschulwesen genommen, nicht einmal ein Gesetz geschaffen, das den Städten einen Rahmen gegeben hätte.

> Ja es ist ja geradezu ein Ruhm unserer städtischen Verwaltungen, daß sie und nicht der Staat mit richtiger Einsicht und großer Opferwilligkeit gerade die Sache der Höheren Mädchenschulen so herrlich gefördert haben. Auch Bielefeld wird nicht zurückbleiben in der Fürsorge für die Bildung und Erziehung seiner Mädchen.[460]

Diese Sätze zeigen die Übereinstimmung zwischen Dr. Gustav Gerth, dem neuen Leiter der städtischen Mädchenschule und Oberbürgermeister Gerhard Bunnemann. Dieser hatte über Gerth in Bromberg fünf Gutachten eingeholt, besonders der Hinweis auf Erfahrungen in der Weiterentwicklung der Mädchenschule in Bromberg reizte ihn wohl. Die Übereinstimmung beider Männer in den Zielen und Methoden künftiger Mädchenbildung in Bielefeld wird sichtbar in einer Art „Vereinbarung zur Schulentwicklung", in der Gerth Aussagen über Schul- und Unterrichtsorganisation, Lehrplan- Schul- und Personalentwicklung in einem Gutachten auf 35 Seiten verknüpfte, die sich Schulvorstand und Magistrat zueigen machten. Insofern lässt sich die Entwicklung der höheren Mädchenbildung in Bielefeld im Wechselspiel zu kommunalen Strukturen, innerstädtischen Interessen und Konflikten beobachten.[461] Die Stadt stellte die Mittel zur Verfügung, um durch gedruckte Jahresberichte[462] regelmäßig über die Schule zu informieren. Gerth hatte hier die Gelegenheit, die von ihm vorgenommen Veränderungen der Schule darzustellen und zu begründen. Von Anfang an brachte er „die Erziehungsarbeit der Mädchenschule in [...] Wechselwirkung zwischen Haus und Schule" und vermochte „eine engere Verbindung zwischen Schule und Familie herzustellen".[463] Gerth hatte vorgeschlagen, die Schule ab kommendem Jahr (1889) auf zehn Klassen zu erweitern und einen wissenschaftlich, an einer Universität ausgebildeten Lehrer zum Unterricht in neueren Sprachen einzustellen. Oberbürgermeister Bunnemann und der Magistrat folgten diesen Empfehlungen. An die 10klassige Mädchenschule sollte sich ein Lehrerinnenseminar anschließen. Dieses führten die Lehrer der Schule zunächst privat, 1898 übernahm es die Stadt.

Abb. 24: Oberbürgermeister Gerhard Bunnemann (1842-1925)

Oberbürgermeister, Schuldezernent, der Schulinspektor[464] und der Direktor bildeten seit 1858 als ständige Mitglieder, ein Vertreter der Stadtverordneten, ein Vertreter der evangelischen Prediger und zwei Elternvertreter im Wechsel den Schulvorstand und entschieden die äußeren Angelegenheiten der Schule über Empfehlungen an den Magistrat oder die Stadtverordneten. Diese Herren brachten auch persönlich familiäre Interessen ein: Oberbürgermeister Bunnemann führte gewissermaßen die unmittelbare Schulaufsicht durch seine Töchter Minna, Anna, Gertrud und Helene, sie besuchten im Schuljahr 1892/93 die Klassen 1, 6, 8 und 9 wie auch die Direktorstochter Käthe die Klasse 10 der städtischen Höheren Mädchenschule. Der preußische Staat hatte die Verfassung der Mädchenschulen nicht allgemein normiert. Die Finanzierung oblag ausschließlich der Stadt und ihren Familien.

Aus der Höheren Mädchenschule in den Beruf

Eine Berufsausbildung für Absolventinnen der Höheren Mädchenschule war neu. Ein neues Bild der bürgerlichen Frau zeigte sich der Schule, und die Schülerinnen gingen darauf zu: Schülerinnen besuchten 1889 „die Gasanstalt, die Glashütte, die lithographische Anstalt“, im nächsten Jahr „Calow & Co[465], Vorwärts[466] u.s.w.“[467] Die Gasanstalt war seit 1854 ein Betrieb der Stadt.[468] Rose Bertelsmann, Tochter des Direktors der Spinnerei Vorwärts und Stadtrat, wurde als erste zur Lehrerin ausgebildet.[469] Offen bleibt, ob der Vater seine Tochter für den Fall, dass sie ledig blieb, gut versorgt wissen oder nur die zusätzlichen Bildungsmöglichkeiten nutzen wollte.

> Für die vielen Mädchen der Mittelschicht, die sich mit ungefähr 16 Jahren in Seminaren anmeldeten, diente die Lehrerinnenausbildung entweder als Flucht vor dem langweiligen Leben, das sie zu Hause erwartete, oder aber, wie oben erwähnt, als Versicherungspolice für den Falle, dass sie jemals gezwungen sein sollten, ihren Lebensunterhalt selbst zu verdienen.[470]

Die Bielefelder Schule „galt als eine Art Musterschule. Einer norwegischen Direktorin wird sie im Jahre 1889 als vorbildlich zu ihrer Orientierung empfohlen. Das Ministerium wählt sie aus, um die gesamten Hefte nach Chicago auf die Weltausstellung zu schicken. Preisgekrönt kommen sie ein Jahr darauf wieder.“[471] Margarete Budde erinnerte sich an die Anerkennung, die die

Schule bekommen hatte. Zwei Schriftstücke hätten in der Aula gehangen. „Auf die war unser Direktor sehr stolz."[472]

Abb. 25: Anerkennungsmedaille der Worlds Columbian Exposition – Weltausstellung – in Chicago 1892/93. Sie ist mit den Worten „To Maedchen-Schule" der Preisträgerin gewidmet. Augustus Saint Gaudens, Christoph Columbus am 12. Oktober 1492. Columbus' Gesicht als Selbstportrait des Bildhauers. Graveur: Charles E. Barber

Die höhere Mädchenschule entwickelte sich seit dem Jahrhundertwechsel rasch und differenziert. Das höhere Lehrerinnen-Seminar war auf drei, später vier Jahre in Ergänzung der 10jährigen höheren Mädchenschule (1.-10. Schuljahr) angelegt; es entsprach in etwa der Oberstufe eines Realgymnasiums mit pädagogischem Schwerpunkt und schloss mit der Prüfung für das Lehramt an höheren Mädchenschulen und Mittelschulen. Die Prüfung umfasste auch die Kenntnisse und Fertigkeiten in den Fächern Französisch und Englisch. Wer auf diese Fächer verzichtete, konnte als Lehrerin für Volksschulen abschließen. Im letzten Jahr – der ‚ersten' Klasse –, erteilten „die Lehrseminaristinnen in der Seminarschule bei viermaligem Wechsel 4 bis 6 Stunden zusammenhängenden Unterricht, sowie Muster- und Probelektionen in verschiedenen Klassen der höheren Mädchenschule und der Seminarschule."[473] Evangelische (3) und katholische Religionslehre (3), Pädagogik (5), Deutsch (4), Französisch (4), Englisch (4), Geschichte (2), Erdkunde (1), Mathematik und Rechnen (3), Naturkunde (2), Zeichnen (1), Singen (1), Turnen (3) waren die Fächer mit insgesamt 32 Wochenstunden. Über den planmäßigen Unterricht hinaus hatte Direktor Gerth im Einvernehmen mit dem Magistrat die Begleitung kunstgeschichtlicher Reisen in die Nachbarorte und Vorträge angeboten. Nach deren Beendigung kam der Wunsch auf,

> auch fernerhin zur Pflege der Kunst zusammenzubleiben, eventuell zu einem Damenkränzchen zusammenzutreten, das sich einmal im Monat zu einem Vortrag über Kunst u. zur Besprechung von Kunstwerken versammelt. [...].[474]

Der Magistrat genehmigte, dass diese Vorträge „wie bisher in einem Zimmer der städtischen Höhern Mädchenschule abgehalten werden dürfen." In diesem Wechselspiel zwischen Direktor Gerth, den Lehrern der Schule, den Familien der Schülerinnen und dem Magistrat erkannten in Bielefeld die bürgerlichen Frauen im Umfeld der städtischen Töchterschule ihre Wünsche mehr und mehr in den Zielen der Frauenbewegung[475] wieder, uneingeschränkt die Teilhabe an erweiterter Bildung – das hieß hier an der Mädchenschule und im städtischen Schulwesen – zu suchen.

Abb. 26: Abschlussklasse1908, links Dr. Gustav Gerth

Zwanzig Jahre nach seinem Amtsantritt in Bielefeld konnte Gerth bereits die Töchter seiner Schülerinnen begrüßen. 1908 hatte der preußische Staat die Möglichkeiten des Mädchenschulwesens um einen unmittelbaren Weg zum Abitur und damit zum Hochschulstudium ergänzt, Bielefeld richtete 1909 die Studienanstalt ein. Sie führte 1914 zum ersten Abitur. Bei der Feier zum 50jährigen Jubiläum als städtische Töchterschule machte Gerth 1908 auf die veränderten gesellschaftlichen Verhältnisse aufmerksam. Er sprach sich für die Forderungen der Frauenbewegung nach Erweiterung der Mädchenbildung aus. Die höhere Mädchenschule habe ein „erhöhtes Kulturrecht" und der höheren Frauenbildung werde „jetzt" – mit der Studienanstalt – ein „erhöhter Kulturwert beigemessen, „das Verlangen der Frau nach vertiefter Bildung, nach Erschließung neuer Erwerbsmöglichkeiten und nach Eröffnung der höchsten Bildungsstätten" sei wohl berechtigt, erklärte Gerth in seiner Festansprache.[476] An die Stelle des Unterrichts in Pädagogik sollte in der ‚realgymnasialen' Studienanstalt Latein ab Klasse 7 mit 6 Wochenstunden bis zum Abitur treten, der Unterricht in Mathematik und Naturkunde auf je 4 Wochenstunden verstärkt, der in Deutsch, Französisch und Englisch um je eine auf 3 gemindert und grundsätzlich durch Lehrkräfte mit „akademischer Ausbildung" erteilt werden. Diese wurden von allen höheren Schulen gesucht.

Die Bielefelder höheren Mädchenschulen und die kaiserliche Familie 1904

Als 1897 nach 1377 zum ersten Male mit Wilhelm II. wieder in Bielefeld ein Kaiserbesuch[477] anstand, war im Hof der Sparrenburg für Schülerinnen der privaten höheren Mädchenschule kein Platz vorgesehen. 15 Schülerinnen der städtischen höheren Mädchenschule übernahmen protokollarische Aufgaben für die Stadt, unter ihnen die jüdische Schülerin Meta Wertheimer, die übrigen, auch die Schülerinnen der privaten höheren Mädchenschule, standen Spalier.

Die Beziehungen der städtischen zur stiftischen Mädchenschule hatten sich bisher überwiegend durch Rivalität bestimmt, die in unterschiedlich protestantisch-kirchlichen und politischen Haltungen ihren Ursprung hatten.[478] „Nach dem Urteil von Zeitgenossen [war das Verhältnis der Schulen] nicht immer von einem Frosch-Mäusekrieg* verschieden"[479]. Der

* Späthellenische Parodie auf Homers Ilias.

Abb. 27: Kaiserbesuch 1897. In weißen Kleidern 15 Schülerinnen der Städtischen höheren Mädchenschule. Vordere Reihe: Helene Bunnemann (Kl. IV), Anna Kisker (IX), Lucie Utgenannt (IX); in der Mitte Kathe Gerth (V); hinten: 3. v. l. Meta Wertheimer (Kl. II), die Mutter des Klaus Ruedenberg

Postverkehr mit der Städtischen und der Stiftischen Mädchenschule bot – „besonders in ihrer Abkürzung „st." – sooft Veranlassung zu unliebsamen Verwechslungen"[480] und schien geeignet gewesen zu sein, den Ärger über die jeweils andere Schule auszuleben. Gerth schlug dem Schulvorstand vor, „schon in der Firma der beiden Anstalten eine klare und für das Publikum deutlich erkennbare Unterscheidung sichtbar zu machen." Er wies auf den Brauch anderer städtischer Verwaltungen hin, „die Stätten weiblicher Erziehung nach einer edlen Frau zu nennen, die den in der Anstalt zu erziehenden jungen Mädchen als Vorbild weiblicher Tugend voran leuchten" solle. „Von je her führten viele Gymnasien den Namen großer Fürsten und Männer". Gerth zählte Mädchenschulen auf, die Luisen-, Viktoria-, Augusta-, Kaiserin Augusta Viktoriaschule oder Elisabeth-, Charlotten-, Carolinen-, Dorotheen-, Katharina- oder Antoinettenschule hießen. „Bei der bevorstehenden Einweihung des neuen Schulhauses wäre ein geeigneter Anlaß gegeben, die neue Bezeichnung bekannt zu geben und einzuführen." Der Magistrat wählte aus der Vorschlagsliste den Namen mit dem höchsten protokollarischen Rang und beantragte unter Aufzählung der von Gerth genannten Beispiele[481], „daß der höheren Mädchenschule der Name „Kaiserin-Auguste-Viktoria-Schule gegeben werde." Das Schulkollegium holte eine Äußerung des Regierungspräsidenten in Minden ein, befürwortete und überreichte das Gesuch des Magistrats dem Minister, stellte anheim, „das Wort Kaiserin" fortzulassen.[482] Minister Studt beschrieb in seinem Bericht an das Zivilkabinett der Kaiserin die Organisation der Schule, sie werde von etwa 400 Schülerinnen besucht, erfreue sich allgemeiner Werthschätzung und entspreche in ihrem Aufbau, der Zusammensetzung ihres Lehrkörpers und ihren Leistungen durchaus den Anforderungen, welche an eine vollentwickelte öffentliche höhere Mädchenschule gestellt werden müssen. Ihre Majestät geruhte, „daß der städtischen höheren Mädchenschule in Bielefeld aus Anlaß der zu Ostern d.Js. stattfindenden Einweihung eines neuen Schulanbaues der Name ‚Kaiserin Auguste Victoria-Schule' beigelegt wird"[483], Wilhelm IR – Kaiser und König – genehmigte diesen Namen am 25.1.1904. Er verlieh Gerth den „Rothen Adler Orden vierter Klasse am 12. März 1904.[484] Der Vorschlag zur neuen Bezeichnung der Schule war nicht ungelegen gekommen. Die Kaiserin pflegte von nun an die Beziehung zur Schule mit Geschenken, die Schule antwortete mit Huldigungen. Das Kuratorium der stiftischen Schule mochte nicht zurückstehen und erreichte, hingewiesen auf die westeuropäische Schreibweise, 1906 das Namenspatronat der Kronprinzessin Cecilie.

Abb. 28: Stiftische Evangelische Höhere Mädchenschule, seit 1906 Cecilien-Schule genannt, an der Elsa Brandström-Straße. Von 1946 bis 1954 wurden hier im Wechsel beide höheren Mädchenschulen unterrichtet.

Schule und Berufsalltag

Die bürgerliche Gesellschaft hatte vor dem 20. Jahrhundert für ihre weiblichen Angehörigen fast nur die Berufe der Hausdame, der Kindererzieherin und der Lehrerin gekannt. 1914 informierte Direktor Max Robert Kämmerer, der inzwischen die Nachfolge Gerths angetreten hatte, im gedruckt erhältlichen Jahresbericht über den Zusammenhang von schulischer Bildung und beruflichem Fortkommen. Die unterschiedlichen Abschlusszeugnisse der Schule vermittelten unterschiedliche Berechtigungen, das Versetzungszeugnis in die 3. Klasse des Lyzeums gestattete den Übergang in die U III der Studienanstalt.

> Die Studienanstalt führt in 6 Jahreskursen zur Reifeprüfung. Diese verleiht die Berechtigung zum Studium auf der Universität oder der Technischen Hochschule, sowie nach einer Aufnahmeprüfung in Pädagogik zum Eintritt in die Seminarklasse eines Oberlyzeums oder zur Ablegung der Lehramtsprüfung für höhere Mädchen- und Mittelschulen nach einjähriger privater Vorbereitung. Die Primareife berechtigt zur Zulassung zum mittleren Bibliotheksdienst und zur Ausbildung zum Apothekerinnenberuf.[485]

Für die Berufsaussichten nach einem Studium verwies die Schule auf Informationen aus drei Quellen:

> den Preußischen Zentralverband für die Interessen der höheren Frauenbildung (Verlag W. Moeser, Berlin S 14, 40 Pfg.),
> die Zeitschrift ‚Daheim', 50. Jahrgang, Heft 15.
> das Flugblatt der Sektion für höhere und mittlere Schulen des Allgemeinen deutschen Lehrerinnen-Vereins: „Die Vorbereitung der Mädchen auf das Universitäts- Studium."[486]

Die Stadt ergänzte den neuen Zweig ihrer höheren Mädchenschule um einen Erweiterungsbau, in dem neben einem „Hörsaal für Chemie" [...] ein Laboratorium, das [...] Gelegenheit zu Schülerinnenarbeiten bietet", der mit dem Beginn des Schuljahres 1914/15 in Betrieb genommen werden konnte. Mit der Schulreform war auch Reformpädagogik eingezogen.

Der Neuregelung war eine umfassende Neuordnung des Bielefelder Mädchenschulwesens vorausgegangen. 1909 besuchten 760 Schülerinnen die Schule, Schulraum wurde knapp.[487] Der Magistrat sah sich zu einer gründlichen Umgestaltung des Mädchenschulwesens veranlasst und übernahm 1914 auch die bisher private stiftische höhere Mädchenschule. Diese führte die Ausbildung von Lehrerinnen und Kindergärtnerinnen in Ergänzung der höheren Mädchenbildung am Lyzeum, die andere die höhere Mädchenschule mit dem Zweig der Studienanstalt und Frauenoberschule. Die Frauenoberschule war Voraussetzung für die Genehmigung der Studienstufe gewesen. Sie wurde in Ermangelung von Schülerinnen erst 1938 eröffnet.

In der ersten Hälfte des 20. Jahrhunderts geriet das Berufsleben für die Frauen zu einer andauernden Auseinandersetzung mit Männern um die Anerkennung im Beruf, um die bürgerliche und politische Gleichberechtigung, oft ums reine Überleben. Es seien im Folgenden drei Berufsbiographien eingefügt: nach Aktenlage, wie Emmy Cremer in den Beruf der Studienrätin gelangt ist, der Schluss ist schon bekannt. Ilse Bremer veröffentlichte als lokalgeschichtlichen Beitrag in Erhellung der sozialen Strukturen von Schule und Berufsalltag das Interview mit „einer alten Lehrerin“[488], Margarete Budde*. Sie war etwa 10 Jahre jünger als Emmy Cremer, ein Jahr jünger als Thekla Isacson und gleich alt mit Adele Löllmann, verh. Kroppenberg, die ihren ehemaligen Mitschülerinnen berichtete, wie sie sich einen Platz in der Wirtschaft ‚erkämpfte‘. Der erste Weltkrieg verschloss den beiden Lehrerinnen den Weg nach Europa, Adele Löllmann konnte neuartige Berufserfahrungen sammeln.

Emmy Cremer in den Jahren 1902 bis 1914 (1878-1962, Seminar 1898)

Emmy Cremer war 1902 zurückgekehrt an die Schule ihrer Schülerinnenzeit als „wissenschaftliche Hilfslehrerin“. 1906 entschloss sie sich, an der Universität Göttingen über ein Studium ihre Qualifikation zu ergänzen. Das Abschlusszeugnis des Lehrerinnenseminars ersetzte das Abiturzeugnis. Der Magistrat bewilligte ihr den erforderlichen Urlaub gegen Verzicht auf die Fortzahlung der Bezüge, soweit sie zur Besoldung einer Vertretungslehrerin benötigt wurden. Dafür verpflichte sich Emmy Cremer, an die Schule zurückzukehren, oder die erhaltenen anteiligen Bezüge zurückzuerstatten. Sie war zum Zölibat verpflichtet. Die Anstellungsverträge von Lehrerinnen enthielten die Klausel, „dass die Verheiratung der Lehrerinnen die Aufhebung ihrer

* Name geändert. Ilse Bremer verwendet die Abkürzung B. Aus den schulbezogenen Akten können Angaben zu ihrer schulischen und beruflichen Ausbildung hergeleitet werden.

Anstellung zur Folge hat."[489] Nach bestandenem Examen wurde sie 1911 in eine „neu gegründete" Oberlehrerinnenstelle gewählt. Ein geplanter Studienaufenthalt in Frankreich war der Stadt eine Beihilfe wert. „Infolge der am 2.8.14 eingetretenen Mobilmachung erledigt", heißt es, „z[u] d[en] A[kten]. B. 9.8.14."[490] Aus der Rückschau schrieb eine ehemalige Schülerin:

> Sie stopfte kein Wissen in unsere Köpfe, d a z u überließ sie die Initiative uns selbst. Die A n r e g u n g stellte sie über die reine Belehrung, das V o r b i l d über die Erziehung. Der Schlüssel zur Welt und zum Leben, den sie uns zu gebrauchen lehrte, war ihr wichtiger als das Schloß, das wir schon selbst finden würden.[491]

Margarete Budde ca. 1980: „Jetzt, mit 90 Jahren [...]"
(Klasse 1, 1906, Seminar 1910)

Margarete Budde berichtete auch über die Berufsorientierung einiger Mitschülerinnen, die die Schule vorzeitig im Alter von 14 oder 15 Jahren verließen, „weil sie schon in den Beruf sollten"[492]; Post- oder Telegraphengehilfin waren mögliche Berufe[493] vor dem Abschluss der 10. Klasse. Andere besuchten danach die Handelsschule. Der Besuch des Lehrerinnenseminars war für junge Frauen bis 1908 der einzige Weg zu einer erweiterten Bildung gewesen. Minister Bosse hatte bereits 1894 festgestellt:

> Die meisten Zöglinge der höheren Mädchenschulen sind darauf angewiesen, sich für spätere Lebensjahre erwerbsfähig zu machen. Soweit sie dieses Ziel in der Lehrthätigkeit suchen, sind ihnen die Wege hierzu schon jetzt geebnet. In erfreulicher Weise haben sich aber in der neuesten Zeit Mädchen entschlossen, auch andere Berufszweige zu ergreifen, und es sind Anstalten ins Leben getreten, in welchen sie die Vorbereitung für diese erlangen können.[494]

Die Berufsaussichten junger Lehrerinnen in Ravensberg waren schlecht; wer auf eigene Berufstätigkeit angewiesen war, suchte „in Privatschulen oder Privatfamilien als Hauslehrerin" unterzukommen oder mußte „sich ins Ruhrgebiet melden"[495]. Margarete ließ sich auch zur Sportlehrerin ausbilden, gelangte nach zwei Stationen wieder nach Bielefeld. Der Versuch, über einen Sprachkurs in England mit anschließendem Universitätsstudium die Befähigung zum Unterricht auch an Gymnasien zu erwerben, hatte sich mit dem

Beginn des 1. Weltkriegs zerschlagen. Sie unterrichtete nun an einer Bürgerschule in Bielefeld,

> dann kriegte ich eine schwere Vergiftung im Knie, weil ich bei einer Wanderung durchgescheuerte Schuhe und Wollstrümpfe getragen hatte und mußte ein Fünfvierteljahr aussetzen. Da haben sie mir auch das Knie operiert. Im Mai wurde ich krank, im Juni bekam ich einen Brief von der Schulbehörde, daß ich zum ersten Juni entlassen wäre, weil das Ende meiner Erkrankung nicht abzusehen sei. Ich wurde gebeten, das mir schon überwiesene Gehalt von zwei Monaten zurück zu überweisen. Ich hatte damals ein Gehalt von 120,- DM pro Monat.[496]

Nach ihrer Genesung pendelte sie zwischen Bürger- Berufs- und Handelsschule. Von 1920 bis 1958 unterrichte sie „Englisch, Deutsch, Rechenunterricht, Kurzschrift und Maschinenschreiben an den Kaufmännischen Lehranstalten" aber „in der Hauptsache Sportunterricht." Der Nationalsozialismus begann für sie mit einer neuen Grußpflicht:

> Dann wurde das ‚Heil Hitler' eingeführt. ‚Heil Hitler' bevor ich zum Pult ging, ‚Heil Hitler' und dann konnte der Unterricht beginnen. Wenn man so ein Antinazi war wie ich, das war nicht einfach. Man mußte die Feiern mitmachen, man mußte die Schüler zum Dienst lassen, an den Ausstellungen teilnehmen, am ersten Mai mußten wir, die Lehrkräfte, mit. Ich hab zweimal so'ne Sache mitmachen müssen.[497]

Im Privatleben sah sie sich misstrauischer Beobachtung ausgesetzt, jüdische Nachbarn zeigten sich angetan, dass sie von ihr öffentlich freundlich beachtet wurden, wollten gleichzeitig vermeiden, dass ihr dadurch ein Nachteil entstanden wäre. Rückblickend bemerkte sie:

> Ich würde wieder Lehrerin werden. Wenn meine Mutter gelebt hätte, hätte ich wahrscheinlich Medizin studiert. Aber das ging dann hinterher nicht, weil ich auch aus dem Haus wollte, und der Beruf hat mir Spaß gemacht. Die Anhänglichkeit von den Schülern und Schülerinnen, die spür ich auch heute noch. Also sie schreiben, und jetzt zum 90. Geburtstag, das war mehr wie rührend. [...] Ein ganzer Teil von den Frauen, mit denen ich ausgebildet wurde, hat geheiratet. Die haben den Beruf aufgegeben, wer sich verlobte, mußte aufhören, durfte nicht mehr unterrichten.[498]

Adele Kroppenberg 1964: Persönliche Erinnerungen an die Zeit vor ca. 50 Jahren
(geb. Löllmann, Schulbesuch von 1898 bis 1907)

Adele Kroppenberg[499] schilderte das unbeschwerte Leben nach der Schulzeit; die Mitarbeit im elterlichen Privat- und Geschäftshaushalt – Löllmanns Garten – lag ihr nicht.

> Mehr Freude machten mir die abendlichen Vorträge von Dr. Coblenz*, der in klaren, dem Laien verständlichen Vorlesungen in die Philosophie von Kant, Schopenhauer und Nietzsche einführte. Nicht zu vergessen die Teilnahme am Musikverein! Prof. Lamping**, der gestrenge Leiter, war ein gern gesehener Gast meiner Eltern; er hat mich auch später beraten, als meine Stimme durch falsche Behandlung gefährdet war.[500]

Sie bereitete sich berufspraktisch vor auf den Besuch der Städtischen Handelsfachschule. Dort verbesserte sie ihre Kenntnisse in Französisch und Englisch. Der Verlust wirtschaftlicher Sicherheit, der Tod ihrer Eltern in den Jahren 1913 und 1914, der Kriegsdienst ihrer Brüder zeigen sie auf sich gestellt:

> Jetzt war ich allein, mittellos, auf eigenen Verdienst angewiesen. Damals war im kaufmännischen Beruf für weibliche Angestellte der Kampf um die Selbstbehauptung nicht leicht. Unsere Gehälter waren bei gleicher Arbeitsleistung wesentlich geringer als die der männlichen Kollegen, die uns außerdem als ‚Preisdrücker' beschimpften. Unser Berufsverband für weibliche Angestellte, dem ich schon in der Handelsschulzeit beigetreten war, hatte nur geringen Einfluß; er mußte sich darauf beschränken, durch Stellenvermittlung, Auskünfte und Beratungen den Mitgliedern zu helfen und den Gedanken des Zusammenschlusses in immer weitere Kreise zu tragen, um nach und nach die Wirksamkeit zu vergrößern. [...] Als der erste Weltkrieg die Verbindungen zum Ausland unterbrach, konnte ich die Buchhaltung und bald darauf die Hauptkasse einer bedeutenden Bielefelder Nähmaschinenfabrik übernehmen. [...] Typisch für die Einstellung

* Dr. Felix Coblenz, Pädagoge und Rabbiner von 1889 bis 1917 in Bielefeld, s. S. 52ff.

** Wilhelm Lamping, Leiter des Musikvereins und städtischer Musikdirektor von 1886 bis 1929.

der Arbeitgeber gegenüber Frauenarbeit in den ersten Jahren meiner Berufstätigkeit war die Antwort des Chefs in der Nähmaschinenfabrik auf meine Bitte um Gehaltsaufbesserung, nachdem ich zusätzlich zur Gesamtbuchhaltung die Hauptkasse übernommen hatte: ‚Sie bekommen doch schon 150 Mark monatlich! Mehr kann ich einer weiblichen Angestellten nicht geben!' Ich kündigte. Mein Nachfolger erhielt ein Anfangsgehalt von 300 Mark; daneben mußte eine Maschinenschreiberin mit 150 Mark bezahlt werden, weil dieser Kassierer es mit seiner Würde nicht vereinbaren konnte, eine Buchungsmaschine zu bedienen. Also dreifache Gehaltsausgabe – aber der Chef hatte seine festen Grundsätze![501]

Aus den Beschäftigungszeugnissen[502] lässt sich ablesen, dass sie von 1913 bis 1915 in Köln und von 1915 bis 1916 in Bielefeld bei der Nähmaschinenfabrik ‚Phönix' beschäftigt war. Das Hilfsdienstgesetz brachte 1917 Frauen auch die Möglichkeit, Aufgaben in der Militärverwaltung zu übernehmen und damit Männer für den Fronteinsatz freizustellen. Hier half ihr erneut der Berufsverband, dem – wie auch den anderen Gewerkschaften – durch das Gesetz ein Recht zur Mitwirkung zugestanden worden war.[503] Sie hatte Aussicht auf gesicherte Verpflegung.

> Ich hatte den schlimmen ‚Rübenwinter'[1916/17] hinter mir (keine einzige Kartoffel, nur Steckrüben – Rüben als Gemüse, als Frikadellen, als Marmelade, als Brotzusatz zum sehr schlechten Mehl, als Kaffee-Ersatz! Rüben, Rüben, nichts als Rüben und ... Dörrgemüse!).

Über die Kriegsamtsstelle Koblenz gelangte sie in den weiblichen Hilfsdienst nach Sedan, „der Soldaten aus dem Bürodienst in der Etappe für den Frontdienst freimachen sollte", „stolz, nun auch selbst dem Vaterlande dienen zu können". Im Zeugnis hob der Vertreter des Kriegsministeriums hervor, dass sie sich „als eine in jeder Beziehung zuverlässige, selbständige Arbeiterin erwiesen" habe, „die es versteht, auch unter schwierigen Verhältnissen die ihr gestellte Aufgabe zu erfüllen. Ihre Gewandtheit in der Beherrschung fremder Sprachen ist der Dienststelle oft von Nutzen gewesen."[504] Sie beendete ihr militärisches Dienstverhältnis mit der Teilnahme am Rückzug nach dem Waffenstillstand 1918:

> Ich [...] habe Anfang November mit einer Ochsenkolonne, die das Aktenmaterial und unser Gepäck beförderte, als einzige Frau mit einer

> Mannschaft von etwa 50 Soldaten, einem Unteroffizier und mehreren Offizieren, dazu auch einigen uns zugeteilten russischen Gefangenen, den Rückmarsch angetreten. Voran ein Jagdwagen mit den hohen Herren, dann die Ochsenkarren, begleitet von marschierenden Soldaten und Russen, und als Abschluß des Zuges ein hochrädriger Dogcart, auf dem ich neben dem zügelführenden Unteroffizier thronte, uns zu Füßen im Laufe der Fahrt jeweils marschmüde Landser im bunten Wechsel.[505]

Nach mehr als 30 Jahren waren ihr noch die Gefühle gegenwärtig, die bei den Nachrichten über die Revolution vom 9. November empfunden hatte. In der Erinnerung waren sie fest mit der Erinnerung an den militärischen Zusammenhalt und die Gruppen- und Führungsstruktur verbunden.

> Am 9. November, kurz vor Münstereifel, erreichten uns die ersten Revolutionsnachrichten. Wir waren sehr niedergeschlagen, aber unsere Gruppe hielt zusammen. Alle vertrauten dem Oberleutnant, der unseren Zug führte und wie ein Vater für die Mannschaft sorgte, ihre Quartiere besichtigte, und abends eine Lazarettstube aufmachte, um Fußkranke oder andere Leidende zu verarzten. Beim Grenzübertritt nach Deutschland stellte er es jedem frei, sich auf eigene Faust heimwärts durchzuschlagen, doch fast alle vertrauten sich seiner Führung an, ohne sich auf dem weiteren Wege von den gelegentlich auftauchenden Arbeiter- und Soldatenräten beeinflussen zu lassen.

Sie versuchte, nach Bielefeld zu gelangen, die Verkehrsverhältnisse erschienen chaotisch:

> Ich fuhr nach Köln; es gelang mir, in einen dort eingesetzten Zug in Richtung Bielefeld hineingeschoben zu werden; eingepreßt rollte man von Station zu Station; an jedem Halt der gleiche Kampf um Ein- und Ausstieg, der sich durch die Fenster vollzog, da ein Durchgang zu den Türen völlig unmöglich war. Eine Dame redete mich an; sie und ich waren die einzigen weiblichen Wesen unter den heimkehrenden Soldaten. Es war Frau Dr. Lüders (jetzt Alterspräsidentin des Bundestages)*, die sich um die Heimführung von Helferinnen aus Belgien bemüht hatte.

---

* Wie auf S. 62.

Nach dem Kriege hat sie in Frankfurt bei dem Aufbau des Arbeitsamtes mitgewirkt.

> Unser Verband, der immer schon Stellenvermittlung betrieben hatte, organisierte die Abteilung für weibliche kaufmännische Angestellte: ich wurde Schalterbeamtin. Einige Wochen lang nahm ich die Anträge der vielen, vielen Arbeitslosen entgegen und zahlte die Unterstützungen aus.

Der Gegenstand, die Organisation und das Tätigkeitsfeld waren neu; im Zeugnis bescheinigte das Städtische Arbeitsamt, Abteilung für kaufmännische und technische Angestellte in Frankfurt am Main, Selbständigkeit im Abschluss der zugewiesenen Aufgaben und die Fähigkeit, jederzeit auch „schwierigen Lagen gewachsen“ gewesen zu sein. „Besonders wertvoll war ihre Fähigkeit, jeden Menschen seiner Eigenart entsprechend zu behandeln.“[506] Sechs Wochen hielt es sie in der Behörde.

> Dann bewarb ich mich um eine der gemeldeten Stellen und kehrte in den kaufmännischen Beruf zurück, jetzt als Abteilungsleiterin einer Büromittelfirma, die mir später die Leitung ihrer Düsseldorfer Niederlage übertrug, wo ich dann für lange Zeit seßhaft wurde und mir eine kleine Wohnung einrichten konnte.

Die selbständige Leitungstätigkeit füllte sie aus. Zeitgeschichtliche Erinnerungen – etwa an die Entwicklung der Republik, die Ruhrbesetzung oder Zeit der Französischen Besatzung – fehlen. Nach dem vergeblichen Versuch, ein eigenes Geschäft – Handel mit Textilerzeugnissen aus Bielefeld – zu führen, erhielt sie eine Anstellung bei der Landesversicherungsanstalt.

> Die Aufstiegsmöglichkeiten für Frauen in den Behörden waren (und sind es heute noch!) sehr schlecht. Besonders benachteiligt war ich im „Dritten Reich“, weil ich der SPD angehört hatte. Man schätzte meine Arbeitskraft, verwehrte mir aber jeglichen Aufstieg in eine höhere Besoldungsklasse. Als mir während des zweiten Weltkrieges die wesentlich besser bezahlte Stelle einer Fürsorgerin in der Provinzialverwaltung geboten wurde, verweigerte man die erbetene Entlassung. Immerhin übertrug man mir dann eine besser besoldete Vertretungsstelle und versetzte mich schließlich in die Verwaltung einer großen Lungenheilstätte, in der ich zunächst den Buchhalter und Kassierer,

> später den Verwalter selbst vertreten mußte. Die dadurch erzielten Gehaltsaufbesserungen wurden bei Kriegsende nach Rückkehr der Stelleninhaber rückgängig gemacht; ich habe dann einige Jahre um Wiederaufstieg in die mir nach meiner Tätigkeit zustehende Besoldungsgruppe kämpfen müssen.[507]

Bis 1945 war sie unverheiratet geblieben, nach kurzer Ehe und dem Tod ihres Mannes doch ab 1952 wieder allein. Die in der Schulzeit geweckten kulturellen und musischen Interessen lebten im Alter wieder auf.

1910: Die normative Kraft der Schulgeschichte

Behörde und Stadt streiten über die Anstellung der Lehrkräfte

> Wir genehmigen die Entlassung des Oberlehrers Dr. Panning von der dortigen Kaiserin Auguste Viktoria-Schule zum 1. April 1905. Übrigens war der Antrag des p.[erge] Panning mit dem bezüglichen Bericht des Magistrats hier vorzulegen oder die von jenem erbetene Entlassung von Wohldemselben bei uns zu beantragen. Hiernach ist in Zukunft zu verfahren.

Die im letzten Satz enthaltene Anweisung irritierte Oberbürgermeister Bunnemann im Ton und im Inhalt. Er erinnerte sich an einen Eingriff des Provinzial-Schulkollegiums in die Realschulen der Stadt Dortmund, erkundigte sich umgehend und notierte auf der Antwort aus Dortmund, dem

> Provinzial-Schulkollegium steht nicht das Recht der Anstellung der Lehrer an der höheren Mädchenschule zu (:nur das Recht der Bestätigung:) folglich auch nicht das Recht zu, die Lehrer zu entlassen- mit Ausnahme im Falle der Pensionierung. [...] Es soll das bisher hier geübte Verfahren beibehalten und abgewartet werden, ob in späteren Fällen das Provinzial Schul-Kollegium das Recht der Entlassung der Lehrer erneut in Anspruch nehmen wird.[508]

Zwei Jahre später nahm das Schulkollegium die Anstellung von Lehrkräften als Streitfrage 1906 wieder auf. Es beschrieb eine eigene personalwirtschaftliche Initiative „Auf den Bericht vom 26. v.Mts. – I a 86 – haben wir wegen der Lehrerinnen Ilgen und Hungar umgehend an zuständiger Stelle um Auskunft ersucht“ und stellte durch Unterstreichen klar: „Je nach Ausfall derselben werden wir [!] die Genannten an die dortige Auguste-Viktoria-Schule berufen.“ Danach ging die Behörde zur Belehrung über:

> Wenn es in dem Berichte heißt, der Magistrat habe den erwähnten Lehrerinnen die fraglichen Stellen bereits *übertragen* und jene demgemäß *benachrichtet,* so ist dies wohl kein zutreffender Ausdruck für das dort bei Anstellung der Lehrerinnen übliche und gültige Verfahren. Nach diesem hat die Stadtbehörde die ihr genehmen Lehrkräfte für die Stellen an der höheren Mädchenschule *vorzuschlagen* oder diesbezügliche

> *Wünsche zu äußern*, die staatliche Aufsichtsbehörde sie zu bestätigen oder zu ernennen. Wir wollen nicht annehmen, daß aus dem diesseits stets geübten Eingehen auf Wünsche und Anträge des Magistrats von diesem Rechte hergeleitet werden sollen, die nicht begründet und nicht zu begründen sind. von der Recke[509]

Nicht der schulfachliche Dezernent des Provinzialschulkollegiums sondern sein Vorsitzender, Oberpräsident Freiherr von der Recke von der Horst hatte persönlich verfügt. „Die innigere Berührung zwischen Schule und Verwaltungsfach"[510] hatte begonnen. Gerichtsassessor Ludwig Weber war in das Schulkollegium eingezogen, Oberpräsident von der Recke – auch Jurist – hatte offenbar einen Anlass für Veränderung ausgemacht. Die pointierte Wortwahl – im Zitat hervorgehoben – vermittelte der Stadt die Aussicht auf eine grundsätzliche Auseinandersetzung mit der Schulaufsichtsbehörde.

Oberbürgermeister Bunnemann war auch Jurist. Er hatte nach der Tätigkeit an verschiedenen Gerichten Verwaltungserfahrung in Elberfeld und Kreuznach gewonnen.[511] Das Selbstbewusstsein des obersten Kommunalbeamten stützte sich auf das im Zuge der Selbstverwaltung entstandene Ortsrecht. Das Statut der städtischen Töchterschule war eines der ersten Stücke gewesen. Bunnemann kannte die Akte der Töchterschule und das darin aufbewahrte Organisationsstatut. Er notierte unter Hinweis auf die Fundstelle, es gehöre „zu den Dienstgeschäften des Vorstandes der Schule die Wahl und Präsentation der vom Mag. zu <u>berufenden</u> [!] Lehrer." Demensprechend lautete der Magistratsbeschluß vom 19.03.06:

> Anstellung von Lehrern an der höheren Mädchenschule (Rechte der Aufsichtsbehörde) Auf Grund des Organisationsplans für die höhere Mädchenschule nimmt der Magistrat das Recht der Lehrerwahl für sich in Anspruch. Wegen Erhaltung dieser Regel sollen höheren Orts Vorstellungen gemacht werden.

Die erste Adresse „höheren Orts" war das Schulkollegium in Münster. Oberbürgermeister Bunnemann legte den Anspruch auf die Lehrerwahl dar:

> Wir haben diese Befugnis des Magistrates stets dahin verstanden und ausgeübt, daß der Berufung die Bestätigung der Aufsichtsbehörde vorausgehe. Den gewählten Lehrpersonen ist vor dem Antrag auf Bestätigung Mitteilung von der Wahl gemacht worden und ihnen bekannt gegeben, daß die Wahl der Bestätigung der Aufsichtsbehörde noch

> bedürfe; zugleich wurden sie ersucht, sich über die Annahme der Wahl zu erklären. Nach Eingang der Annahmeerklärung haben wir dann die Bestätigung nachgesucht. Das Provinzialschulkollegium hat die Berufung der Lehrpersonen bisher nie für sich in Anspruch genommen. Wir aber legen großen Wert darauf, das uns im Organisationsplan verbriefte Recht der Berufung auch ferner auszuüben.[512]

Im Organisationsplan hatte die Stadt die Zusammensetzung und Aufgaben – den Geschäftskreis – des Vorstandes geregelt.[513] Dazu gehörten „Wahl und Praesentation vom Magistrat zu berufender Lehrer" und alle ökonomischen, schulfachlichen und -pädagogischen Einzelheiten, Ferienregelung, Beaufsichtigung der Schule und erste Entscheidung über etwaige Beschwerden.[514]

> Wir sind bestrebt, für unsere von der Stadt allein unterhaltene höhere Mädchenschule nur gute Lehrkräfte zu beschaffen, stellen vor der Wahl die eingehendsten Ermittlungen an und lassen von den in die engere Wahl Gelangenden stets Lehrproben im Beisein des Schulvorstandes hier abhalten. Die Sorgfalt, die bei der Auswahl der Lehrpersonen beobachtet wird, dürfte wohl zur Genüge dafür bürgen, daß ungeeignete Lehrkräfte für die Anstellung von uns nicht berufen werden. Wir glauben annehmen zu dürfen, daß der Magistrat das ihm für die städtische Realschule eingeräumte Recht der Lehrerwahl auch für die städtische Höhere Mädchenschule ausüben kann und bitten unser verbrieftes und stets geübtes Recht der Lehrerwahl auch für letztere Schule anzuerkennen.

Bunnemann glaubte wahrgenommen zu haben, dass die Behörde stärker Einfluss nehmen wollte auf die Auswahl der Lehrkräfte an den höheren Mädchenschulen. Der Dortmunder Oberbürgermeister Karl Wilhelm Schmieding (1841-1910) machte ähnliche Beobachtungen. Er schrieb aus gegebenem Anlass wenig später seinem Bielefelder Kollegen, „Von Seiten des Herrn Kultusministers wird neuerdings der Anspruch erhoben, die Anstellung der Lehrkräfte an den öffentlichen höheren Mädchenschulen der staatlichen Schulaufsichtsbehörde (Provinzial-Schulkollegium bezw. Regierung) zuzuweisen." Er befürchtete eine Beeinträchtigung der weiteren Schulentwicklung und schloss mit den Worten, „Wir beabsichtigen gegen diese, das Entstehen und die Entwicklung von mittleren Schulen lähmende Auffassung dem Minister gegenüber Stellung zu nehmen, und bitten darum, uns mitzuteilen, wie man sich bei der dortigen städtischen Verwaltung zu der Frage zu verhalten gedenkt."[515] Bunnemann ließ Dortmunds Oberbürgermeister eine Abschrift seines Berichts zugehen und fügte hinzu, „Eine Antwort ist uns darauf noch nicht zugegangen. Wir werden, wie bisher, die Lehrpersonen wählen und nur ihre Bestätigung beantragen."[516]

Das Schulkollegium sah sich herausgefordert; gelegentlich einer konkreten Personalie bemühte es sich, vorab seine grundsätzliche Auffassung zu verkünden: „Wir weisen wiederholt darauf hin, daß der Stadtbehörde hinsichtlich der Lehrstellen an der städtischen höheren Mädchenschule kein Wahlrecht, vielmehr nur ein Vorschlagsrecht zusteht."[517]

Die Stadt verwaltete ihre personalwirtschaftlichen Aufgaben umfassend. Der Schulleiter formulierte eine Stellenausschreibung und war in den Anzeigen der Adressat für Bewerbungen. Der Magistrat holte sie ein aus dem gesamten Deutschen Reich, inserierte regional in der „Lehrerzeitung für Westfalen", die beim Bielefelder Verlagsbuchhändler Helmich erschien ebenso wie in der nach eigener Darstellung „angesehenste[n] politischen" und „täglich zweimal erscheinenden" in „ganz Südwestdeutschland allgemein verbreiteten" „Straßburger Post", dem „Pädagogischen Vakanzen Anzeiger/Zeitung" Berlin, „Pädagogischen Centralblatt" in Eberswalde, „Hannoverschen Courier", „Kölnischen Zeitung" oder korrespondierte mit der „Central-Leitung der Stellenvermittlung" des Allgemeinen Deutschen Lehrerinnenvereins. Hinsichtlich der Besoldung stand Bielefeld den reichen Städten des Westens nicht nach und konnte dem Vergleich mit Elberfeld, Barmen, Remscheid, Dortmund und Hagen standhalten.[518]

Am 2.12.1906 nahm das Schulkollegium umfassend Stellung. Es interpretierte das Organisationsstatut und zog Beispiele zurückliegender Verwaltungsakte heran. Mit der Genehmigung des Organisationsstatuts am 12.12.1858 sei die Regierung nicht

> gewillt und in der Lage [gewesen], auf staatliche Hoheitsrechte förmlich und verbindlich zu verzichten. Sobald aber seitens der Stadtbehörde aus diesem Entgegenkommen Folgerungen gezogen wurden, hat die Königliche Regierung dies abgewiesen und so in der Verfügung vom 24.Juli 1874 ausdrücklich erklärt, daß der Magistrat, selbst wenn er im unbestrittenen Besitz [2] des Berufsrechts wäre, <u>was nicht der Fall</u> [!], nicht befugt sei, einen Lehrer in Dienst zu nehmen.[519]

Der Magistrat erörterte die Antwort und kam zu dem Ergebnis: „Der Magistrat nimmt auf Grund des Organisationsplans vom 12.12.1857 das Wahlrecht für sich in Anspruch, beim Provinzial-Schul-Kollegium ist die

Bestätigung der gewählten Lehrperson zu beantragen."[520] Unter Hinweis auf das gesamte Magistratskollegium legte Oberbürgermeister Bunnemann Widerspruch beim Minister ein. Zur Sache trug er rechtliche und inhaltliche Argumente vor:

> die staatliche Unterrichtsverwaltung hat nach dem klaren Wortlaut des Organisationsplanes das ihr sonst zustehende Recht der Berufung der Lehrer auf den Mag. übertragen; hätte die staatliche Unterrichtsverwaltung diese Absicht bei der Genehmigung des Planes nicht gehabt, so hätte auch der Wortlaut des Planes geändert werden müssen. Durch den allgemein gehaltenen Vorbehalt in der Genehmigung v. 12.12.1857 kann nach allgemeinen Regeln der Interpretation [...] der Inhalt ausdrücklich aufgenommener Vorschriften nicht aufgehoben werden.[521]

Bunnemann beschrieb, wie die Stadt bei Einstellung von Lehrpersonen zu verfahren pflegte. Er deutete an, allein aus der Verpflichtung gegenüber den Eltern sei die Stadt zu besonderer Sorgfalt verpflichtet:

> Auch wird es Ew. Excellenz nicht unbekannt sein, daß es sehr schwierig ist, geeignete akademisch gebildete Lehrkräfte für die Höhere Mädchenschulen zu gewinnen u. die Gewinnung solcher guten Lehrkräfte nur durch größere Aufwendungen seitens der Schulunterhaltungspflichtigen u. somit ohne Mitwirkung dieser gar nicht möglich ist.

Am Ende der Auseinandersetzung in diesem Punkte zeigte Schulkollegium an:

> Die Wahl des wissenschaftlichen Hilfslehrers am Königlichen Gymnasium in Kiel Dr. Karl Mönkemeyer zum Oberlehrer an der Kaiserin Auguste Viktoriaschule in Bielefeld wird bestätigt und seine Anstellung vom 1. April 1909 ab unter dem Vorbehalt genehmigt [...].[522]

Eher beiläufig wurde die Grundsatzentscheidung zugunsten der Stadt mitgeteilt, wenn es hieß „der Herr Minister" habe auch den Wunsch der Stadt genehmigt, den Oberlehrer „nötigenfalls an eine andere höhere Schule des Patronatsbereiches zu versetzen". Bis 1933 konnte die Stadt selbständig die Lehrkräfte auswählen, die an ihrer höheren Mädchenschule unterrichten sollten. In der ersten gemeinsamen Sitzung der Schulausschüsse nach dem 15. März 1938 berichtete die Verwaltung am 26.8.1946 zur „Anstellung eines

Studienrats durch die Schulaufsichtsbehörde", die Schulaufsichtsbehörde habe die Vorlage der Ernennungsurkunde gefordert, das Schulverwaltungsamt aber daraufhin dem Oberpräsidium mitgeteilt, dass die Cecilienschule eine städtische Anstalt und daß die Anstellung der Lehrkräfte Angelegenheit der Stadt sei. Das Protokoll schließt mit dem Satz: „ Die Schulausschüsse waren mit der Behandlung der Angelegenheit einverstanden und stimmten zu, daß etwaige weitere Versuche des Oberpräsidiums in gleicher Weise zurückgewiesen würden."[523]

Der „konfessionelle Charakter" der Schule von 1828 bis 1910

1909 fragte das Schulkollegium an, warum vom Magistrat „stets nur Lehrkräfte evangelischen Bekenntnisses gewählt werden, obgleich die Anstalt städtisch und paritätisch ist und zur Zeit neben 575 evangelischen Schülerinnen 115 katholische und 50 jüdische zählte".[524] 1896 hatte die Behörde „einen ausführlichen ‚Paritätsbericht' an den Kultusminister" erstattet." Der Minister hatte sich mit Angriffen im Landtag auseinanderzusetzen, in denen die Zentrumspartei über die Benachteiligung „ihrer" Konfessionsschulen durch die Förderung paritätischer Schulen klagte.[525] Das Schulkollegium wünschte, die Stadt möge sich zum „paritätischen Charakter" der Schule bekennen und darauf achten, dass „die in der höheren Mädchenschule Bielefelds gebildeten katholischen und jüdischen Schülerinnen [nicht] davon ausgeschlossen sind, an ihrer Bildungsanstalt und in ihrer Heimatstadt als Lehrerin ein Unterkommen zu finden."[526]

‚Parität' war im Schulwesen mehr als eine statistische Frage. Im ‚Kulturkampf'[527] betrieben Liberale die Durchsetzung dieser Schulverfassung als eine Errungenschaft der Moderne.[528] Es war eine der zentralen Forderungen schon des Jahres 1848 gewesen. Damals hatten auch in Bielefeld Demokraten unter Rudolf Rempel und die Konstitutionellen unter Ludwig Volrath Jüngst von den Kirchen unabhängige Schulen verlangt. Gleichermaßen aber nicht gemeinsam sahen die Kirchen protestantischer und katholischer Konfession paritätische Anstalten „als Gefährdung des eigenen Besitzstandes" an und bekämpften die Gründung politisch und publizistisch, das Zentrum bezeichnete sie rundweg als „religionslos".[529] In Bielefeld hatte sich der Magistrat 1875 „wenigstens im Prinzip (mit einer Stimme Mehrheit)" für „die Aufhebung des konfessionellen Charakters der städtischen Bürgerschulen entschieden"[530] und stieß mit dem Programm ‚paritätischer' Ausrichtung auf schroffe Ablehnung der Christlich-Konservativen.[531] Der Magistrat wollte das Schulwesen in diese Richtung entwickeln, sollte die katholische Gemeinde ihre Gemeinde-Schule der Stadt übergeben. Allerdings erwartete der Magistrat „zur Zeit" keinen Erfolg.

Seit 1907 hatte die Kommunalpolitik in Bielefeld mit dem Vordringen der Sozialdemokratie das Zerbrechen der bürgerlichen Einheitsfront erlebt. Freisinn und Zentrum waren aus dem Kartell der bürgerlichen Parteien unter Führung der Konservativen und Nationalliberalen ausgeschert.[532] Die Sozialdemokratie stellte die Stadtverordneten der dritten Abteilung, die ‚Rechtsbürgerlichen' bildeten die Mehrheit der 2. Abteilung.[533] Das Dreiklassenwahlrecht nahm der Veränderung die Dramatik, indem die Mandatsperioden so gestaltet waren, dass immer nur ein Teil der Magistratsmitglieder und ein Teil der Stadtverordneten ausschied und durch Neuwahlen zu ersetzen war. Nun sah sich der Magistrat in dem Begehren der Schulaufsichtsbehörde dem Verdacht des Konfessionalismus ausgesetzt. In einer ersten Antwort am 30.10.1909 berief sich Bunnemann auf eine in der Stadt herrschende öffentliche Meinung über den städtischen Umgang mit der Konfessionalität.

Konfessionalität soll als Bezeichnung einer Gemeinschaft nach der ihr eigenen christlichen oder jüdischen Religiösität verstanden werden. Im Konfessionalismus wird das eigene religiöse Bekenntnis gegen und über andere Bekenntnisse gesetzt. In zweiter Linie werden einzelne Glaubenselemente innerhalb eines Bekenntnisses zum Maßstab einer Vertiefung der religiösen Gemeinschaft in einem besonderen Milieu, in diesem besonderen Falle die Geschlossenheit neuerer lutherischer Orthodoxie gegen andere Protestanten. Widersprüche zu diesen Maßstäben führen zu Ausgrenzung und zur Ausweisung aus dem Milieu.

Die Mehrheitsmeinung der bürgerlichen Familien zu Fragen des Konfessionalismus erschien unklar. Sie förmlich zu klären, lag nicht im Interesse des Magistrats.

> Bei vielen Eltern würde es Befremden und Bedenken erregen, wenn an den tatsächlichen Verhältnissen etwas geändert würde. Schwierigkeiten sind aus dem tatsächlichen Zustande niemals entstanden. Solche Schwierigkeiten werden sich aber sofort ergeben, wenn Aenderungen an diesem Zustande eintreten.

Das Schulkollegium hatte die Verfassung der Schule als eine statistisch-inhaltliche Frage beschrieben und 1910 verlangt, die städtische höhere Töchterschule als paritätische Schule zu bezeichnen. Sie hatte ein acht

Seiten umfassendes Dokument[534] erarbeitet, bezeichnete es als „aktenmäßige Darstellung“ und stattete es so mit dem Autoritätsanspruch urkundlicher Beweiskraft aus. Die Ausarbeitung sollte einem Rechtstext im förmlichen Rechtssystem möglichst nahe kommen. Als das Schulkollegium in Münster die Geschichte der Schule als einen „Streit um den konfessionellen Charakter der Schule“[535] abhandelte, sollte die Darstellung der Geschichte den Rechtsstatus interpretieren. Jedoch hat die Geschichte ihre eigene Geschichtlichkeit.[536] Bunnemann legte in einem weiteren Bericht am 26.2.1910 dar, „der Magistrat habe die aktenmässige Darstellung“ „eingehender Erörterung unterzogen“. Doch wollte der Magistrat weder ihre rechtliche Verbindlichkeit hinnehmen noch eine historische Schlüssigkeit anerkennen, er bemerkte nur „dass es unzweckmässig und der Schule nicht dienlich sein würde“, wenn die Stadt „an den bestehenden tatsächlichen Verhältnissen etwas ändern“ wollte. „Streitigkeiten und Beschwerden confessioneller Natur“ seien bisher nicht entstanden. „Diesen Zustand möchten wir erhalten.“ Damit hatte Bunnemann die Übereinstimmung der Verfassung der Schule mit der öffentlichen Bewertung dieser Verfassung festgestellt. Er nannte die Schule eine „evangelische“ Schule, führte eine präventive Konfliktvermeidungsstrategie ein und fuhr fort, „wir fürchten aber, dass bei einer Aenderung dieses Zustandes unnötige Erregung und Meinungsverschiedenheiten entstehen werden“. Er lenkte das Augenmerk auf den Konfessionalismus innerhalb der Bielefelder Protestanten, sichtbar in unterschiedlicher Prägung der städtischen Kaiserin Auguste Viktoria-Schule und der stiftischen Cecilienschule. Jene bezeichnete er als „evangelisch“, diese als „ausgesprochen evangelisch“.[537] „Ausgesprochen evangelisch“ umschrieb die Hinwendung zur Erweckungsbewegung. Die zu erwartende „unnötige Erregung und Meinungsverschiedenheiten“ verwies er mit dieser Unterscheidung an die beiden protestantischen kirchenpolitischen Parteien, im Politischen an die Liberalen und die Christlich-Konservativen. Diese kirchenpolitische Parteienbildung war in Westfalen verbreitet und in Minden-Ravensberg besonders ausgeprägt.

Sie bekämpften einander und „vereinten sich im Antikatholizismus“. In Bielefeld stellten „die Christlich-Konservativen mit Ernst Wilhelm Müller (1853-1872) und seinem Nachfolger Clamor Huchzermeyer (1872-1894) [in der zweiten Hälfte des 19. Jahrhunderts] den Superintendenten“, über sie drang von den Landgemeinden her „die stark lutherisch geprägte Erweckungsbewegung“ in die Stadt hinein, wo sich „protestantisch-liberale Strömungen ohne eigene kirchliche Parteibildung“[538] seit der ersten Hälfte des 19. Jahrhunderts[539] demgegenüber behaupteten.

„Sprecher" der „westfälischen Christlich-Konservativen" war Dr. August Klasing.[540] Die Konservative Partei in Westfalen[541] strebte 1892 eine Neufassung des Programms von 1876 an; ihre führenden Politiker glaubten zu sehen, dass ihre Wähler die Regierung ablehnten und wandten sich gegen die konservative Reichstagsfraktion, die die Regierung unterstützte. Das neue Programm sollte die konservativen Wähler „durch Hervorhebung ihres judenfeindlichen und sozialen Standpunktes vor dem Abmarsch ins antisemitische bezw. sozialdemokratische Lager bewahren."[542] Klasing hatte 1892 in der Programmdiskussion mit zwei Initiativen Erfolg. Der Historiker Erich Höner hebt in seiner Dissertation besonders hervor, Klasing habe erreicht, im Programmentwurf den Satz

> „Wir verwerfen die Ausschreitungen des Antisemitismus" zu streichen, weil weite Kreise in diesem Satz wiederum ein Kompromiß, eine Abschwächung des ursprünglichen antisemitischen Programmpunktes und einen Diener gegenüber dem Judentum erblicken würden. Auch dieser Antrag Dr. Klasings wurde mit sehr großer Mehrheit angenommen, wie überhaupt alle antisemitischen Ausführungen auf dem Parteitag starken Beifall fanden.[543]

Der Bekräftigung der „christlichen Weltanschauung" folgte an zweiter Stelle von insgesamt neun Punkten als Botschaft die Forderung nach „Ausschließung der Juden von allen obrigkeitlichen Aemtern".[544]

Bunnemann stellte konfessionelle Konflikte zwischen den protestantischen, jüdischen und katholischen Interessenten der städtischen Schule in Abrede. Sie sind in Akten auch nicht angedeutet.

Für den Umgang der seit 1858 städtischen höheren Mädchen-Schule mit unterschiedlicher Konfessionalität mag ein Abschnitt aus dem Jahresbericht 1889/90 vom 3.1.1890 stehen.

> Am 1. Mai vereinigte der Direktor das Lehrerkollegium und die jüdische Schülerinnen der Anstalt im Schulsaale zu einer Abschiedsfeier für den in Ruhestand tretenden jüdischen Religionslehrer Herrn Blumenau, der seit dem Jahre 1877 in treuer Gewissenhaftigkeit und mit reichem Segen an der Anstalt unterrichtet hat. Zugleich wurde sein Nachfolger Herr Coblenz vorgestellt.[545]

Bürgerschaft und Rat waren in der Bildungspolitik geteilt. Die Grenzen verliefen nicht scharf, es zeichneten aber zwei Gruppen in wechselnder Stärke ab. Für die Situation zu Beginn des 20. Jahrhunderts mag die Debatte um den Ausbau der städtischen Töchterschule stehen. Aus Anlass einer Magistratsvorlage über die Bewilligung von 185 000 Mark zur Erweiterung der Schulgebäude für das Lehrerinnenseminar entwickelte sich eine kontroverse Debatte.[546] Eine Kommission, zusammengesetzt aus der rechtsbürgerlichen Mehrheit der Stadtverordneten, hatte vorgeschlagen, das Lehrerinnenseminar an der städtischen Mädchenschule zu schließen. Dieses, insbesondere die einzurichtende Übungsschule, erfordere zusätzliche Räume. Wenn es geschlossen werde, ließe sich die Hälfte der veranschlagten Bau und Grundstückskosten einsparen. Statt den Seminarunterricht fortzuführen, könnten „wissenschaftliche Kurse (etwa in Geschichte, Kunstgeschichte, Litteraturgeschichte, Sprachen etc)" finanziert werden.

Oberbürgermeister Bunnemann wandte sich gegen diesen Vorschlag. „Magistrat und Vorstand der Schule halten das Eingehen des Seminars für eine schwere Schädigung der Schule. Wenn ihr der Aufbau genommen wird, verliert die Schule an Wert." „Der Wächter" zitierte den Oberbürgermeister wörtlich nach einem Hinweis auf das Lehrerinnenseminar der privaten Mädchenschule „aber wir wollen doch das städtische Bildungswesen in unserer Hand behalten". Die „Westfälische Zeitung" ähnlich: die Stadtvertretung lege auf die Ausgestaltung der Schulen großen Wert. „Aus diesem Grunde ist daher wohl zu erwägen, daß wir durch das Seminar unsere Lehrerinnen selbst heranbilden."[547] „Der Wächter" stellte die konservative Gegenmeinung auf die Kostenersparnis ab: „Das [städtische]Seminar sei Luxus, weils der eine hat, wills auch der andere haben," so Justizrat Dr. Klasing.[548] Mittel dafür würden nicht bewilligt. „Der Wächter" referierte einen grundsätzlichen Beitrag,

> es gehöre zu den sozialpolitischen Aufgaben der Gemeinden, den Mädchen die Möglichkeit zur Erlangung einer Bildung zu schaffen, die ihnen eine Berufswahl zur selbständigen Existenz gestattet. Man sollte es sich ersparen, daß die Bürgerschaft der Versammlung vorwerfen könne, ihr Vorgehen schädige die Städtische Höhere Mädchenschule.[549]

Die namentliche Abstimmung ergab eine Mehrheit von 21 zu 14 Stimmen gegen die Schließung des Seminars. In polemischen Beiträgen – „ziemlich erregte Debatten"[550] – wurden die Spannungen zwischen zwei Lagern im Bielefelder Protestantismus, in der Stadtverordnetenversammlung und Bürgerschaft deutlich: „Klüngel und Terrorismus", und „Bierbankpolitik" so die Vorwürfe von Rechts nach Links; „Die Finanzfrage schieben Sie [die Rechte] vor, um zu Gunsten der Kring'schen die [städtische] Töchterschule zu einer Schule zweiten Grades herunterzubringen"[551], so entgegnete Hermann Cremer für die andere Seite der Versammlung. Stadtverordneter Hoffmann (SPD) hatte das Angebot „wissenschaftlicher Kurse" einen „wissenschaftlichen Bummel" genannt und namentliche Abstimmung verlangt. „Die langen Auseinandersetzungen waren ohne besonderes Interesse", vermerkte der Sozialdemokrat in der Volkswacht.[552]

Am 15. Oktober beschlossen die Stadtverordneten einstimmig den Erweiterungsbau der Töchterschule bei verkürzten Kosten. Eineinhalb Jahre später sollte die Einweihung zu einem großen Fest geraten. Die Schule hatte den Namen Kaiserin Auguste Viktoria-Schule erhalten.

Die Vertreter der bürgerlichen Parteien waren wesentlich unter sich geblieben. Die Debatte hatte erkennen lassen, welche unberechenbaren Gefühle mit der städtischen Töchterschule verbunden waren und hervortreten konnten. In diese Stimmung hinein hatte die Behörde zusätzlich Zündstoff gebracht.

Gerade die historisch angelegte Argumentation brachte der Stadt die in der Vergangenheit ausgetragenen Konflikte wieder in Erinnerung und sah in der Zustimmung zum Anliegen des Schulkollegiums – es wirkt paradox – zunächst das Risiko einer Verschärfung der aktuellen konfessionellen Spannungen in der Stadt.

Die Neue Westfälische Volkszeitung beleuchtete aus konservativer, das heißt hier auch protestantischer Sicht das Verhältnis der beiden kirchlichen Parteien zur Parität, zueinander, zur katholischen Presse und zum Staat. Sie erhob im Kommentar zu einer Veröffentlichung in ‚Tremonia', einem „Organ für das *katholische* Volk" aus Dortmund, den Vorwurf, „daß der kirchliche Liberalismus Rom Waffen gegen den Protestantismus liefert"[553]. Diese hatte Pfarrer Emil Sulze zitiert, das Deutsche Reich sei so zu konfessioneller Parität verpflichtet, „als wenn keine Religion in der Welt wäre". In überwiegend evangelischen Einzelstaaten könne der Staat, „noch offen und ehrlich die Kirche in seinen Dienst stellen und die Kirche das gute Bewußtsein haben, daß sie ebenso wie die Schule [...] eine Staatsanstalt" sei.

Die von der Behörde erstellte ‚Schulgeschichte' ist chronologisch angelegt. Die historischen Positionen im Hinblick auf Konfessionalität und Konfessionalismus gewinnen mit der Zuordnung zu konservativen oder liberalen Programmen politisches Gewicht. Diese rechtlich gemeinte Geschichtsschreibung ist mit den Bildern der Geschichte in der Stadt und in den Magistratsausführungen im Jahre 1910 zu vergleichen und durch Rückgriff auf andere Quellen zu vertiefen.

Konfessionalität und Konfessionalismus

Die Schulgründung 1. Juli 1828

Zu Beginn des 19. Jahrhunderts gab es im gehobenen Bürgertum Bielefelds überwiegend protestantische, wenige katholische und jüdische Familien. Man achtete das andere Bekenntnis, jeder lebte für sich. Der preußische Staatsrat und Schulreformer Johann Wilhelm Süvern fand es im Bericht über seine Reise durch die Provinzen Rheinland und Westfalen 1815 bemerkenswert, daß das Bielefelder „lutherische Gymnasium auch einen katholischen Geistlichen, den Vikarius Rhode, als ordentlichen Lehrer hat."[554] Rhode war 1798 in die Reihe der Vikare des Marienstifts getreten[555] und nach der Aufhebung des Stifts ordentlicher Lehrer am Gymnasium. Mädchen aller Konfessionen aus den höheren Familien der Stadt erteilte er Privatunterricht. Öffentlicher Schulunterricht wurde wie selbstverständlich den Kirchen der eigenen Konfession zugeordnet, entsprechend fiel die Abweichung auf. Rhode wurde 1816 das Pfarramt in Schildesche bei Bielefeld übertragen. Die zwischen Lutheranern und Katholiken geteilte Verwaltung des Stiftes wirkte radikalem Konfessionalismus ebenso entgegen wie das laizistische Verfassungsgebot einer Trennung von Kirche und Schule in der Zeit des napoleonischen Königreich Westfalen.

Superintendent (1812-1843) Johann Heinrich Scherr setzte pädagogische Belange über die, wie er es an einem Beispiel in Vlotho bemerkte, „nachtheilige Einwirkung des Konfessions-Geistes."[556] In Vlotho ging um das Verhältnis zwischen Lutheranern und Reformierten, in Ravensberg insgesamt bemerkte Scherr auch Spannungen unter den lutherischen Predigern, die er in „solche Anhänger der pietistischen und herrnhuterschen Grundsätze" unterschied, „die von einigem Pharisäismus nicht frei zu sprechen sind" und der Mehrheit von „Männern von gesunderem auch richtigerem Verstand im Herzen".[557] 1817 berichtete Landrat Franz v. Borries, wie die „ersten Classen" in Bielefeld Schulunterricht und Konfessionszugehörigkeit einschätzten:

> Die Lehrer genießen das öffentliche Zutrauen und nicht bloß die Kinder des vermögenden und angesehenen Mittelbürgerstandes sondern auch viele Töchter aus den Familien der ersten Classen werden deshalb ihrem Unterrichte, theils in den öffentlichen Stunden, theils in den sogenannten Privatstunden anvertraut. Die Kinder der Israeliten

> nehmen an den öffentlichen Stunden keinen Antheil, wohl aber an dem Privat-Unterricht mit den übrigen Kindern, welches gleichfalls bey den Kindern der wenig wohlhabenden Catholiken der Fall ist, da die hiesige katholische Schule in mehrerer Hinsicht den Anforderungen durchaus nicht entspricht. Öffentliche Mädchen-Schulen, für sich bestehend, finden hier nicht statt.[558]

1909 dürften diese Aktenstücke weder bei der Stadt in Bielefeld noch in Münster beim Oberpräsidium herangezogen worden sein. Wohl aber blieben die Einschätzungen in der Folgezeit nach 1815 aktuell.

Das Schulkollegium begann den Rückblick auf die Schulgeschichte mit den Worten:

> Seit 1828 bestand in Bielefeld eine Interessentenschule für Mädchen der besseren Stände ohne ausgesprochenen Charakter, an der auch katholische und jüdische Familien beteiligt waren. (vgl. Vorstellung des Magistrats vom 7. November 1870). Sie war nicht konzessioniert, sollte auch weder eine Privat-Schule noch eine öffentliche sein.[559]

„Weder eine Privat-Schule noch eine öffentliche“ – diese Bemerkung ist 1909 wohl unverständlich gewesen.[560] Fast zeitgleich berichtete Gustav Gerth über „die Vereinstöchterschule 1828-1858“ und „die Städtische Höhere Mädchenschule 1858-1908.[561] Dieser nannte die Namen Friedrich Ernst Delius und Johann Heinrich Scherr als Gründer der Schule. Mit den Namen war auch das Wirken dieser Männer im Gedächtnis der Stadt haften geblieben. Werden die Namen und die mit ihnen verflochtenen Ereignisse mit den heutigen zeitgeschichtlichen Kenntnissen verknüpft, so tritt die Darstellung in einen Zusammenhang mit einer Zeit preußischer und Bielefelder Geschichte, als die Inhaber öffentlicher Ämter noch befangen waren in der Aufgabe, in Bielefeld dem Schulwesen, in Westfalen für Preußen dem Staat und der protestantischen Kirche eine ‚Verfassung‘ zu geben. Über die Schulreform sollte die Staatsreform, über die Einführung einer Synodalverfassung eine Staatsverfassung vorankommen.[562] Nach 1819 war die allgemeine preußische Schulreform erst aus-, dann abgesetzt worden, es verblieb der Stadt, ihr Schulwesen unmittelbar zu ordnen, zu „verbessern“ heißt es in den Akten.

Die Schulgründer, Stadtdirektor und Bürgermeister Ernst Friedrich Delius (1790-1831), und Superintendent Johann Heinrich Scherr haben eng zusammengearbeitet bei der Neuordnung des Schulwesens in Bielefeld zwischen 1815 und 1832. Der Bielefelder Historiker Peter Lundgreen hebt diese Handlungsebene hervor und vermerkt, die so getroffenen Maßregeln hätten stärker auf die Schulwirklichkeit in den Städten und auf dem Lande eingewirkt als „die bildungstheoretischen und -politischen Zielsetzungen."[563] Die Gründung der höheren Töchterschule betrieb Scherr im Rahmen eines für das Bielefelder Schulwesen entworfenen „Schulverbesserungsplans".[564] Die planmäßige Schulentwicklung wurde zur Aufgabe kommunaler Selbstverwaltung. Ein Ortsschulvorstand, auch Schulkommission genannt, sollte die Einzelheiten beraten und beschließen. Er setzte sich zusammen aus zwei Mitgliedern des Stadtrats, den Predigern der christlichen Bekenntnisse, je einem weiteren Vertreter der christlichen Gemeinden und zwei Lehrern des Gymnasiums. Den Vorsitz führte Bürgermeister Delius; Schulinspektor, Superintendent und Pfarrer der Neustadt war in einer Person Johann Heinrich Scherr. Von der Verfassung und der weiteren Entwicklung der katholischen Elementarschule ist nicht die Rede. Eine Mädchenschule fehlte, sie sollte „weitestgehend eine Familienatmosphäre schaffen"[565], deshalb steht der Begriff Töchterschule statt Mädchenschule für das Programm. Ihre Gründung war die erste Einrichtung, an der die städtische Schulkommission mitgewirkt hat. Delius vermittelte einen Kredit, den Eltern verbürgten, bei der zwei Jahre zuvor gegründeten Sparkasse zur Finanzierung der Schuleinrichtung, er holte Auskünfte ein: in Bielefeld bei den bestehenden Privatinstituten, in Minden bei Bürgermeister Kleine aus einer Stadt, in der gerade eine Töchterschule eingerichtet worden war.[566] Eine Töchterschule in Bielefeld konnte aus den Bedürfnissen einzelner, mit einander verwandter Familien hervorgehen, im Mittelpunkt standen hier die Mädchen, die Scherr in den Familien seiner Schwestern Joanne Friedrica Krönig, Juliane Krönig und Franziska Crüwell aufwachsen sah. Die Oldenburger Historikerin Friederieke Gunilla Budde sah in den Schulgründern „Gründungsväter im doppelten Sinn: Sie dachten

Abb. 29: Opernstar Sophie Crüwell 1852 – die Nichte des Superintendenten Johann Heinrich Scherr

nicht nur an das Wohl und Ansehen ihrer Stadt, an den gesellschaftlichen Bedarf gebildeter Frauen, sondern auch und vornehmlich an ihre Töchter zu Hause".[567] Die Eltern ermöglichten nach der Schulzeit Sophie Crüwell die Ausbildung zur Sängerin, zunächst in Kassel, ab dem 21. Lebensjahr in Paris, was selbst heute noch nicht alltäglich wäre. Sie machte Karriere als gefeierter Opernstar.[568] Scherr organisierte den Unterricht mit „dem als Kantor bei der evangelischen Gemeinde in Warburg angestellten Lehrer Heinrich Pohlmann"[569] und Bielefelder Lehrern des Gymnasiums und der Bürgerschulen.[570] Die Regierung in Minden gab Heinrich Pohlmann das Recht auf Rückkehr in den öffentlichen Schuldienst.[571] Wohlhabende christliche und jüdische Eltern beteiligten sich an der Schule, diese glich insofern dem Gymnasium, im Unterricht einer gehobenen Elementarschule.

Sie war „ohne ausgesprochenen Charakter" oder, positiv ausgedrückt, ein Verein von Bürgern, die unterschiedliche, teilweise gegensätzliche religiöse oder politische, aber zunächst gemeinsam schulpädagogische Ziele verfolgten. So überschrieb 1908 Gerth seinen Beitrag zur Schulgeschichte: „Die Vereinstöchterschule. 1828-1858."[572]

Am 19.10.1834 wurde die „Bürgerschule"[573] eine öffentliche Schule „als Vereinigung dreier Elementarschulen der protestantischen Kirchengemeinden – „aus dem früheren Verhältnis der Schulen als Parochial-Schulen hervorgegangen", hieß es 1875 im Magistratsbericht –. Ihre Erweiterung um zwei Realklassen, die ausdrücklich auch katholischen und jüdischen Kindern bei hinreichenden Vorkenntnissen offen stehen sollten, mit getrenntem Unterricht für Jungen und Mädchen, verschaffte einen guten Start und setzte die höhere Mädchenschule unter Druck. Deren Schülerinnenzahl sank in zwei Jahren von 84 auf 68, bis 1843 auf 46.

Reorganisation 1838

Die Töchterschule suchte den Rückgang durch eine Reorganisation zu unterbinden. Zehn Jahre nach ihrer Eröffnung erweiterte die Schule ihren Unterricht um das Fach Handarbeiten. Eine Handarbeitslehrerin, die auch anderen Unterricht übernehmen sollte, ließ erwarten,

> der Anstalt dadurch mehr erziehenden Einfluß zu verschaffen und ihr in Bezug auf Sitte und Sittlichkeit die zartere Haltung zu sichern, die unter vermehrter weiblicher Mitwirkung erreichbarer ist.[574]

Den Plan hatte eine Gruppe von 12 Personen – unter ihnen vier Frauen[575] – entwickelt. Er ließ sich nur durch die Zahlung „eines ansehnlichen Schulgeldes" erreichen, Scherr warb „durch persönliches Umhergehen und Beraten" erfolgreich für eine hinreichende Finanzierung. Eine Lehrerin aus Lübeck wurde angeworben, aber nicht angestellt, als „von Seiten eines bisherigen, unter häuslichen Einflüssen stehenden Vorstehers ein unruhiges Werben bemerkbar [wurde], in dieser Schule nebenher auch dem einseitigen Pietismus eine Pflanzschule anzulegen"[576] und sich mit der Anstellung einer anderen Lehrerin, die „pietistischen Grundsätzen zugethan" war, durchsetzte. Unter den Eltern gaben die Kaufleute den Ton an. Unter ihnen waren wenige Reformierte, in der Mehrzahl Lutheraner. Einzelne Familien pflegten einen besonderen religiösen Zusammenhalt seit dem 18. Jahrhundert.[577] In dieser besonderen Verbindung grenzten sie sich gegenüber anderen Protestanten ab. Im Rückblick auf diese Zeit erklärte Ernst Wilhelm Müller im Jahre 1871 als Schulleiter von 1839-1848 das Wirken zweier Männer,

> des Commerzienraths G.[ustav] Delius [...] und des [...] Geheimen Sanitätsrathes Dr. Tiemann.[578] Die vornehmlichste Anforderung, welche diese beiden Herren stellten, war die, daß der gesammte Unterricht in evangelisch-christlichem Geiste ertheilt werde. Um dieser Anforderung möglichst zu genügen, wurden nur solche Lehrer berufen und angestellt, von deren christlicher Gesinnung man glaubte versichert sein zu dürfen. Die Anstalt konnte nur aus diesem Grunde dem Urtheile nicht entgehen, daß sie einem einseitigen Pietismus huldige.[579]

Der Konfessionalismus innerhalb der Lutheraner ließ auch Lehrer Pohlmann unter Druck geraten. Er sah sich „von einigen Mädchen, die dies von weiß wem wieder gehört hatten, hinsichtlich seiner Rechtgläubigkeit" verdächtigt, weil er in einer Bibellection geäußert habe, „daß der Versucher der Bücher Hiob von vielen Schriftauslegern nicht für den Teufel gehalten werde"[580]. Superintendent Scherr lag nicht an der Vertiefung dieser dogmatischen Frage im Bericht an die Regierung. Er qualifizierte die Bemerkung Pohlmanns als „unschuldige Äußerung". Gegenüber der Interessentenschaft drückte er sein Mißfallen aus und erklärte, er werde sich der Töchterschule künftig nur noch in dem Maße widmen, wie es seinem Amt als Schulinspektor entspräche.[581] Offensichtlich war auch die Töchterschule ein Ort, an dem mit dem Streit um die Existenz des Teufels[582] unter der Elternschaft um das richtige Verständnis protestantischer Konfessionalität gerungen wurde. 1835 hatte Georg Christoph Gieseler aus Werther in einer Veröffentlichung gegen die Bewegung der Pietisten Stellung genommen. Er warf ihnen vor, „die Hölle mit sinnlichen Bildern schreckhaft auszumalen und mit diesem Schreckensgemälde unaufhörlich allgemein zu ängstigen"; das „vernichte die moralische Vernunftfreiheit."[583] Ein Vorsteher verstärkte die Kritik an Pohlmann, der „schon früher gegen seine Freunde Rector Göppner [!], Candidat [August] Niemeyer[584] über unglimpfliche Behandlung geklagt [hatte] und daß ihn dieshalber schließen lasse, man wünsche seine Entfernung." Dass der Schulvorstand seinen bisher unbefristeten Anstellungsvertrag auf jeweils ein Jahr begrenzt hatte, versetzt ihn eine Lage, welche ihm nach seinen Worten „alle Freude an [seinem] Berufe nehmen könnte."[585] Die städtischen Personalakten Pohlmanns überliefern dessen Klagen, alle weiteren Einzelheiten werden nur in den Regierungsakten überliefert.

In der Stadt erregte ein anderer Schritt großes Aufsehen. Als ein neuer Schulleiter in Aussicht stand, richteten angesehene Männer[586], unter ihnen auch jüdische Väter, am 12.3.1838 eine Petition an Scherr, „eine hochverehrliche Schulinspection", um die Einsetzung „eines zum Pietismus [sich] hinneigenden Lehrers" zu vermeiden und wollten erreichen, dass „nur ein in jeder Hinsicht tüchtiger Lehrer" berufen werde. Die Unterschriften vermittelten in der Akte vor allem eine entschlossene Parteinahme. Die Vielfalt im Konfessionellen signalisierte die Einigkeit der Petenten in politisch-liberaler Orientierung. Dieser Streit dauerte in der Gegenwart der Jahre 1909-1911 im Protestantismus und in der Kommunalpolitik noch an. Der Lehrer, um den es hier ging, war der schon zitierte, damalige Candidat der Theologie, 1839 zum Schulleiter, seit dem auch Prediger, ab 1849 zum Pfarrer in der Altstadt und 1853 zum Superintendent berufene und als ein Mann „christlich-konservativer Orientierung" bezeichnete Ernst Wilhelm Müller. Konkrete Kritik an Predigern und Anhängern des Pietismus in Bielefeld wird in den Akten nicht laut. Eine zeitnahe Veröffentlichung[587] kennzeichnet die „vorherrschende" Ausrichtung der protestantischen Kirchengemeinden in Ravensberg als eine „rationalistische". Sie enthält Berichte über einzelne Ereignisse und vermerkt,

> Es sind zwar in der Diöcese* Bielefeld nur zwei entschieden pietistische Geistliche, der Eine in Gütersloh, Namens Volkening[588], der Andere in Steinhagen, Namens Hartog[589]; aber sie sind wenigstens schon genügend, um den traurigen Gegensatz der Wissenschaft auch unter das Volk zu bringen, und andere Prediger als Ungläubige zu verschreien.

* Evangelischer Kirchenkreis.

> [...] Die Leichenpredigten werden benutzt, eine Art Gericht zu halten, wo dann natürlich der Glaube den Ausschlag gibt, ob der Todte selig gesprochen werden dürfe oder nicht.[590] [...] ihre Gebete [gleichen] nicht selten ängstlich Stoßseufzern [...], und [werden] mit einem so traurigen Gebärdenspiele begleitet, mit einer solchen Heftigkeit ausgestoßen, daß die Würde der Kanzel und des Altares verletzt scheint und ein Mensch von richtigem Gefühle unwillig sich abwenden muß. [...] aus mißverstandenem Eifer [scheuen sie] sich nicht, um der Glaubensansicht willen selbst in Familien Zwietracht zu säen.

Der anonyme Verfasser kritisiert „Intoleranz (die sie sich freilich zum Verdienste machen, und als Gewissenssache ansehen)" und „daß sie durch ihren Rigorismus in Aeußerlichkeiten die Natur verkehren und offenbar die Heuchelei befördern."

Immer stärkere Fluktuation von der Töchterschule weg und zur Bürgerschule hin legte für Scherr und den Magistrat die Vereinigung beider Schulen nahe, Scherr entwickelte Vorschläge zur Organisation, bemühte sich immer wieder bis 1843 um diese Lösung. Der Schulvorstand hatte mit seiner Beschwerde über die konkurrierende Bürgerschule auch den Kultusminister in Berlin mit der Bielefelder Töchterschule befasst. Am 10.8.1842 berichtete die Regierung an den Minister:

> Nach einem jetzt eingegangenen Bericht des Superintendenten Scherr zu Bielefeld haben wir einige Hoffnung, daß die zwischen den Vorständen der Töchterschule und der Bürgerschule obwaltenden Missverhältnisse durch einen Zusammentritt und eine freundliche Berathung der Schulvorstände am sichersten und kürzesten zu beseitigen seien.[591]

Zur Beilegung des Konfliktes zwischen Töchterschule und Bürgerschule entsandte die Regierung in Minden eine Kommission unter dem Oberregierungsrat Franz v.Borries.[592] Er versuchte die gegen Müller erhobenen Vorwürfe zu klären, er mische sich in die religiöse Erziehung der Kinder ein.

> Alle Bemühungen in Bielefeld bestimmte Thatsachen zu erfahren, welche zu der Annahme berechtigen, der Hülfsprediger Müller ertheile einen Religionsunterricht, der zum Pietismus führe, sind vergebens gewesen; seine größten Gegner wissen nichts Bestimmtes anzugeben." In der Unterhaltung so wie in der Predigt, die er gehört habe, sei ihm „nichts aufgefallen, was auf eine einseitige Richtung hindeutet,

vielmehr wurde in der Predigt eine strenge Moral empfohlen, die wenigstens von krassen Pietisten aber nicht geachtet wird.[593]

Die Gegensätze zwischen den streitenden Parteien in Bielefeld zeigten sich unversöhnlich. Scherrs auf rationale Ziele gerichteten Vorschläge prallten an der fundamentalistischen Haltung Müllers ab. Vorstand und Leiter der Töchterschule bestanden auf ihren Vorbehalten und wollten den Übergang zur Bürgerschule durch Verbot unterbinden. Insbesondere Schulleiter Müller sah „keine Verbesserung seiner Stellung" darin, künftig in einer Art kollegialer Schulleitung mit dem Leiter der Bürgerschule, Rector Göpner, und dem Hilfsprediger August Niemeyer zusammenzuarbeiten.

> [...] Die *innere* Stellung der Lehrer ist von solcher Wichtigkeit und Bedeutung, daß weder von theilweisem Nachgeben die Rede sein kann, noch auch davon, daß diese nur in gewissen Fächern, wie z.B. in der Religion hervortreten. Der Lehrer soll und muß überall, mit wirklicher Ueberzeugung lehren; Rücksichtnahme auf die Meinungen, die an derselben Schule geltend gemacht werden, fördert den Sachdruck und macht die Kinder unklar oder wenigstens schwankend [...].[594]

Am Ende verbot die Regierung die Aufnahme von Mädchen aus den „höheren Ständen"[595] in privat geführter Vorbereitungsschule auf die Realklassen der Bürgerschule, und v. Borries empfahl, der Vorstand der Töchterschule möge sich um einzelne Mitglieder aus dem Kreis der unzufriedenen Eltern erweitern.[596] Sie wurde „im Jahre 1843 durch Erweiterung des Vorstandes zu einer Vereins-Töchterschule erhoben"[597], erinnerte sich Müller 1871. Aus den städtischen Akten geht hervor, dass die Stadt ihr gemeinsam mit dem Superintendenten Scherr angestrebte Ziel einer Vereinigung beider Schulen nicht erreicht hat.

In dieser Zeit war das bildungspolitische Interesse in der Stadt auch auf die kleinsten und zugleich ärmsten Kinder gerichtet. Scherr hatte es verstanden, für Eltern, die „in der Nothwendigkeit, für die Stillung des Hungers in oder außer dem Hause zu arbeiten, sich um die Beaufsichtigung der Kinder, die ihrer noch am meisten bedürfen, oft leider wirklich am wenigsten bekümmern können", eine „Kleinkinderschule"[598] zu gründen. Nach einem Jahr war festzustellen, dass das „körperliche Wohlbefinden der Kinder" gefördert, die „geistigen und sittlichen Anlagen[...] geweckt" und mit „den Anfangsgründen des Lesens auch die Aussprache des Hochdeutsche geübt wurde. Zu Hause und auf der Straße sprachen die Bielefelderinnen und Bielefelder allgemein das „Plattdeutsche“[599]. Es ist gut vorstellbar, doch von den Akten her nicht zu ermitteln, dass Absolventinnen der Töchterschule ehrenamtlich in der Kleinkinderschule gewirkt haben.

Die Schülerinnen erleben die 1840er Jahre in Bielefeld

Die Bielefelder Schulentwicklung geriet in den Hintergrund zur Krise in der bürgerlichen Gesellschaft, die auch in Lesevereinen nach Lösungen suchte. Rudolf Rempel nannte 1850 August Niemeyer, den Lehrer der Bürgerschule, nachmaligen Pfarrer der Neustädter Gemeinde in der Nachfolge des Johann Heinrich Scherr, einen „vormärzlichen Liberalen und ehemaligen Präsidenten des [...] demagogischen Lesevereins“.[600]

Thusnelde Koch hatte 1927 im Rückblick auf ihre Zeit als Schülerin der höheren Töchterschule ihre Erinnerungen an die Zeitereignisse und die Schulzeit von 1845-1854 aufgezeichnet.[601] Sie lässt die Nähe erkennen, in der sie und ihre Mitschülerinnen im Alter von etwa 9 Jahren zu den örtlichen Ereignissen lebten. Die Politiker sind schließlich die Väter Rudolf Rempel, Christian Nasse, Johanning, Wilhelm v. Ditfurth, (1810-1876), Ludwig Volrath Jüngst und andere, insgesamt Angehörige der bürgerlichen Oberschicht. Thusneldes Vater war Leinenhändler. Sie fuhr mit, wenn die Eltern Sonntags zu ihren Webern im V. Kanton fuhren, sah den Jammer und hörte die Klagen. Sie

> hörte wohl [im] Elternhause allerlei scharfe Missbilligung, doch auch viel über den Hungerwinter, Teuerung, Arbeitslosigkeit der Spinner und Weber, die geringen Löhne der Arbeiter am Bau des Viadukts bei Schildesche, über die vielen Krankheits- und Sterbefälle infolge des Mangels.[602] Einer unserer Weber erzählte viel davon und wie alle Weber und Spinner aufgeregt nun drohten, die neue Spinnerei* am Gadderbaum zu zerstören.[603]

Fahrende Musikanten kamen mit Drehorgeln, „auf denen die Püppchen tanzten. Schnell lernten wir die Lieder singen mit Orgelmann und Orgelfrau. Es klang viel darin von Freiheit und Brüderlichkeit, was wir liebten.“[604] Sie begegneten Moritatensängern, ließen sich „bis zu den Tränen“ von dem Bild von der Märzrevolution in Berlin ergreifen.

---

* Die Zerstörung der Spinnerei Vorwärts blieb aus.

Abb. 30: „Frankfurter Linden“ war die populäre Bezeichnung für die „Große Frankfurter Straße“ vom „Frankfurter Tor“ bis zur „Kleinen Frankfurter Straße“

Die Barrikaden, der wütende Pöbel darauf, die Männer im wilden Bart mit zornigen Augen, Gewehre oder Steine in den Händen, die Redner auf den Tischen mit fliegenden Rockschößen, fuchtelnden Armen, aufgerissenem Munde, die umfallenden Erschossenen, viel Blut usw. Es war schauderhaft. Unseren Zorn konnten wir aber nicht verhalten, als wir unseren hochverehrten, bewunderten und geliebten König Friedrich Wilhelm IV., den Zylinder in der Hand, geneigten Hauptes an den Leichen der Revolutionshelden stehen sahen. Uns Straßenkinder, die wir ihn liebten wie unsere Eltern, empörte das. Wir übertönten das Moritatlied mit kräftigem Singen des Preußenliedes: Ich bin ein Preuße, kennt ihr meine Farben. Wir hatten freilich gar kein Empfinden dafür,

> dass wir an unseren Hüten die Schwarz-Rot-Goldene Kokarde und gleiche Brosche am Kleidausschnitt trugen.[605]

Im Berichtsjahr 1927 war das Nebeneinander von Schwarz-Rot-Gold und preußisch-konservativer Symbolik nicht alltäglich, die Leitideen der Märzrevolution von 1848 im Bürgertum von neokonservativer und völkischer Seite her bekämpft.

Die Ankündigung einer „Umwälzung“ wurde ins Kindhafte übertragen, „wo man nicht mehr zu lernen brauche und die Plätze in der Schule nach dem ABC eingerichtet würden.“[606] Die Mädchen erlebten am Rande mit, was ihre Väter sangen und redeten, wie sie in Geselligkeit die Politik betrieben, sie ließen sich von den Reden begeistern und sangen die Lieder mit.

Im Bericht geriet eine Wahlveranstaltung in der Neustädter Kirche zum Skandal.

> Als Emma Rempel auf dem Schulwege erzählte: ‚Heute 12 Uhr wollen alle Onkels [sie meinte die Wortführer der Demokraten] in der Neustädter Kirche den lieben Gott absetzen, Religion ist vorbei, die braucht man nicht mehr zu lernen‘, da fanden wir uns auch ein.

Emmas Vater war Rudolf Rempel, der Führer der Demokraten.[607] Er hatte sich in seiner Zeitschrift „Der Volksfreund“ zum Religionsunterricht geäußert. Sie erschien unter der Parole „Freiheit, Wohlstand, Bildung für Alle“ in den Jahren 1848 bis 1850. „Nehmt den dogmatischen Religionsunterricht in Eure Hände, ihr Geistlichen, die Schule wird [...] Menschen für das Leben, Bürger für den Staat heranbilden,“ hoffte Rempel 1848.[608]

Thusnelde Koch hatte nach 60 Jahren noch die Szene vor Augen:

> Vor dem Altartisch sahen wir verschiedene unserer Herren sitzen. Neben Schwertern und Säbeln bemerkten wir Schnapsflaschen und Gläser. Es wurde laut geredet und heftig gestikuliert und mit Schnapsgläsern angestoßen. Der Pöbel stimmte brüllend ein in Herweghs Lied mit dem Schlußreim: „Reißt die Kreuze aus der Erden, alle müssen Schwerter werden!“ Das sangen wir mit. Da kam Pastor Niemeyer mit der Polizei herein und trieb Redner und Pöbel heraus. Wir aber baten Anna Niemeyer, sie solle uns nicht ihrem Vater verraten. [...] Der Pöbel verlief sich. Die Redner waren nicht mehr zu sehen. Uns erfüllte diese Kirchenszene mit Unwillen und Empörung. Meine Eltern und ihr Kreis waren sehr bekümmert über diese Revolution.[609]

Der Bielefelder Historiker Jörg van Norden zitiert aus einem Bericht des Superintendenten Heidsiek, in der Neustädter Kirche habe „der Pöbel, als die Wahl nicht nach seinen Wünschen ausgefallen ist, auf die roheste Weise tumuliert", so daß die Kirche geräumt werden mußte.[610]

Nach der Revolution beschäftigte der Tod Robert Blums die Phantasie der Mädchen.

> Aufreizender wirkte der Gesang von der Hinrichtung Robert Blums durch die feuernde Soldateska. Diesen Märtyrer ehrten wir durch Mitsingen des Liedes: „Robert Blum, der tapfere Held, ging frei durch die ganze Welt", in vielen Versen sein Leben, seinen Mut, Gefangennahme und Erschießung verherrlichend.[611]

Thusnelde Koch hatte 1927 mit ihrem Zeitzeugenbericht die leitenden Ideen und Personen der Jahre 1848/49 wieder in Erinnerung gerufen, auch überliefert, dass ihre Kaufmannsfamilie in Distanz zu ihnen gestanden hatten. Sie hatte aus ihrer Erinnerung das Anekdotische ohne Verknüpfung mit ihrer zeitgeschichtlichen Situation niedergeschrieben.

In der Schule

Nach 1848 war eine weitere Reorganisation der Schule erfolgt, deren Einzelheiten nicht überliefert sind. Ein anonymer Bericht stellt die Besetzung der Schulleiterstelle und die Zusammensetzung des Lehrerkollegiums in den Mittelpunkt, vermerkt die Spaltung der Interessenschaft in zwei Lager mit der möglichen Folge einer Spaltung.

> Von einer Trennung der Schule in zwei Anstalten, die nun bevorzustehen schien, befürchtete man zu große Geldopfer. Daher kam man zu dem unerhörten Beschluß, den bisherigen Schulverband aufzulösen, und allen Lehrern und Lehrerinnen zu kündigen, ohne freilich zu bedenken, woher man ein neues Personal nach solchen Antecedentien bei dem jetzt herrschenden Mangel an geeigneten Kräften und bei der Aussicht, dass ähnlich Conflikte von Zeit zu Zeit wiederkehren werden, nehmen wolle.[612]

Der neue Abschnitt brachte 1850 die Abfassung von Vereinsstatuten[613], die Wahl eines neuen Schulleiters in Person des Candidaten der

Theologie Dr. Emil Schneider und die Ankündigung, „eine Oberklasse“ über der 5. Klasse – mithin ein 10. Schuljahr – im Jahre 1851 einzurichten. Der Unterricht der neuen Klasse sollte die Allgemeinbildung erweitern, er werde beschränkt

> auf deutsche und französische Sprache, Geschichte und Geographie und Mythologie; nach Wunsch wird auch Unterricht im Gesange und in den Handarbeiten ertheilt werden. Den letztern ausgenommen, ertheilen den Unterricht ausschließlich Herr Gymnasial-Oberlehrer Jüngst und der Dirigent der Anstalt, Dr. Schneider. Die wöchentliche Stundenzahl ist vorläufig auf 12, und das jährliche Honorar auf 21 Thaler festgesetzt.[614]

Der Vorstand entsandte Oberlehrer Ludwig Volrath Jüngst als Vertreter der Töchterschule in die städtische Schuldeputation. Jüngst hatte 1843 nach dem Scheitern der Vereinigung von Töchter- und Bürgerschule ein Schulprogramm als Gegenentwurf zur Töchterschule entwickelt, als er – ohne Erfolg – plante, eine eigene Privattöchterschule zu gründen:

> Die bestehende Töchterschule verfolgte seither eine ganz bestimmte Richtung, indem sie die Färbung einer religiösen Partei annahm, und sie verlor dadurch das Vertrauen derjenigen Eltern, welche für sich selbst einer solchen Richtung nicht anhängen, und darum dieselbe für ihre Kinder unmöglich billigen können. Eben weil die religiöse Entwicklung von höchster Bedeutung für die Jugendbildung ist, werden Eltern hierin am bedenklichsten sein und – in so fern sie selbst einer frommen aber freisinnigen und echt-protestantischen Gesinnung angehören – ihre Töchter nicht einem Einflusse aussetzen, welcher dieselben leicht zu schwärmerischen Grübeleien führt, welcher sie der frisch-heiteren Stellung zum Leben entfremdet und ihnen dadurch im eigentlichen Sinne des Worts ihrer Jugend zu rauben vermag, welcher sie sogar – was das Schlimmste ist – in einen traurigen Conflikt mit den Eltern selbst bringen kann.[615]

Diese Aussagen kennzeichnen eher die Distanz des Verfassers zum Pietismus als die Schule, in der er dem Vernehmen nach wirken sollte. v. Borries hatte zur Kritik am Pietismus in der Töchterschule sogar bei den „größten Gegner[n] – offenbar auch bei Jüngst – vergeblich „bestimmte Thatsachen zu erfahren“ gesucht.

Jüngst hatte in Halle als Student politische Erfahrungen gesammelt. Im Anfang des Jahres 1822 wurde er im „Studium unterbrochen, weil [er] in Untersuchung wegen burschenschaftlicher Verbindung gerieth und zu einer Festungsstrafe von 15 Monaten verurtheilt wurde."[616] Ostern 1824 bis Herbst 1825 verbrachte er „die Strafzeit in Wesel" als Hauslehrer der Kinder des Festungskommandanten. Nach seinem Examen im Herbst 1825 gelangte er von Wesel über Tecklenburg 1830 an das Gymnasium in Bielefeld. 1848 hatte Jüngst als Gründungsvorsitzender der konstitutionellen Partei eine vom Volk zu gestaltende Verfassung gefordert.[617] Nach den Märzereignissen in Berlin führte Jüngst die Auseinandersetzung um die kirchliche Ausrichtung als einen Streit um die Schule. Die zwei wichtigsten politischen Aufgaben seien die Befreiung der Gesellschaft von der Einschnürung „in die Bande der Beengung durch Übergewicht des Kriegerstandes, in die Knechtung durch einen sich immer schrecklicher gestaltenden Glaubenszwang [...]."[618] Jüngst wollte erreichen, dass die Schule zur Staatsanstalt erklärt und die Schulaufsicht dem Staat übertragen wurde: „Der Stat [!] überwacht alle Erziehungs- und Unterrichtsanstalten ohne Ausnahme."[619] Dieser Grundsatz sollte das Ende der Konfessionsschulen bewirken, „weil man vom Stat nicht verlangen kann, daß er für jede Sekte besondere Schulen errichtet, und weil in der Vereinigung der Kinder verschiedener Konfessionen das einzige Mittel liegt, eine künftige Eintracht derselben vor zu bereiten."[620] Jüngst wurde 1877 zum (zweiten) Ehrenbürger der Stadt erklärt; in diesem Jahr hatte die mögliche Ausrichtung der Städtischen Bürgerschulen als paritätische Anstalten die Gegensätze zwischen „christlich-konservativ" und „liberal-freisinnig" sichtbar gemacht.

Das neue Schulgebäude 1853

Um 1850 zählte die Töchterschule ca. 115 Schülerinnen, das Gymnasium hatte fast eine doppelte Anzahl Schüler aus etwa denselben Familien.[621] Die bisher angemieteten Räume wurden zu eng, sodass die Eltern 1853 ein Grundstück kauften und ein eigenes Schulhaus errichten ließen. Zur Eröffnung sprach Jüngst

> So einfach und anspruchslos nun auch unsre Feierlichkeit, die Einführung in dies neue Schulgebäude ist, so fordert sie doch nicht weniger alle Betheiligten zu lebhaftem Interesse, zu wohlbegründeter Freude auf. Nicht aus der Gesammtheit einer Behörde des States [!] oder der

Stadt ist die Idee unsres Werkes hervorgegangen – sondern aus der wohlmeinenden Absicht der Bürger, nicht aus öffentlichen Kassen sind reiche Mittel zu seiner Ausführung geflossen – sondern sie sind beschafft worden durch die aufopfernde Bereitwilligkeit von Privatleuten, nicht der Berechnung auf gewinnreiche Erfolge verdankt es seine Entstehung – sondern der uneigennützigen Elternliebe, die freilich auch den gestreuten Samen wuchern sehen will aber nur geistige Früchte erwartet.[622]

Abb. 31: 1853 Neubau der Vereins-Töchterschule

Die Danksagung an die Beteiligten ließ Strukturen bürgerlicher Zusammenarbeit erkennen:

Die Mitglieder des Vorstandes stimmen freudig überein in der bereitwilligen Erklärung, dass aus ihrer Mitte Herr Gottfried Neese sich ganz besondere Verdienste erworben hat theils um das Zustandekommen des ganzen Unternehmens überhaupt, wobei er in Herrn Katzenstein einen so trefflichen Beistand fand, theils um die Ausführung des Baues, mit dessen Leitung und Ueberwachung er betraut war, welcher Aufgabe er sich mit so ausgezeichnetem Eifer unterzog und deren er sich mit so sichtlichem Erfolge entledigte; wir sind zugleich nebst allen Mitgliedern der Gesellschaft dem Herrn [Jeremias] Meerfeld[623] zu hohem Danke verpflichtet, der als Stellvertreter des Herrn Neese während dessen Abwesenheit sich des Baues mit so unermüdlichem Eifer angenommen hat, und wir bedauern nur, ihn hier nicht gegenwärtig zu sehen, um ihm unsern Dank persönlich auszusprechen. Wir gedenken ferner mit lebhafter Anerkennung der thätigen Beihilfe des Herrn Landraths von Ditfurth und des Herrn Stadtraths Killinger, von denen jener für die nöthige Sicherung, dieser für die erforderliche Verschönerung des Lokals sich bemüht hat.

Das neue Schulgebäude 1853 war in der Altstadt an der Wallpromenade zwischen – heute gesagt – Klosterstraße[624] und Stapenhorststraße errichtet worden. Es fällt auf, dass Vertreter der Kirchen nicht angesprochen wurden. Müller, seit 1848 Pfarrer in der Altstadt, war inzwischen eine Person mit hohem Prestige in der Stadtgesellschaft. Dies zeigte der Umstand, dass er 1846 zu einer Delegation gehörte, die in Münster bei König Friedrich Wilhelm IV. die Rücknahme eines Beschlusses erreichen wollte, der aus politischen Gründen und in Verärgerung über die liberale Bürgerschaft die Verlegung der Garnison von Bielefeld nach Herford zum Inhalt hatte.[625] Seine Töchter besuchten die Schule, die Ernennung zum Superintendenten am 25.8.1853 war gerade vollzogen oder stand unmittelbar bevor. Die schon genannte „Aussicht, dass [innerhalb der Schule um das Verständnis evangelischer Religiösität] Conflikte von Zeit zu Zeit wiederkehren werden" war durch diese Personalie und den Auftritt des Schulvorstandes nicht geringer geworden.

Unterricht

Erst einmal kamen der Unterricht und das neue Schulgebäude gut an. Die Schule hatte bemerkenswerte Lehrkräfte gewonnen. Der Unterricht in Französisch, der Naturgeschichte und Deutsch erreichte ansehnliches Format, Religion und Geschichte begeisterten. Er soll aus der Sicht zweier Schülerinnen und der Schulaufsicht betrachtet werden.

In den Musikunterricht brachten die Mädchen ihre spannenden Begegnungen ein: Sie erlebten die Auftritte von Ferdinand Freiligrath und des Heinrich Hoffmann von Fallersleben. Sie sahen Freiligrath und hörten ihn seine Gedichte deklamieren, lernten dann im Chor seinen „Löwenritt" usw., vortragen

> mit den uns natürlichen, begeisternden Gesten zu Hause und wo man es verlangte, auch in der Schule statt des aufgegebenen Gedichts, und zwar die ganze Klasse und ungestraft. [Hoffmann von Fallersleben] sang uns kleinen Mädchen von seinen 50 Kinderliedern vor: ‚Der Kuckuck und der Esel' und ‚Du willst mich kratzen, Katze' usw. Erfolg: wir erbettelten uns alle von den gütigen Vätern den Preis für dies herrliche Liederbuch, das gerade erschienen war. Diese „50 Kinderlieder" nach klangvollen Melodien überreichten wir unserem verständnisvollen Gesanglehrer Herrn Rietz.[626] Der sang uns gern vor und übte alle Lieder mit uns ein.[627]

> So viel wie möglich begeisterten wir uns für den Unterricht unseres hochverehrten Dr. Schneider. Wir interessierten uns für seine Religions- und Geschichtsstunden, verfassten hochtrabende Aufsätze aus der Ritterzeit, gotischen Kirchenbau und Stadtbild von Bielefeld, verfassten allerlei Reime.[628]

Hermann Wagner war am Seminar in Weißenfels i. S. ausgebildet worden und von 1851 bis 1857 in Bielefeld. Über seinen Unterricht notierte Thusnelde Koch

> [...] wilde Blumen [...] mußten wir haben für unsere Naturgeschichtsstunde beim geliebten Lehrer Hermann Wagner. Ja, der war gut; er ging mit uns über Berg und Wald, lehrte uns die Flora kennen und lieben, und abends sogar deutete er uns die Sternbilder und sprach von Uranus und den anderen.[629]

In einem an die Regierung in Minden gerichteten Visitationsbericht vom 26.4.1855 bewertete Superintendent Müller diesen Sachverhalt mit den Worten: „Wagner ist ein tüchtiger Lehrer von liebenswürdigem Charakter und sittlich untadeligem Wandel, [...]" Mit der Einschränkung „aber ohne tiefere Einsicht in das Werk Gottes" wählte Müller eine Mitteilungsform, die beim Leser die Übereinstimmung in den besonderen Maßstäben einer bestimmten religiösen Überzeugung voraussetzte. Deutlich war die Ablehnung von Rationalismus und Aufklärung. Die Ergänzung pädagogischer Kriterien durch Bemerkungen im Sinne von „Rechtgläubigkeit" machte den Bericht über den Unterrichtsbesuch auch zu einer „Maßnahme der Gesinnungssteuerung", die im Vormärz auf die „Verbannung des Reformgeistes"[630] gezielt hätte, 1855 auf die des Geistes der Revolution von 1848/49 zielte.

> Er [Wagner] lebt und webt in der Natur, wie in seinem Elemente, und ihre immer tiefere Erkenntnis ist sein Streben, vielleicht sein Gottesdienst. Dabei besucht er jedoch die Kirche von Zeit zu Zeit und beteiligt sich auch an der Feier des heiligen Abendmahls.[631]

Müller hatte im Schulrat Winzer[632] bei der Regierung in Minden, einen Leser seines Berichtes, der mit ihm „in den besonderen Maßstäben religiöser Überzeugung" übereinstimmte. Über eine Visitation am 24. und 25. Mai 1855 notierte Winzer:

> Lehrer Wagner versteht es, durch ausdrucksvolles, bedächtiges Vorerzählen, sachgemäßes Ab- und Durchfragen die biblischen Geschichten den Kindern auf leichte Weise verständlich und behaltbar zu machen. Hiernach wird er keine Schwierigkeit haben, die Kinder noch einen Schritt weiter zu führen und zum feinen Wiedererzählen im Zusammenhang zu bringen, was für den Gesamteindruck von Wichtigkeit, bisher jedoch versäumt ist. Dabei ist zwar nicht der buchstäbliche Wortlaut, wohl aber die eigenständige, prägnante Ausdrucksweise der Bibel festgehalten. Gegen die materielle Behandlung der biblischen Erzählungen von Seiten dieses Lehrers sind keine besonderen Empfehlungen zu erheben.

Winzer zeigte an, er vermisse „das eigene lebendige Interesse" des Lehrers und schloss ihn damit aus dem engeren Kreis der „Rechtgläubigen" aus. Als Maßstab der in Preußen von Regierungsseite gewünschten Gesinnungskontrolle führte er die „Grundzüge vom 3.10.1854", d.h. die Zielsetzung der Stiehlschen Regulativen in seinen Bericht ein:

> Nur läßt sein Unterricht in dieser Sache das eigene lebendige Interesse vermissen, welches denselben in anderen Fächern, besonders der Naturkunde erziehend und fruchtbringend macht. Nur in dem Maße, als [ein] Lehrer selbst in das Wort und die Thaten Gottes sich vertieft und hinzuleben schafft, kann und wird er es dahin bringen, daß die biblischen Geschichten volles geistigen Eigenthum der Kinder werden, sie nach dem Ausdruck der Grundzüge vom 3.10.1854[633] ‚dieselben an und in sich erleben.' Bringt er es aber dahin, so darf er gerade von dieser Thatsache viel süßere und innere Freude, als von jedem anderen, und er die Sprache, deren er ja sonst mächtig genug ist, wird ihn zu innigem Herzensgebete mit den ihm anvertrauten Christenkindern ihre Dienste nicht versagen.[634]

Deutschunterricht in den beiden oberen Klassen erteilte Oberlehrer Jüngst vom Gymnasium. Über sein öffentliches Wirken ist oben bereits berichtet worden. Zum Unterricht überlieferte Johanne Vogelsang:

> Deutsch gab in den mittleren Klassen Herr Ludwig, den wir besonders gern mochten, ja für den wir geradezu schwärmten. Er wußte uns für alles Schöne und Gute zu begeistern, besonders für das deutsche Gedicht.

Johanne Vogelsang schrieb ihren Bericht, als die Festschrift Wilhelm Warnings entstand. Das Wort „deutsch" veranlasste sie zu einer Nebenbemerkung über das zeitgeschichtliche Selbstverständnis der Jugend Anfang der 1930er Jahre, „sie allein wäre deutsch". Gegen diese Distanzierung von der Geschichte wandte sie unter Hinweis auf die Kriege 1864 und 1866 ein, „daß auch wir in unserer Jugend deutsch in hohen Graden gewesen und geblieben" seien. Im weiteren Verlauf berichtete Johanne Vogelsang aus dem Literaturunterricht bei Jüngst, er habe

> weiter gepflegt [was Herr Ludwig in unsere Seelen gepflanzt hatte] und uns weiter begeistert für alles Schöne in der Dichtkunst. Doch einmal mußten wir wohl zu glänzende Augen machen; er gab uns einen Dämpfer auf unsere Begeisterung, indem er sagte: „Glauben Sie ja nicht, daß alles im Leben so ist!"[635]

Schauspiel im Französischunterricht gerät zu einem konfessionellen und politischen Skandal

Fräulein de Rosa[636] war am Seminar in Heysden, Nord-Brabant, zur Lehrerin für Französisch und Englisch ausgebildet worden. Sie brachte ihre Schülerinnen im Französischen soweit, dass diese ein kleines Stück in französischer Sprache[637] am 13. Januar 1855 in der Schule vor Eltern und Verwandten aufführten, das sie außerhalb der Unterrichtsstunden eingeübt hatten.

Die Behörde hatte 1910 mitten in den 2. Aktenband der Töchterschule[638] gegriffen, den ersten[639] wohl überhaupt nicht genutzt. Dort waren fast alle Dokumente um die Auseinandersetzung zwischen den beiden Parteien im Bielefelder Protestantismus auffindbar, wie die zitierten Hinweise belegt haben. Für die Klärung der Konfessionalität im Laufe der Schulgeschichte hatte 1856 Rudolf Winzer* umfangreiche Vorarbeit geleistet. Es ist nicht ersichtlich, dass dieser Text 1910 eingearbeitet worden ist. Im Entwurf eines Promemoria für das Kultusministerium fasste Winzer die Etappen der Schulgeschichte zusammen: Die Besonderheiten bei der Schulgründung 1828, die geschilderten Konflikte der Jahre von 1837 bis 1839. Danach habe die Schule „unter der umsichtigen und energischen Leitung eines geistig und geistlich begabten Dirigenten – [gemeint ist Superintendent Müller] – ihre gesegnete Wirksamkeit in bisheriger Weise mehrere Jahre hindurch unbehindert fortsetzen“ können. Die Änderung im Vorstand mit der Mehrheit der bisherigen Opposition „im Gegensatz zu der als pietistisch verdächtigten Richtung des bisherigen“[640] habe „zunächst nichts Nachtheiliges über [den neuen Schulleiter] und die von ihm geleitete Anstalt, namentlich in religiöser Beziehung“ bekannt werden lassen. Erst eine französische Theateraufführung habe die Regierung bei Vorstand und Dirigenten der Schule „einen entschiedenen Mangel an christlich pädagogischem Takt“ erkennen lassen und die Feststellungen des Landrats[641], „Vorstand und Dirigent neigen sehr zum Rationalismus, und in religiös kirchlicher Beziehung lässt die Anstalt sehr viel zu wünschen übrig!“ bestätigt.

Wie Superintendent, Landrat, die Regierung in Minden und die Staatsregierung in Berlin auf diese Episode des Französischunterrichts reagiert haben, lässt im Protestantismus Grundsätze von lutherischem Konfessionalismus

---

* Reinhold Winzer (1797-1865), Regierungs- und Schulrat mit dem Titel Konssistorialrat in Minden (1844-1862). Bauks Nr. 7030, S. 566.

und im Politischen die eines christlichen Konservativismus erkennen. Der Bericht des Superintendenten vom 30.1.1855 sei ungekürzt vorangestellt:

> Am 13. Januar, kurz vor 6 Uhr, wurde mir von einem Interessenten der hiesigen höheren Töchterschule die Mittheilung gemacht, daß um 8 Uhr im Saale der Töchterschule von den Schülerinnen der ersten und zweiten Klasse ein französisches Schauspiel werde aufgeführt werden, zu welcher durch förmliche Theaterzettel eingeladen worden sei. Dieser Mittheilung war die anliegende Einladung beigefügt. Unverzüglich schrieb ich an den Dirigenten der Töchterschule Dr. Schneider und hoffte, die Ausführung eines derartigen Vorhabens noch verhindern zu können, indem ich ihn für die etwaigen Folgen verantwortlich machte. Mein Schreiben traf ihn leider nicht mehr zu Hause. Die Aufführung der Schüler hat danach in Gegenwart eines ziemlich zahlreichen Publikums, das zum größten Theil aus Interessenten der Schule, zum Theil aber auch aus anderen Personen bestanden in Costum und mit besonders dazu angefertigten Coulissen stattgefunden. In Folge meiner Aufforderung hat der Dr. Schneider den anliegenden Bericht verfaßt[642] und mir das Original des aufgeführten Stücks eingereicht. Wenn ich nun auch sagen muß, daß dieses letztere im Ganzen einen die Sittlichkeit nicht verletzenden Charakter trägt und namentlich keine männlichen Rollen darin vorkommen, so fehlt es doch nicht an Hindeutungen auf ein von der Vorsteherin der „Pension" vermuthetes Liebesverhältnis, das sich dann auflöst in die Liebe der Caecilia zu einer von der Gräfin Arabella verstoßenen Mutter.
> Aber abgesehen von dem Inhalt des Stückes habe ich meinerseits das ganze Unternehmen in einem hohen Grade missbilligen können, da der Erfolg kein anderer sein könnte als der, die leider schon so übermäßig gesteigerte Gefallsucht[643] und Koketterie unserer Schülerinnen zu nähren, ihre Eitelkeit zu bestärken und sie von den ernsteren Gegenständen abzuziehen. Was umso beklagenswerter ist, da die Mehrzahl der Agirenden solche Kinder umfaßt, welche den Konfirmandenunterricht besuchen und also kurz vor der bedeutsamsten Handlung ihres Lebens stehen. Daß der Pastor Smidt[644] hieselbst sich nicht gescheut hat, seine eigene Tochter zur Aktion herzugeben gereicht weniger der Sache zur Entschuldigung als es Zeugnis ablegt für seine persönliche Stellung zu ihr und zu seinem Beruf als evangelischer Pfarrer. Ferner mußte es nach meinem Ermessen als durchaus unpassend erscheinen, daß die Schule zum Schauspielhause umgewandelt und der Sache durch Ausgabe von Theaterzetteln ein besonderer Salut gegeben wurde.[645]

M.

Nous avons l'honneur de vous prévenir qu'il sera donné ~~Vendredi~~ Samedi 13 Janvier 1855 à l'Institut pour de

JEUNES DEMOISELLES A BIELEFELD.

CÉCILIA

OU

LA PENSION

PAR

MME CAMPAN.

PIÈCE EN DEUX ACTES.

PERSONNAGES.		ÉLÈVES.
MADAME TAINVILLE, directrice de la pension	MLLE	M. SMIDT.
LA COMTESSE ARABELLA	-	L. VELHAGEN.
MADAME DE HAUTCŒUR, sa belle sœur . .	-	E. SCHÜTZ.
CÉCILIA, sa nièce	-	FR. MEYERSOHN.
LOUISE } pensionnaires	-	M. VELHAGEN.
ÉMILIE } pensionnaires	-	M. KISKER.
LAURA } pensionnaires . . .	-	A. JUNG.
MATHILDE } pensionnaires	-	M. MERFELD.
SOPHIE } pensionnaires	-	O. NEESE.
MARIE } pensionnaires	-	J. KATSENSTEIN.
BABET, fille du portier	-	M. BECKHAUS.

Veuillez honorer la représentation de votre présence.

ON COMMENCERA A SIX HEURES PRÉCISES.

Abb. 32: Theaterzettel aus der Druckerei des August Velhagen

Müller benutzte alle erreichbaren Unterstellungen und Sachverhalte zur Steigerung administrativer Aufmerksamkeit. Als besonders wirksam schätzte er die Anspielung auf sexuelle Phantasien ein: „[...] wenn auch keine Männerrollen vorkommen fehlt es doch nicht an Hindeutungen auf ein von der Vorsteherin der „Pension“ vermuthetes Liebesverhältnis [...].“ Er unterstellte Unsittlichkeit, indem er einschränkend „im Ganzen einen die Sittlichkeit nicht verletzenden Charakter“ des Stückes einräumte. In dem beigefügten Bericht hatte der Schulleiter die Aufführung als einen Versuch bezeichnet, der „nichts sein will, als eine Übung in der kindlichen Unbefangenheit und Gewandtheit, nichts als eine aufmunternde Schlussspitze des französischen Unterrichts.“[646] Randbemerkungen auf diesem Bericht zeigen die Regierung im höchsten Grade aufgebracht gegen Schule und Drucker.

> Ich finde die Aufführung eines Theaterstückes auch als „Schlußspitze“ im französischen Unterricht weit außerhalb der Grenzen u. Befugnis einer Töchterschule.[647] – Übrigens ist auch der Drucker des Zettels, weil er seinen Namen nicht genannt hat, straffällig. Kg 3.2.

Das Gesetz über die Presse v. 12.05.1851 schien verletzt. Die Namen zweier von drei jüdischen Schülerinnen[648] – M. Merfeld und J. Katsenstein – wurden mit demselben Rotstift wie die Textzeile im Bericht des Superintendenten „gesteigerte Gefallsucht und Koketterie unserer Töchterschülerinnen zu nähren, ihre Eitelkeit ...]“ am Rande markiert. Ein Wort zur Verknüpfung der Namen jüdischer Schülerinnen mit Werturteilen fehlt. Es findet sich in Akten auch kein Bezug darauf.[649] Sicher ist, dass diese Akte aus späteren Anlässen wieder vorgenommen und gelesen wurde. In Landrat Wilhelm v. Ditfurths Randbemerkungen flossen Schulerfahrungen der eigenen Familie ein.

> Die Töchter [der Landratsfamilie v. Ditfurth] waren immer in schlicht gearbeiteten Nesselkleidchen, lernten früh unabhängig zu sein von Mode und Meinung anderer. Meine Freundin Julie suchte immer uns mit den Aussprüchen ihrer Mutter aufzuklären, über unser unnützes Vagabundenleben. Ihr Vater verkehre auch nicht mit unseren verehrten Herren, und Franz v. Ditfurth, ein Jahr jünger als wir, sagte, er habe vom Vater gehört, es seien Demokraten.[650]

v. Ditfurth berichtete über den Französischunterricht, die politische Einstellung und protestantisch-kirchliche Parteinahme. Es hätte „wohl nicht leicht ein unschuldigeres französisches Stück [...] gewählt werden können", schwächte v. Ditfurth Müllers Kritik ab.

> Die Aufführung kleiner französischer Theaterstücke kann als Sprachübung auch für Töchterschulen nicht unzweckmäßig erachtet werden". Gegen die Lehrer sei nichts zu erinnern, „namentlich ist das Fräulein de Rosa in jeder Beziehung ein sehr achtungsvolles Frauenzimmer, welches sich ihren Beruf sehr angelegen sein läßt und auch in religiöser Beziehung keinen Tadel verdient.

Allerdings hätten Konfirmandinnen auch zu lehrreichen Zerstreuungen nicht hinzugezogen werden sollen, fuhr v. Ditfurth fort. Zwischen Vorstand und Schulinspector Müller sei eine Verständigung unterblieben. Ins Grundsätzliche zielte der Vorwurf: „Vorstand und Dirigent neigen sehr zum Rationalismus, und in religiös kirchlicher Beziehung lässt die Anstalt sehr viel zu wünschen übrig."[651] Dieser Satz wurde im weiteren Verlauf mehrfach wiederholt und war Ausdruck politisch und orthodox-religiös formulierter Kritik an Vorstand und Leiter der Töchterschule.

Der Bürgermeister Krohn wurde über den Landrat dahin beschieden: Dem „negirenden Geiste und der ihm entsprechenden weltförmigen Lebensauffassung, wie letztere sich in der theatralischen Produktion am 13ten Januar d. J. (13.1.1855) bethätigt hat," sei kein Raum zu gestatten.[652]

Im Bericht über das Theaterspiel hatte Müller die Aufmerksamkeit der Regierung geweckt. Im Folgebericht über den Schulvorstand nannte er die Mitglieder und gab Auskunft über ihre Gesinnung, damit auch über die politischen und religiösen Strömungen in einem Teil des gehobenen Bürgertums.

Politisches Leumundszeugnis

> Von diesen sind Jüngst, Consbruch und G. Neese entschieden dem Rationalismus zugethan, ja die beiden ersteren gehen vielleicht noch über dieses caput mortuum* hinaus; Niemeyers Stellung darf ich als bekannt voraussetzen[653] und Bergmann hat bei wachem religiösen Bedürfnis ein empfängliches Gemüth und einen kindlichen Sinn, ohne jedoch zu voller Entschiedenheit für das Evangelium bis jetzt hindurchgedrungen zu sein.[654]

---

* „totes Kapitel".

An diesem Beispiel drückte Müller sein persönliches Glaubensbekenntnis aus. Daran maß er Schule, Vorstand und Schulleiter. Die Äußerungen über Jüngst, Consbruch und G. Neese enthielten aus konservativer Sicht so etwas wie den Extremismusvorwurf. „Caput mortuum" konnte den Wunsch auf den „Tod der Aufklärung" zeigen und zielte im Tone der Unterstellung mit „vielleicht noch [dar]über[...] hinaus" auf ein unbestimmtes, jedenfalls noch radikaleres Übel. Die Kritik am Rationalismus richtete sich gegen die Aufklärung und die daraus abgeleiteten Forderungen des politischen Liberalismus. „Volle *Entschiedenheit* für das Evangelium" war eine Botschaft des Pietismus mit uneingeschränktem Rückhalt bei Landrat und Regierung als den Instanzen politischer Aufsicht von konservativer Orientierung. So standen beim „Konflikt" um die Töchterschule zwei evangelisch-kirchliche und politische Lager in Bielefeld einander gegenüber.

Die Kenntnis dieser Akte und der Einzelheiten aus der Vorgeschichte verdeutlicht den Charakter regierungsamtlicher Maßnahmen, der Bericht des Jahres 1910 verdeckt ihn zwischen *„genehmigt"*, *„abgelehnt"* *„verfügt"*:

> Der Herr Minister des Innern *genehmigte* unterm 4. Oktober 1856 die Berufung einer Lehrerin aus Osnabrück* an die städtische Vereins-Töchterschule. In derselben Zeit wurde es aber *abgelehnt*, der Schule Corporationsrechte zu verleihen: jedoch *verfügte* der Herr Minister der geistlichen pp. Angelegenheiten unterm 16. Februar 1857, daß die Regierung den Zustand der Schule gemäß §§ 1 – 10 der Staatsministerial-Instruktion von 1839[655] ordnen möge.

Die Obrigkeit wünscht die Kommunalisierung

„Es wurde abgelehnt, der Schule Corporationsrechte zu verleihen", hatte es 1910 geheißen. Die Urheber blieben unbenannt, nach den Akten waren es Landrat und Superintendent, die Regierung schloss sich an. Der Oberpräsident in Münster und der Kultusminister in Berlin billigten das Vorgehen. Mit der Ablehnung verknüpften sie den Plan, die Eltern zu enteignen und die Schule künftig als städtische Anstalt führen zu lassen und beschritten den Weg über die Erzeugung von politischem Druck auf drei Ebenen.

---

* Im Entwurf gestrichen: „also einer Ausländerin!" Der Genehmigungsvorbehalt des Ministers bei der Einstellung von Lehrkräften aus dem Ausland – z.B. aus Hannover oder Lippe – war eine Bestimmung aus der zitierten Instruktion; sie wirkte 1910 anachronistisch.

Der Vorstand der Töchterschule hatte bisher alle Erfordernisse bis hin zum Grundstückskauf einfach mit dem Wort, einem Brief oder dem Handschlag geregelt. Jetzt erkannte er, dass die rechtliche Lage für die Schule und für die einzelnen Vorstandsmitglieder Risiken heraufbeschwören konnte, die mit den Eigenschaften einer juristischen Person zu vermeiden waren. Diese Eigenschaften hätten die Schule auch aus der Reihe von Privatschulen herausgehoben. Der darauf gerichtete Antrag wurde allerdings ungeachtet der Unterstützung durch Bürgermeister Krohn verworfen. Am 11. September 1855 bemühte v. Ditfurth das „allgemeine Interesse" und die zeitgemäße Förderung der Mädchenbildung:

> Ich stimme zwar mit dem p.[erge] Krohn darin überein, daß es zum Fortbestehen der Töchterschule in der bisherigen Weise wünschenswerth, wenn nicht notwendig sein würde, derselben Corporationsrechte zu verleihen, allein ich kann mich nicht davon überzeugen, daß es im allgemeinen Interesse liegt, die jetzige Privat-Töchterschule in der bisherigen Weise beizubehalten. Vielmehr bin ich der Ansicht, daß eine Stadt wie Bielefeld[656] wohl die Mittel besitzt, eine städtische Töchterschule einzurichten und daß dieselbe es sich und ihren Töchtern schuldet, eine derartige Schule des baldigsten ins Leben zu rufen. Ich bin auch der Überzeugung, daß der Wunsch, eine städtische Töchterschule zu besitzen, bald allgemein werden wird und deshalb würde ich es nicht zeitgemäß finden durch Gewährung der beantragten Corporationsrechte das Bestehen einer Gesellschaft zu befestigen, welche nur als Nothbehelf anzusehen und daher meines Erachtens auf dauernde Existenz keinen Anspruch hat. Ich trage daher darauf an, daß der Vorstand abschlägig beschieden werde [...].[657]

Ebenso ließ sich Müller vernehmen, er glaube, „daß für die geistliche Umgestaltung der Töchterschule wenig zu hoffen ist, so lange sie nicht den Händen und dem Einflusse einer religiös-indifferenten Privatgesellschaft entzogen <u>und zu einer öffentlichen Anstalt erhoben</u>[658] wird."[659]

Staatsschutz

Die zweite Ebene erstreckte sich auf den Staatsschutz mit der Verfügung, „daß die Regierung den Zustand der Schule gemäß §§ 1-10 der Staatsministerial-Instruktion von 1839 ordnen möge." Eine Kabinetts-Ordre hatte 1834 im Zuge der „Demagogenverfolgung“ den Grundsatz der Gewerbefreiheit für den Privatschulbereich aufgehoben. Die Ausführungsbestimmungen erklärten nur noch auf ein Jahr befristete Genehmigungen der Ortsschulbehörde zur Unterrichtserteilung für zulässig. Der Stand der Lehrer an öffentlichen Schulen war schon länger verdächtig,

> anstatt wahre Intelligenz zu verbreiten, welche Grundlage eines Staates sein muß, die Ausartungen desselben zu begünstigen. Sie entfachten „Oppositionsgeist“ und mischten sich in Angelegenheiten der Staatsverfassung und Verwaltung ein, was mit der pflichtgemäßen Führung eines Lehramtes unvereinbar sei.[660]

> [Lehrern, die] wegen Theilnahme an unerlaubten Verbindungen von der Anstellung im Staatsdienst ausgeschlossen sind, darf die Gründung oder Fortsetzung von Privatschulen oder Privat-Erziehungsanstalten gar nicht, Ausländern nur nach vorgängiger Genehmigung des Ministeriums des Innern und der Polizei gestattet werden.[661]

Die politischen Restriktionen wurden pädagogisch, moralisch und religiös bemäntelt. Zeigen sich in Privatschulen

> Verkehrtheiten und Mißbräuche, welche die Jugend verbilden können, oder ihrer Sittlichkeit und Reliösität Gefahr drohen, ... und wird ein solcher Übelstand auf die Erinnerung der Ortsschulbehörde nicht abgestellt, [...] so ist die [Regierung] befugt, nach Befinden der Umstände [...] die Privatschule [...] zu schließen.[662]

Bei einer jährlich zu erneuernden Genehmigung sahen die Interessenten „keine Garantien ihrer Leistungen und ihres Bestandes.“[663] Die Regierung habe die Anwendung der Instruktion von 1839 verlangt und „drohte am 9. März 1857 mit der Schließung“[664], hatte 1908 Gerth in seinem Beitrag zum Schuljubiläum als Vorgeschichte zur Übernahme der städtischen Schulträgerschaft ausgeführt. Der Zwangscharakter der Maßregeln saß im Gedächtnis der Stadt. Der Wortlaut dieser Vorschriften war jederzeit in der Sammlung von Rechtstexten nachlesbar und in den städtischen Akten, dass die Regierung die Gefährdung von Sittlichkeit und Religiösität ausgemacht hatte.

Persönliche Anfeindung

Die dritte Ebene war die der persönlichen Anfeindung und Diskretitierung, hier die Beschädigung und Zersetzung der beruflichen und protestantisch-kirchlichen Reputation des Schulleiters.

Die Regierung in Minden führte die Auseinandersetzung um die Töchterschule als eine Kampagne zur Verhinderung „dogmatischer Ausschreitungen."[665] Bei Besuchen zu öffentlichen Schulprüfungen[666] sowie in mehreren Visitationen entstanden Aufzeichnungen einzelner Religionsstunden, die der Dirigent Dr. Schneider erteilte. Darin protokollierte Müller als Schulinspektor Beobachtungen, die er in seinem Konfessionalismus aufgespürt hatte: „Dr. Schneider [leugne] die Wunder und die Existenz des Teufels"[667], er vertrete „eine Auffassung, die in die Zeit des vulgären Rationalismus fällt" und einem „rechten Christus-Verständnis" entgegenstehe, er kritisierte, „daß die innere Stellung des Dr. Schneider nicht als eine christlich-kirchliche, auf, [wie er es nannte,] *lebendiger* Erfahrung der Kraft des Evangeliums beruhende angesehen werden kann und deshalb sein Einfluß auf die Herzen der ihm anvertrauten Kinder für deren Seelenheil eher hemmend als fördernd ist"[668] und unterstellte aus der Antwort einer Schülerin, mit der Einbeziehung eines scheinbar unbefangenen denunzierenden Zeugen, „Schneider leugne die Lehre der Erbsünde."[669] Müller war in der lutherischen Orthodoxie und in der Distanz zur Kirche der Union, die eine Gemeinschaft von Lutheranern und Reformierten hätte sein sollen, befangen. Er verkannte die Tatsache, dass sich Dr. Schneider der reformierten Gemeinde in Bielefeld zurechnete und warf ihm auch noch sein Fernbleiben vom Gottesdienst und Abendmahl vor.[670]

Die zum Nachteil verwendeten Aussagen über die Persönlichkeit des Schulleiters wurden von Superintendent und Regierung in mehrfachen unterrichtspolizeilichen Visitationen gesammelt. Die Regierung drohte mit einem ‚Berufsverbot' zur Erteilung des Unterrichts „wenn nicht überhaupt, doch in Bezug auf den Religionsunterricht" „um die Gefahr der Entchristlichung von einer zahlreichen weiblichen Jugend"[671] abzuwenden. Schneider verkürzte sein fachliches Selbstbewusstsein auf die Bitte, „den Jaspis'schen Katechismus [seinem] Unterricht zu Grunde legen"[672] zu dürfen. Als er „demselben unbedingt und fast sclavisch" folgte, sah der Superintendent „die Gefahr einer dogmatischen Ausschreitung zum großen Theil beseitigt"[673]. Die Wirkung ging über die Schule hinaus[674] und isolierte ihn auch gesellschaftlich:

> Im Uebrigen ist die äußere Haltung des Dr. Schneider sowohl beim Religions-Unterricht als auch sonst eine würdige und unanstößige. Er

> ist körperlich leidend und was seinen Umgang anlangt, fast ausschließlich auf den Kreis seiner Familie beschränkt[675],

hieß es im Ergebnis der Kontrolle des gesellschaftlichen Verkehrs. So war gewährleistet, dass die Kenntnis der Einzelheiten des disziplinierenden Einschreitens gegen Schneider auf wenige Vertraute beschränkt blieb, das Verdikt gegen Rationalismus war öffentlich. Am Ende blieb ihm keine Betätigungsmöglichkeit in Bielefeld. Thusnelde Koch wusste zu berichten, Schneider sei „später Vorleser und Depeschenträger Friedrich Wilhelms IV." gewesen.[676] Der Bericht beschrieb 1910 die Wirkung, die der dreifache Druck ausgelöst hatte:

> Da es dem Vorstand der Schule schwer fiel, den bezüglichen Forderungen der Regierung zu genügen, er aber samt den Interessenten die Anstalt nicht eingehen lassen wollte, wandte er sich an den Magistrat mit der Bitte, die Schule in eine städtische zu verwandeln.

„Ziel erreicht", signalisieren die Akten. Mit dem Verfahren gegen Dr. Emil Schneider und die private Vereinstöchterschule hatte die Kirchenaufsicht in Kreis und Regierung auch für die übrigen kirchlichen Amtsträger ein Zeichen gesetzt. Schneider war Candidat der Theologie. Er hatte erfolgreich sein Studium abgeschlossen, sogar promoviert und wartete in einem schulischen Anstellungsverhältnis auf eine Pfarrstelle. Das Vorgehen von Superintendent und Regierung zeigt, unter welchen Bedingungen die Pfarrer in der Diözese Bielefeld wirkten. In aufgeklärter Theologie die sozialen und politischen Zusammenhänge von protestantischer Kirche und Gesellschaft zu begleiten, war künftig ausgeschlossen. Jede Denunziation hätte ein Verfahren wie gegen Schneider auslösen können. Eine solche war jederzeit vorstellbar angesichts der konfessionalistischen Spaltung des Luthertums in Bielefeld und Ravensberg. Protestantische Prediger schieden als Meinungsführer oder Vermittler aus der interkonfessionell strukturierten Bürgerschaft und der aufgeklärten intellektuellen Öffentlichkeit Ravensbergs aus. Im Mittelpunkt hatten 1834 noch kommunikative Strukturen der Aufklärung gestanden:

> Sogenannte Conferenzen in den einzelnen Diöcesen, mehr oder minder mit wissenschaftlicher, wenigstens praktischer Richtung, erleichtern den geistigen und geselligen Verkehr, frischen die Berufsthätigkeit an, und verhindern jene einseitige Stabilität in den Ansichten, welche in der ländlichen Abgeschiedenheit so leicht entsteht. Journalcirkel und theologische

> Lesebibliotheken, welche durch den Beitrag der Mitglieder bestritten werden, befördern die Wissenschaftlichkeit, bringen die Erscheinungen unserer Literatur in abgeschiedene Dörfer, erhalten Bekanntschaft mit dem Wissenswerthen, und reizen zum Fortstudiren.[677]

Diese Entwicklungskräfte gingen mit dem Wechsel in der Besetzung von Superintendentur und Pfarrstellen mit Predigern, die dem Pietismus zugetan waren, verloren. Die Konferenzen hatten ihre Tagesordnung geändert. Für die Schulgeschichte resumierte Jens Bruning, die

> dynamische und modernisierende Entwicklung des niederen Landschulwesens zwischen 1770 und 1806/07 wurde nunmehr abgelöst durch eine konservative Volkserziehung, die den Widerstand gegen die moderne Gesellschaft einüben und in den Köpfen der Landbewohner verfestigen sollte.[678]

Der Fall Schneider und der privaten Töchterschule in Bielefeld zeigt, dass die Wirkungen weit in den gesellschaftlich-politischen Raum hinein drangen.[679] Anfangs hatten Befürchtungen der Stadtverordneten vor den Kosten einer Töchterschule[680] und die Sorge der Eltern, ihren Einfluss auf die Schulbildung ihrer Töchter zu verlieren, gleichermaßen die Umwandlung in eine städtische Anstalt verhindert. Jetzt forderte der Minister von Berlin aus ultimativ die Übernahme der Schule durch die Stadt unter Ausschluss der Eltern: In jedem Falle sei „den Vereinsmitgliedern [...] eine Einwirkung auf die Schule durch irgendwelche Betheiligung an der Aufsicht oder an der Berufung von Lehrern p[erge] nicht zu gestatten und überhaupt eine Verhandlung mit ihnen über die Angelegenheiten der Schule abzulehnen."[681]

Müller bezeichnete die abschließende Verfügung der Regierung als einen Befehl, der nicht verfehlt habe, „eine ganz ungewöhnliche Aufregung nicht allein unter der Interessentenschaft der Vereins-Töchterschule, sondern durch diese veranlaßt in den hohen Kreisen des hiesigen Publikums überhaupt" hervorzurufen."[682] Diese Nachricht gab die Regierung unmittelbar nach Berlin an den Minister weiter.[683]

Die Übergabe der privaten höheren Mädchen-Schule an die Stadt

49 Unterschriften gaben einer Petition an den Magistrat Gewicht. Landrat Wilhelm v. Ditfurth, Rudolf Rempel und Ludwig Volrat Jüngst unterzeichneten mit. Der Umgang mit ihren unterschiedlichen politischen Vorstellungen

machte die künftige Entwicklung der Bielefelder Kommunalpolitik aus. Die Petenten begannen mit einer historischen Vorbemerkung:

> In der Geschichte der letzten 30 Jahre Bielefelds spielt der höhere Mädchenunterricht eine wichtige und nicht erfreuliche Rolle. Zwar hat die Töchterschule für mehr als eine Privatschule gegolten, ist sogar einer öffentlichen Schule gleich geachtet worden, und dennoch konnte sie vor den empfindlichsten und tiefsten Erschütterungen nicht bewahrt werden, dennoch hat sie bedeutende Kreise der Einwohnerschaft oftmals bewegt und beunruhigt. Solche Erschütterungen und Beunruhigungen sind ebenso nachtheilig für die Schule selbst, als für das Gesammtleben der Einwohner, wo sie die Bande der Eintracht vielfach lockern und dem Gemeinwohl entschieden Abbruch thun. Würde nun unsere Töchterschule als bloße Privatschule fortbestehen, so wäre der Vexationen*, Reibungen, Störungen u.s.w. kein Ende abzusehen, während sie, sobald sie in die Reihe der städtischen Anstalten eintritt, vor solchen Stürmen gesichert ist. Von ihrer größeren Leistungsfähigkeit im letztern Falle bräuchten wir nichts weiter zu sagen.[684]

Die Eltern hatten den noch andauernden Konflikt auf das Selbstverständnis der Schule bezogen, die konfessionalistischen Auseinandersetzungen im historischen Zusammenhang betrachtet und schulpädagogische mit kommunalpolitischen Folgerungen verknüpft. Die Stadt könne die Schule als „städtische Anstalt" künftig sichern und weiter entwickeln als „über den Parteien stehende Behörde", wie sich Müller 1871 erinnerte.[685] Gegensätzliche Erwartungen begleiteten die Kommunalisierung. Sie wurden zur Sache des Bürgermeisters, des Magistrats und der Stadtverordneten. Der Magistrat prüfte durch eine Kommission des städtischen Schulvorstandes die Möglichkeiten und Bedingungen der Übernahme[686], entwickelte das schon genannte Organisationsstatut. Bürgermeister Ludwig Huber zeigte seine Selbständigkeit und Unabhängigkeit, indem er entgegen dem Ministerwillen das Mitwirkungsrecht zweier Elternvertreter auch bei der Berufung von Lehrkräften sicherte. Der Schulverein hatte die Verträge mit allen Lehrkräften gelöst, übergab die Schule mit Aktiva und Passiva an die Stadt und löste sich zum 1. April 1858 auf.

---

* „Erschütterungen".

Bielefelder Stadtverordnete wählen 1870 den jüdischen Arzt Dr. Bernhard Steinheim in den Schulvorstand

Die Mehrheit im Rat lag 1870 bei Fortschrittspartei und Nationalliberalen. Dr. Bernhard Steinheim war 1865 in der II. Klasse als Linksliberaler gewählt worden. Er rückte an die Stelle von Carl Bozi in den Schulvorstand ein. Die näheren Hintergründe dieser Wahl sind unbekannt. Neben Müller als Schulinspektor gehörten noch Pastor August Niemeyer und Kaufmann Gante, die konservativer Richtung zuzuordnen waren, Jüngst, Beigeordneter Wilhelm Bertelsmann, Dr. Bernhard Steinheim, alle liberaler Tendenz, und Oberbürgermeister Huber zum Vorstand.[687]

Aktenmäßig ging das Schulkollegium ausführlich auf den Konflikt um den jüdischen Arzt Dr. Bernhard Steinheim ein.[688] Die Darstellung zeigt, wie die Verwaltungsjuristen auf den jeweiligen Ebenen argumentiert haben. Gemeinsam ist ihnen der positivistische Umgang mit Rechtsakten und

Abb. 33: Dr. Bernhard Steinheim (oben links) im „Shakespeare Club Bielefeld“

-vorschriften: gibt es sie oder gibt es sie nicht – das ist für sie die entscheidende Frage. Das Schulkollegium bemühte sich, aus dem Ablauf der Aktenfolge den positiven Rechtsstatus der Schule herzuleiten. Die näheren gesellschaftliche Bedingungen und das politische Umfeld werden erkennbar, aber nicht rechtserheblich eingebracht und bleiben weithin außen vor. Sie machen allerdings die Lektüre der Texte zu einem Verwirrspiel: 1870 bis 1872 wollte die Regierung die städtische Töchterschule als eine evangelische Schule bezeichnet wissen, um die Entfernung des Juden Bernhard Steinheim aus dem Schulvorstand zu bewirken. Die Stadt erklärte, die Konfessionszugehörigkeit von Schulvorständen sei nirgends festgelegt, sie wollte Steinheim dort halten; die Liberalen hatten gerade seine Wahl in den Rat durchgesetzt. 1910 legte das Schulkollegium dem Magistrat nahe, die Schule zu einer paritätischen Schule zu erklären. Die Mehrheit von 1870 war dahin. Das sei nie beschlossen, es sei eine evangelische Schule, widersprach 1910 die Stadt, um den kulturpolitischen Streit um die Konfessionalität der Bürgerschulen nicht wieder aufleben zu lassen, die nicht das Anliegen der neuen Mehrheit gewesen war. Das Schulkollegium hatte den Blick auf ein vierzig Jahre zurückliegendes Ereignis gelenkt und bemühte sich, historische Rechtsakte zu gültigem Recht zu erklären:

> Am 14. Juli 1870 berichtet der Superintendenten Müller an die Königliche Regierung, daß am 12. d. Mts. der Oberbürgermeister Huber als Vorsitzender des Kuratoriums der städtischen Töchterschule den jüdischen Arzt Dr. Steinheim als von den Stadtverordneten gewähltes Mitglied des Kuratoriums eingeführt habe. Das halte er nicht für statthaft, da es sich um eine evangelisch-christliche Schule handele; wenn die Regierung diese Wahl nicht rückgängig mache, möchte man ihn von der Verpflichtung entbinden, den Sitzungen des Kuratoriums weiterhin beizuwohnen und die Inspektion über diese Anstalt fortzuführen.[689]

Der Verfasser der Dokumentation hatte Müllers besondere Einstellung zu Juden unerwähnt gelassen. Müller hatte sich in evangelischem Konfessionalismus von Katholiken abgegrenzt und die Ablehnung des Juden Steinheim ins grundsätzlich Feindliche gesteigert:

> Viel weniger aber erscheint es als angemessen, einen <u>Juden</u>, der wenn er es mit seinem Bekenntnis treu meint, ein entschiedener Gegner des Christentums ist und sein muß, zum Mitglied des Vorstandes zu machen.

Diese Gegnerschaft hatte er zum Bestandteil eines Bedrohungsszenarios gemacht, dessen Realitätsgehalt mit einem „möglicher Weise" ins Abstrakte verschoben war: „Ist dazu einmal die Thür geöffnet, so können möglicher Weise die Juden allmählich die Majorität in demselben bilden und wie dabei eine christliche Schule gedeihen soll, ist mir unbegreiflich". In der Stadtverordnetenversammlung glaubte er Ansätze zur Einführung einer paritätischen Schule wahrgenommen zu haben.

> Offenbar geht derjenige Theil der Stadtverordneten-Versammlung, der den (perge) Steinheim zum Mitglied des Vorstandes der christlichen Töchterschule gewählt hat, mit dem Gedanken um, die Anstalt zu einer confessionslosen Schule zu machen, und es muß daher hier heißen: principibus obsta!"*

Der Superintendent drohte der Regierung in Minden, sich aus der Aufsicht über diese Schule zurückzuziehen, „wenn die Regierung diese Wahl nicht rückgängig mache." Das Protokollbuch weist aus, dass Müller weiterhin regelmäßig an den Sitzungen des Schulvorstandes teilgenommen hat.

Das Schulkollegium stellte die weitere Behandlung, insbesondere die Auffassung des Magistrats[690] umfassend dar, „daß ihm keine gesetzliche Vorschrift bekannt sei, die es verbiete einen Juden in den Vorstand der fraglichen Schule zu berufen." In der Aufforderung zu dem zu erstattenden Bericht lese der Magistrat „zum ersten Male", daß die städtische Töchterschule eine evangelische sei.

> Ihrer Entstehung nach sei die Schule *sicherlich* keine Konfessionsschule, denn die frühere Vereinsschule, an der katholische und jüdische Interessenten partizipierten, habe *jedenfalls* keinen konfessionellen Charakter getragen."

Oberbürgermeister Ludwig Huber hatte präzise und leicht gereizt – wie die Worte *„sicherlich"* und *„jedenfalls"* auch in der Darstellung des Schulkollegiums signalisierten – an die Regierung unter Hinweis auf das Ortsrecht berichtet. Der Berichterstatter fuhr fort:

> Auch die Stadtbehörde habe bei Übernahme und Reorganisation der Schule nicht daran gedacht, derselben die Eigenschaft einer Konfessionsschule zu geben. Die Stadtbehörden hielten sich auch jetzt nicht

* „wehret den Anfängen".

> für befugt, der städtischen Töchterschule einen bestimmten konfessionellen Charakter beizulegen: denn die Schule werde von Schülerinnen aller in der Stadt bestehenden Religionsgemeinschaften besucht und aus den Mitteln der politischen Gemeinde, mithin auch aus den Beiträgen der katholischen und jüdischen Gemeindeglieder unterhalten.

Die Regierung in Minden hatte zu dem Bericht zurückhaltend vermerkt, dass der Bericht weder ihren „Akten, noch sonst den Verhältnissen, so weit wir sie kennen, entsprechen dürfte".[691] Im weiteren Verlauf habe die Regierung diesen Bericht dem Superintendenten und dem Landrat zugeleitet. Die Stellungnahme des Landrats sei eindeutig gewesen,

> die jetzige städtische Töchterschule ist eine rein städtische Anstalt der politischen Gemeinde, und es ist in keiner Weise nachgewiesen, daß derselben durch Statuten f.f. <u>ein spezifisch</u> christlicher oder gar konfessioneller Charakter beigelegt sei.

v. Ditfurth hatte der juristischen Betrachtung eine gesellschaftspolitische Bemerkung mit einer politischer Empfehlung hinzugefügt, die das Schulkollegium 1910 nicht aufgenommen hatte:

> Es ist zwar nach meiner Auffassung ein bedenkliches Zeichen der Zeit, daß eine überwiegend christliche Bevölkerung es nicht allein gutheißt, sondern sogar etwas darin sucht, daß Juden in die städtischen Vertretungen, Schulvorstände etc gewählt werden; indeß gegen derartige Schäden gibt es keine Hülfe durch Staatsgewalt und Polizei, sondern die Heilung muß von Innen herauskommen und es muß sich schließlich zeigen, ob die christliche Bevölkerung in ihrer Mehrheit noch in der That ein christliches Bewusstsein hat, oder ob sie nur noch dem Namen nach eine christliche Bevölkerung heißt. Eine Einmischung von Aufsichtsorganen möchte ich für sehr bedenklich und nicht durchführbar halten. Außerdem würde damit, daß die Juden vom Vorstand von Aufsichtsorganen fern gehalten würden, noch nicht viel erreicht werden. Ein wirklich gläubiger Jude wäre in der That noch besser als ein nur nomineller, vielleicht völlig atheistischer Geist und wie will man die letzteren vom Vorstand fernhalten?[692]

Auch der Superintendent hatte in christlich-konservativer Sicht die Gegenwart der Jahre 1870/71 einbezogen. Deutlich trat die Auffassung vom christlichen Charakter des Staates hervor und die Besorgnis, er könne verloren gehen. Müller sah die Kirche der

> Gefahr ...] ausgesetzt: Während das Leben der Völker sich bisher auf der Grundlage des Christenthums erbaute, und der Staat einen wesentlich christlichen Charakter trug, drängt die Zeit nach einer Neugestaltung des öffentlichen Lebens, wobei die Religion und die Kirche außer Frage kommen, und dies innerste Gebiet der geistigen Entwickelung dem freien Ermessen des Einzelnen anheim gegeben werden soll. Nicht c h r i s t l i c h e r [!] Staat, sondern R e c h t s staat [!] ist die Loosung der Zeit. Die alte Verbindung zwischen Staat und Kirche, diesen beiden göttlichen Ordnungen, deren gegenseitige Durchdringung bisher als der leitende Grundsatz und als das zu erstrebende Ziel galt, soll gelöst werden, [...].[693]

Das „freie Ermessen des Einzelnen“ zeigte die Möglichkeit einer Entwicklung zum Parlamentarismus an.

Antijüdische Ressentiments und Antisemitismus

Aus der Ablehnung des liberalen Rechts- und Verfassungsstaates erwuchsen 1871 die antijüdischen Ressentiments:

> aber einerseits saßen damals und bis heute keine Juden in den Stadtbehörden, u. andererseits wurde noch viel weniger daran gedacht, daß jemals der Fall eintreten könne, einen Juden zum Mitgliede dieses Vorstandes zu erwählen, da die Zahl der jüdischen Kinder im Verhältnis zu der christlichen stets nur eine verschwindende gewesen ist. Erst die neuste [!] Zeit hat sich bis zu dieser Höhe des Liberalismus emporgeschwungen und beides zur Ausführung gebracht.

Sein politisches Unbehagen sah Müller im Liberalismus begründet, nun verstärkt durch den Eintritt des jüdischen Arztes in den Schulvorstand. In Verbindung mit Klagen über den Liberalismus kamen Juden, doch keine Katholiken vor. Müller nahm den jüdischen Arzt Dr. Steinheim im Schulvorstand nicht hin, weil ihm der „Liberalismus“ zu weit ging. Das war eine neue Verknüpfung in Bielefeld.[694] Die von Müller artikulierten antijüdischen Ressentiments mündeten zehn Jahre später im Antisemitismus[695] des

Adolf Stoecker[696] und im programmatischen Antisemitismus der Christlich-Konservativen. Stoecker warb für die Werke der Inneren Mission und zielte seine Kapitalismuskritik auf Juden. In antisemitischer Agitation ab 1879 bekämpfte er Juden und Sozialdemokratie.[697] Für Massimo Ferrari Zumbini ist der Antisemitismus Stoeckers mehr als ein bloßes „Mittel der Konsensmanipulation", die „Verknüpfung von sozialer und religiöser Frage mit der ‚Judenfrage' sei bei Stoecker essentiell."[698] Wilhelm Warning blickte auf „Superintendent Müller als Schulaufsichtsbeamten" zurück. Er habe „im Jahre 1872 die Bestätigung der Wahl des jüdischen Kurators Dr. Steinheim für die „evangelische Schule" bei der Regierung zu verhindern" gesucht, „aber zu keiner ernstlichen Erschütterung der Schule" führen können.[699] Warning schrieb dies im Jahre 1933 ohne jede weitere Bemerkung, als der Antisemitismus Programm der Reichsregierung in Deutschland und Verwaltungsvorschrift in jeder Stadt wurde.

Das Schulkollegium stritt 1910 für die liberale Forderung nach einer paritätischen Schule. Den Zusammenhang mit der 1870 bis 1873 in Bielefeld geführten Diskussion nahm die Behörde nicht auf. Sie versuchte, die Argumentation zu personalisieren, berief sich auch auf die Autorität eines Zeitzeugen: „Der damalige Bürgermeister war derselbe wie in den Jahren 57 und 58 er konnte daher wohl wissen, in welchem Sinne die Schule von der Stadt übernommen war". Oberbürgermeister Ludwig Huber hatte 1870 auf das Ortsrecht hingewiesen. Dazu gehörte das Organisationsstatut der 1858 in städtische Trägerschaft übernommenen Töchterschule als eines der ersten Dokumente neuer städtischer Selbstverwaltung. Die Erinnerungen daran waren für Huber „die Quelle lebendiger Aktualität"[700], er kannte vom Anfang seiner Tätigkeit in der Stadt die schulpolitischen Kontroversen und die Verhältnisse der Töchterschule.[701] Er hatte am 1. April 1857 sein Amt als Bürgermeister übernommen, drei Tage, nachdem die Interessenten den Antrag auf Übernahme der Töchterschule an die Stadt gerichtet hatten.

Zeitzeugen waren auch Landrat und Superintendent gewesen, die erklärtermaßen die Kommunalisierung der Töchterschule betrieben hatten: Der Landrat, wie schon dargelegt, aus seiner Sichtweise als Jurist und politischer Beamter; der „religiöse Standpunkt der Schule" geriet bei Superintendent Müller in den Mittelpunkt eines Rückblicks bei der Stellungnahme zum Bericht des Magistrats[702]: auf seine Zeit als Leiter der Töchterschule von 1839 bis 1849 und als Schulinspektor von 1853 bis 1858.[703] Das Schulkollegium hatte 1910 aus der Stellungnahme des Landrats einen Satz, aus dem Bericht des Superintendenten kein Wort aufgenommen. Bei der Lektüre waren andere als aktengestützte Erinnerungen wohl nicht mehr wirksam.[704]

Kulturkampf 1872

Der Streit um den Schulvorstand Dr. Steinheim war mitten in den Kulturkampf geraten. In Bielefeld hatte er innerprotestantische Vorzeichen. Die Konservativen in Minden-Ravensberg standen mit der Zentrumsfraktion „im Kampfe für das christliche Staatsprinzip gegen das heidnische, für kirchliche Freiheit gegen gegen Uebergriffe der weltlichen Staatsmacht“[705]. „Der Wächter“ machte die Konfliktlinien der 1850er Jahre wieder sichtbar:

> Unsere Bezirksregierungen scheinen sich von den Mühler-Stiel'schen Traditionen nicht lossagen zu wollen. In einer Zeit, wo die deutsche Reichsregierung der Jesuitenherrschaft ein so jähes Ende bereitet, wuchert pietistisches Unkraut um so üppiger auf. Vor zwei Jahren wurde aus der Reihe der Stadtverordneten unser geachteter Mitbürger, der beliebte Augenarzt Herr Dr. Steinheim in den Schulvorstand der hiesigen Töchterschule gewählt. Der Organisationsplan dieser Schule enthält nicht ein Wort von Confessionalität; trotzdem war der neue Schulvorstand den hiesigen Pietisten, sowie dem gleichgesinnten Schulrath zu Minden ein Dorn im Auge, weil er ihrer Ansicht nach den Fehler besaß jüdischer Confession zu sein.
>
> Die frommen Herren wandten sich um Beseitigung des jüdischen Schulvorstandes an das Ministerium, erhielten jedoch ablehnenden Bescheid. Dieser Misserfolg entmuthigte sie jedoch nicht, es wurde tüchtig weiter gewühlt, bis unsere Bezirksregierung in Minden den Magistrat aufforderte, binnen 14 Tagen einen neuen Schulvorstand zu erwählen. Vergebens schaut man sich in diesem Regierungserlaß nach stichhaltigen Gründen für dies Verfahren um. Die Regierung gesteht zwar, dass der Organisationsplan der Schule keine bestimmte Confession vorschreibe, allein sie will es zwischen den Zeilen lesen, dass die Schule eine evangelische sei. Wie wir hören, hat der Magistrat der Stadt mit lobenswerther Einmütigkeit beschlossen dem peremptorischen Verlangen der Regierung einen energischen Widerstand entgegen zu setzen, sollte es aber dennoch zur Neuwahl kommen so setzen wir das feste Vertrauen in unsere Stadtverordneten, dass Sie [!] ihren Kollegen, den sie dieses Ehrenamtes für würdig erachteten, dem Ukas der Bezirksregierung gegenüber bei der Neuwahl aufrecht erhalten. Den Herrn im Ministerium scheint das System des Kultusministers Dr. Falk schlecht zu behagen, und es ist daher die Pflicht unserer Bürgerschaft der Staatsregierung zu zeigen, dass man in Bielefeld nicht

> dem Pietismus freiwillig das Feld einräumt, sondern energisch für die religiöse Toleranz in die Schranken tritt.[706]

Über das Ergebnis des Widerspruchs, den der Magistrat eingelegt hatte, habe nach den Worten des Schulkollegiums der Ministerial-Erlaß vom 25. Februar 1873

> gegen die Regierung entschieden, zunächst dahin, daß die Wählbarkeit des jüdischen Arztes in den Vorstand der städtischen Töchterschule durch sein religiöses Bekenntnis nicht ausgeschlossen sei, dann daß die Wahlen für diesen Vorstand nicht von der Regierung zu bestätigen seien, (sondern vom Landrat bezw. vom Oberbürgermeister).[707]

Der Erlass war nicht in den Bielefelder Akten angekommen, das Original war beim Schulkollegium verblieben.[708] Darin entschied der Minister nur über die Form und erinnerte die Regierung unter Hinweis auf ihr Amtsblatt daran, sie habe 1829 in der „Instruction für Ortsschulvorstände" verfügt, die Bestätigung für Ortsschulvorstände sei in die Hände der landrätlichen Behörde, beziehungsweise des Oberbürgermeisters gelegt.

Das Schulkollegium hatte es 1910 versucht, aus der geschichtlichen Betrachtung des konfessionellen Status der Schule die Norm des geltenden Rechts herzuleiten. Auch der Minister hatte ja 1873 ausschließlich auf das positive Recht – hier das Amtsblatt der Mindener Regierung – hingewiesen. Landrat und Superintendent waren als Konservative 1871 unvermittelt in „scharfe Opposition zur Regierung"[709] geraten. Sie deuteten den sozialen, kulturellen und politischen Wandel der Zeit als Erschütterung religiöser Gewissheit und politisch als Staatsgefährdung, bekämpften Aufklärung und Liberalismus und suchten Überzeugungskraft ihrer Argumente auch in Bildern antijüdischer Ressentiments. Der Aufklärung waren traditionelle Vorurteile erlegen. Im Kampf gegen die Aufklärung lebten sie wieder auf und konnten eine neue Verbindung mit antiliberalen und antijüdischen Inhalten eingehen. Was sich im kirchlichen Raum in der ländlichen Umgebung Bielefelds als pietististische Bewegung weithin durchgesetzt und in Wahlen gegen die Liberalen den Erfolg der konservativen Partei getragen hatte, sollte jetzt auch die politische Mitwirkung von Juden in „städtischen Vertretungen und Schulvorständen" unterbinden helfen."[710]

Konfessioneller Charakter ohne Rechtsurkunde 1910

In seiner historischen Aktenübersicht hatte das Schulkollegium alle politischen Zusammenhänge abgeschnitten und die Aktenlage auf den Begriff des konfessionellen Charakters der Schule zugespitzt. Für diese Betrachtungsweise fehlte es indessen an einer Rechtsurkunde. Die Stadt wehrte sich heftig gegen den Eingriff in ihre Schulhoheit und verstand die Intervention der Behörde als einen Beitrag zur Belebung innerstädtischer Konflikte. Die konkrete Gestalt liege in einer möglichen Konkurrenzverschärfung zur noch stiftischen Cecilienschule, hatte der Magistrat verlauten lassen. Das Nebeneinander zweier höherer Mädchenschulen in der Stadt war seit 1855[711] geeignet gewesen, die politische und die evangelisch-kirchliche Richtung der wohlhabenderen Familien anzuzeigen: galt doch als evangelisch pietististisch die Neugründung der privaten Töchterschule, als ein „Hort des liberalen Bürgertums“[712] die städtische Höhere Mädchenschule. Auf die zeitgeschichtlichen Zusammenhänge ließ der Magistrat sich ebenso wenig ein wie das Schulkollegium.

Auf mehr als der Hälfte von acht Seiten hatte das Schulkollegium 1910 die Verfahrensschritte und Positionsbeschreibungen im Konflikt um die Mitgliedschaft des Bernhard Steinheim im Schulvorstand aktenmäßig dargestellt. Das Schulkollegium sah 1910 darin den „ersten Anlaß, [den konfessionellen Charakter der Anstalt] festzulegen.“[713] Auch die Ministerialentscheidung war positiv rechtlich, aber rein formal geblieben. Das Schulkollegium sah

> die Ausführungen des Magistrats über den nicht konfessionellen Charakter der Schule [...] vom Erlass zwar nicht betroffen, aber auch nicht zurückgewiesen oder berichtigt, aber damit ist doch wohl mittelbar anerkannt, daß die Meinung der Stadtbehörde vom Charakter der Schule, mit der allein sich die Wahl Dr. Steinheims vertrug, richtig war.[714]

Aus heutiger Sicht seien die sozialgeschichtlichen Aspekte um Dr. Bernhard Steinheim familiengeschichtlich ergänzt. Steinheim war viermal bis 1880 als Vertreter der Stadtverordneten in den Schulvorstand wiedergewählt worden, blieb bis 1898 Stadtverordneter. Er zog 1899 nach Wiesbaden, richtete sich wieder eine augenärztliche Praxis ein und bot Sprechstunden zwischen 9.00 und 11.00 Uhr an. In Wiesbaden heiratete am 24.6.1899 seine Tochter Anna, Schülerin der Städtischen Töchterschule von 1880 bis 1889, den Fabrikdirektor Gottlieb Beckmann aus Königsberg. Bernhard Steinheim starb am 20.1.1913 in Wiesbaden. Am 15.4.1942 wurde Anna Beckmann aus Berlin nach Theresienstadt deportiert, wo sie am 14.8.1944 starb.

Der historische Bericht des Jahres 1910 untersucht auch die unterschiedlichen Bezeichnungen der Schule in Schriftstücken. Sie unterscheiden sich im Gebrauch des Adjektivs „evangelisch“, das gelegentlich eingesetzt wurde, wie es der Magistrat argumentativ hervorhob, oder fehlte, was das Schulkollegium anmerkte. 1876 bis 1878 habe der Magistrat über den Plan berichtet, „mit der Töchterschule ein Lehrerinnenseminar oder dgl. zu verbinden“, und erklärt, „daß „die Stadtbehörden der Anerkennung der Schule als einer paritätischen Anstalt keinen Widerspruch entgegensetzen“ würden.“ Die ausdrückliche Anerkennung des paritätischen Status unterblieb. Es habe keine staatlichen Zuschüsse gegeben. Nach einer Zeit, „die von Streitigkeiten über Lehreranstellungen gefüllt wurde, ruhten die Seminarpläne und der Streit über den konfessionellen Charakter der Töchterschule.“[715]

Abschließend stellte das Schulkollegium fest,

> auch von der Regierung wird nicht bestritten, daß sowohl bei Einrichtung der alten Interessentenschule wie bei deren Übergang an die Stadt von keiner Seite irgend eine Bedingung oder ein Vorbehalt in Bezug auf den konfessionellen Charakter der Anstalt ausgesprochen worden ist; ferner ist fraglos, daß die Stadtbehörde bei dem ersten Anlaß, diesen festzulegen, entschieden und mit Erfolg die Parität der Schule behauptet hat. An diesem Zustand ist auch in der Folge nichts geändert worden“.

Der Magistrat widersprach entschieden dem Wunsch des Schulkollegiums nach einer rechtlich verbindlichen Feststellung der Schule als einer paritätischen Schule. Das Unbehagen der Stadt lag wahrscheinlich darin begründet, dass die Auseinandersetzungen um die beiden höheren Mädchenschulen bei den Debatten in der Stadtverordnetenversammlung wiederkehrten. Die Diskussion über die seitens des Schulkollegiums angeregte Einstellung von Lehrkräften katholischer oder jüdischer Konfession beendete die Stadt mit der Feststellung:

> Wenn an der städtischen höheren Mädchenschule Lehrer- oder Lehrerinnenstellen zu besetzen sind und durch öffentliche Ausschreibung zur Einreichung von Bewerbungsgesuchen aufgefordert wird, so wird in dem Ausschreiben der Stellenbewerb niemals auf eine bestimmte Konfession beschränkt.[716]

Sie beschrieb damit eine von Anfang an geübte Praxis. Am 27.1.1923 stellte der „Vorstand der Kaiserin Auguste Viktoria-Schule“ (!) fest, „der Nachweis, dass die „Auguste Viktoria-Schule“ (!) keinen paritätischen Charakter hat, ist nicht zu führen.“[717]

Zeitgeschichte im Wandel der Zeiten

Die verschiedenen Namen der Schule sind Geschichte. Überliefert sind auch die Entscheidungen über die Setzungen der Namen. Die erste höhere Mädchenschule in Bielefeld hatte oft im Fokus der Stadt- und Staatspolitik gestanden mit Angriffsflächen und Angeboten zu den Widersprüchen der Zeit. Wie Frauen für einander geschrieben, Geschichte gedeutet und politisch gehandelt haben oder von ihr betroffen wurden, konnte in Beispielen aus Zeugnissen von Angehörigen verschiedener Generationen bis in die Mitte des 19. Jahrhunderts zurückverfolgt werden.

In der zweiten Hälfte des 20. Jahrhunderts hatte die Schule den Namen Bernhard Bavinks getragen, dessen Name mit gegensätzlichen Auffassungen von der Einbeziehung der Geschichte des Nationalsozialismus in die Deutsche Geschichte verbunden war.

Der Verbrennung der schwarz-rot-goldenen Fahne im März 1933 auf dem Schulhof hatte Wilhelm Warning in der Schulgeschichte von 1953 den Anschein eines revolutionären Ereignisses gegeben, so als hätten Fremde die Schule heimgesucht. Er gab eher die Sichtweise des Jahres 1953 als die des Jahres 1933 wieder. Die Darstellung hat erkennen lassen, dass die Nationalsozialisten schon vor dem Jahre 1933 die überlieferten Grundlagen des Verwaltungshandelns in ihrem Sinne geändert hatten beim Oberbürgermeister und beim Schulleiter.

Die Nationalsozialisten betrieben in der Schule Personalpolitik zum Eigennutz ihrer Aktivisten und Funktionäre. Der Zufallsfund einer Personalakte als „politischer Akte“ ließ die Wechselwirkung zwischen belasteten kollegialen Beziehungen in der Schule und Parteiarroganz in der Schulaufsicht unter der Bezeichnung „Staatlicher Untersuchungsausschuss“ erkennen. In den ab 1933 eingetretenen Veränderungen hatten sich drei Frauen besonders mutig behauptet: Margarete Lentz, Hertha Wessel und Emmy Cremer. Die Preisgabe literarischer und künstlerischer Wertmaßstäbe vollzog sich erst mit Veränderungen im Lehrerkollegium. Die Schülerinnen übernahmen mehrheitlich das Angebot einer scheinbar emanzipatorischen Jugendkultur in weitgehend selbstbestimmtem Freizeitverhalten im BDM. Der Appell an eigenverantwortliches Handeln stärkte das Selbstwertgefühl. In die spektakulären Selbstinszenierungen nationalsozialistischer Propaganda ließen sie sich einbeziehen. Die Vereinigung der Ehemaligen war eine Erinnerungsgemeinschaft von Schülerinnen aller Konfessionen geblieben.

Emmy Cremer hatte sechs Jahre nach Kriegsende das erste Heft der Ehemaligenzeitschrift wieder herausgegeben unter ausdrücklichem Hinweis auf die aus Deutschland vertriebenen Jüdinnen. Sie holte Überlebensberichte ein, die in unterschiedlicher Ausführlichkeit Zeugnis ablegten vom Entkommen aus der Verfolgung und aus dem Krieg. Die Berichte der Renate van Hinte ließen erkennen, dass die Bereitschaft, die Tatsache und Einzelheiten der Verfolgung preiszugeben, anfangs äußerst gering war und erst im Laufe der Jahre auf äußeren Anstoß hin gewachsen ist. Flucht und Aufnahme, Asyl und Verfolgung wurden zu einem europäischen Geschehen. Diese Berichte wollten vielfach Briefwechsel und Besuche unter Mitschülerinnen und ehemaligen Freundinnen anregen.

Bernhard Bavink hatte das Interesse für die Naturwissenschaften und für Philosophie geweckt. Bei den Schülerinnen gleich welcher Konfession verbreitete er eine Kultur der Anerkennung, für die die jüdischen Schülerinnen besonders empfänglich waren. Außerhalb der Schule wirkte Bavink mit in Veranstaltungen, die einer weiteren Stadtöffentlichkeit gewidmet waren. Dort konnten seine Schülerinnen bemerken, dass er in seine Vorträge zur Förderung der Eugenik Anfang der 1930er Jahre die politische Empfehlung nationalsozialistischer Programmelemente einbezogen hatte. Sie konnten am Beispiel des schon der 1920er Jahren antisemitisch angegriffenen Albert Einstein auch von ihm lernen, dass die Gebote der Rationalität der Erkenntnis den Vorrang vor antisemitischen Parolen hatten.

In der Stadt und in der naturwissenschaftlich orientierten Öffentlichkeit Deutschlands und Westeuropas hatte sich Bavink ein eigenes Profil von Unabhängigkeit geschaffen, das widersprüchlich und anregend zugleich war. In seinen Veröffentlichungen hatte er Anknüpfungspunkte formuliert auch für Menschen, denen an einem von dem Nationalsozialismus unabhängigen Nachdenken über politische Grundsätze, Werte und die Verbindung wissenschaftlicher Aussagen gelegen war. Nach Kriegsende sah hier Oberbürgermeister Artur Ladebeck die Chance, eine auf gemeinsame Werte ausgerichtete europäische Politik kommunalpolitisch zu verankern und Bavinks Gedächtnis auch mit dem Namen der Schule zu verbinden. Die Zeitgeschichtsforschung öffnete die Untersuchung zu weiteren Gegenständen. Die Analyse neukonservativer Gesellschafts- und Staatsbilder, die Untersuchung des Antisemitismus und sozialer Vorurteile zeigte, wie nahe Bavinks Vorstellungen 1933 von einem organischen Staat ohne Demokratie dem Nationalsozialismus kamen. Die Gegensätze zwischen den Beispielen heute noch zu schätzender Zivilcourage im Umgang mit dem Nationalsozialismus und den für eine spätere Orientierung auf das Grundgesetz befremdlichen Positionen

Bavinks sind durch die Untersuchung schärfer gezeichnet, nicht aufgehoben worden. Die Spannung hat sich tiefer eingeprägt als der kommunalpolitische Umgang mit ihnen.

In den beiden Jahrbüchern der Schule haben bürgerliche Schülerinnen und Lehrkräfte erkennen lassen, wie sie die junge Republik aufgenommen haben: zuallererst als die Freiheit, als Frau zu entscheiden in freier Wahl. Einzelne Lehrerinnen sahen in der parlamentarischen Demokratie auch ihre Ziele aus der Frauenbewegung gefördert und engagierten sich politisch. Mit der Auswahl der Literatur zog die Moderne ein, die expressionistische Kunst war Standard. Im historischen und gesellschaftlich-politischen Bereich war sich das Lehrerkollegium bis 1933 einig gewesen, zum Verfassungstag nie den bekennenden Nationalsozialisten der Schule sprechen zu lassen. Ein positives, historisch verankertes Bild der jungen Republik und ihrer Geschichte gab es nicht in der Schule und wurde auch nicht von der akademischen Zeitgeschichte der 1920er Jahre in Deutschland bereitgestellt. In der Namensänderung von „Kaiserin Auguste Viktoria-Schule" zu „Auguste Viktoria-Schule“ drückte sich weniger Republikgefühl als aktueller Opportunismus aus.

Die Übertragung des Namens der Kaiserin auf die Städtische Töchterschule war einer Banalität entsprungen; sie signalisierte auch einen Höhepunkt in der Entwicklung der höheren Mädchenschule. Der Aufbau kam zum Abschluss, als 1909 die Studienanstalt als studienvorbreitender Schulzweig eingerichtet und die schuleigene Lehrerinnenausbildung, die den Weg zur Studienanstalt vorbereitet hatte, aufgegeben worden war. Als zentrales Instrument zur Gestaltung der Schule hatte die Stadt ihre freie Wahl der anzustellenden Lehrkräfte gegen den Widerstand der vorgesetzten Behörde durchgesetzt. Die Forderung der Behörde nach offener Erklärung der Schule als „paritätischer“ Anstalt deckte Spannungen von Konfessionalität und Konfessionalismus innerhalb der bürgerlichen Kreise der Stadt auf.

Das Schulkollegium hatte aus einem historischen Fall die Argumente der Stadt ausgewählt, als unter den Vorzeichen einer fortschrittlich-liberalen Bürgerschaft und Stadtverwaltung der Oberbürgermeister gegen die Regierung in Minden und den Superintendenten in Bielefeld die Mitgliedschaft des jüdischen Arztes Dr. Bernhard Steinheim im Vorstand der städtischen Töchterschule behauptet hatte. Die Behörde hatte diesen Fall in der Folge der Schulgeschichte von der Gründung an betrachtet. In der Aufnahme dieser Sichtweise hat sich gezeigt, dass die Töchterschule mit ihrer Struktur ein Muster für die weitere Stadtentwicklung war. Dem von aufklärerischen Impulsen angeregten Wandel setzten in der zweiten Hälfte des

19. Jahrhunderts kirchliche und politische Obrigkeit mit Superintendent, Landrat und Regierung in Minden ihren Willen nach Fortdauer obrigkeitlicher Verhältnisse entgegen. Sie hatten mit ihrem Vorgehen gegen Dr. Emil Schneider, den Leiter der Töchterschule ein Beispiel für die Bekämpfung des Rationalismus gesetzt. So warnten sie alle, die in der lutherischen Kirche, den städtischen Schulen und im Gymnasium tätig waren, Staat, Kirche und Schule mit den Geboten aufgeklärter Vernunft zu konfrontieren. Staatliche und kirchliche Verwaltung verschärften den Gegensatz zwischen lutherischen und pietistisch-lutherischen Protestanten, um sich politischen Einfluss durch die konservative, später neukonservative Partei zu sichern.

Betrachtern aus dem 21. Jahrhundert sind diese Inhalte und Formen des Widerspruchs zwischen gesellschaftlichen Meinungsströmungen, Staat und Kirchen fremd geworden. Demokratie ist zum Programmbegriff auch konservativer Parteien geworden, im Grundgesetz ist das Demokratieprinzip „alternativlos". Im ersten Jahre nach Kriegsende hatte Artur Ladebeck mit Widerstandskämpfern gegen Faschismus und Nationalsozialismus aus „fast allen europäischen Ländern" den Versuch begonnen, nach gemeinsamen Werten der Völker Europas zu suchen. Die historische Suche nach gemeinsamen Werten in Europa ist heute ein zeitgeschichtlicher Prozess. Die sozialen Errungenschaften aus der Arbeiter- und Frauenbewegung, die kulturellen Werte von Freiheit und Toleranz aus der Bürgerrechtsbewegung sind Gegenstände einer europäischen Politik geworden. Ihre konkrete Umsetzung und dauerhafte Verwirklichung vollzieht sich im örtlichen Rahmen der Gemeinde.

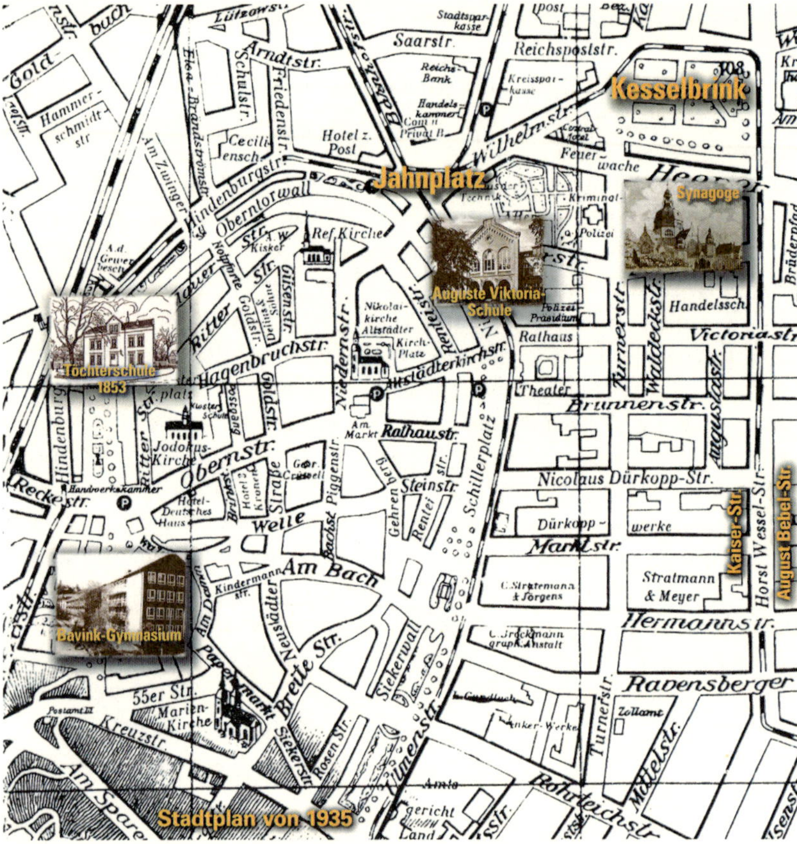

Abb. 34: Überarbeiteter Stadtplanausschnitt von 1935.
Die Hindenburg-Straße heißt seit 1947 Alfred Bozi-Straße

Anmerkungen

1 Peter Steinbach, Politik mit Geschichte – Geschichtspolitik 28. März 2008, http://www.bpb.de/themen/OBSIGO,1,0,Politik_mit_Geschichte_%96_Geschichtspolitik.html 28.2.2012, 10.37.

2 Bernd Hey, Peter Steinbach (Hg.) Zeitgeschichte und Politisches Bewusstsein, Köln 1986. Internationale Tagung der Landeszentrale für politische Bildung des Landes Nordrhein-Westfalen am Zentrum für Interdisziplinäre Forschung der Universität Bielefeld im Auftrage des Ministers für Wissenschaft und Forschung des Landes Nordrhein-Westfalen.

3 Dana Giesecke, Harald Welzer: Das Menschenmögliche. Zur Renovierung der deutschen Erinnerungskultur. Edition Körber Stiftung, Hamburg, 2012, S. 9.

4 Martin Broszat/ Saul Friedländer, Um die „Historisierung des Nationalsozialismus", VfZ 1988, Bd. 36, S. 339-372.

5 Ebd. S. 365.

6 Saul Friedländer, Den Holocaust beschreiben. Auf dem Weg zu einer integrierten Geschichte, = Vorträge und Kolloquien Band 2. / Jena-Center Geschichte des 20. Jahrhunderts, Göttingen 2007, S. 7.

7 Hermann Theissen, Politische Rhetorik und hohle Floskeln, SZ 2./3.10.2012. Dana Giesecke, Harald Welzer: Das Menschenmögliche. Zur Renovierung der deutschen Erinnerungskultur. Edition Körber Stiftung, Hamburg, 2012, SZ 2./3.10.2012.

8 Dana Giesecke, Harald Welzer, S. 15.

9 Ebd., S. 39.

10 Wolfgang Hofmann, Die Bielefelder Stadtverordneten, Lübeck und Hamburg 1964, S. 178. Cremer gehörte zunächst der Liberalen Bürgerpartei, seit 1911 der Fortschrittlichen Volkspartei an. Er starb 1918.

11 „Jetzt, mit 90 Jahren […]" Ilse Bremer, Eine alte Lehrerin erzählt – ein Interview. In: Ilse Brehmer/Juliane Jacobi-Dittrich (Hg.), Frauenalltag in Bielefeld, Bielefeld 1986, S. 13-35, S. 32.

12 Vorarbeiten sind im „Jahrbuch für Westfälische Kirchengeschichte" erschienen: Fritz Achelpöhler, „Pietismus, antijüdische Ressentiments und die städtische Selbstverwaltung. Der Streit um die Wahl des jüdischen Arztes Dr. Bernhard Steinheim in den Vorstand der Bielefelder städtischen Töchterschule in den Jahren 1870-1873." Bielefeld 2005, Band 100, S. 227-283. Ders., „Presbyterial-synodal und republikanisch. Der Bielefelder Superintendent Johann Heinrich Scherr und die Reform von Kirche, Schule und Staat von 1804 bis 1844". Bielefeld 2009, Band 105, S. 225-288.

13 Für den Namen einer Schule ist der Schulträger, in diesem Falle die Stadt Bielefeld zuständig. Durch die Schulkonferenz wirkt die Schule an Entscheidungen der Stadt mit. Der Schulkonferenz gehören 12 Lehrer-, 6 Eltern- und

6 Schülervertreter an. Den Vorsitz führt der Schulleiter. Er ist nicht abstimmungsberechtigt. Der Verfasser, Schulleiter von 1988 bis 2001 an dieser Schule, war von 1989 bis 2004 Ratsmitglied und gehörte der SPD-Fraktion an. Nach der Gemeindeordnung NRW war er im Rat von der Beratung und Beschlussfassung über die Umbennung der Schule ausgeschlossen. Der Rat der Stadt Bielefeld entschied am 23.05.1996 die Umbenennung der Schule.

14 Dr. [Wilhelm] Warning, Aus der Vergangenheit der Schule. In: 125 Jahre Auguste-Viktoria-Schule, jetzt Bavinkschule, Bielefeld 1953, S. 3. Warning unterrichtete von 1919 bis 1948 die Fächer Latein, Geschichte und ev. Religion an der Schule.

15 Mitteilung durch Kai-Uwe von Hollen.

16 Vermerk: G.[egen] R.[ückgabe] Herrn Oberstud.-Direktor Schulz zur gefl. Kenntnis Bielefeld 29.11.32 VIII Der Magistrat (Unterschrift: Kreft [Oberinspektor, Leiter des SVA])Stabi 102,3 MV Nr. 568, Bl. 11.

17 Christa Hasenclever (1906-1992), Abitur 1926 – ein Rückblick. Unsere Schule 1986, S. 31. Dipl.Volkswirtin. Dr.sc.pol., 1939-1953 Dozentin an den Wohlfahrtsschulen in Königsberg und Kiel. Veröffentlichungen u.a.: Vorschläge für ein erweitertes Jugendhilferecht: Denkschrift der Arbeiterwohlfahrt zur Reform und Vereinheitlichung von Jugendwohlfahrtsgesetz und Jugendgerichtsgesetz 3. abschl. Ausgabe 1970 bearb. von Christa Hasenclever.

18 Auguste Viktoria-Schule, Bericht über das Schuljahr 1924/25, S. 17; Stabi 107,2/SVA Nr. 1109.

19 Liesel Schäfer, O I 1922, Zu Gast bei Frau Dr. Morisse, Unsere Schule 1977, S. 21.

20 Magdalene Gutenberg, OI 1925, (Erinnerungen an Dr. Annemarie Morisse), Unsere Schule 1977, S. 17. In der redaktionellen Einführung heißt es: „An ihrer ausgeprägten Persönlichkeit schieden sich schon damals die Geister, wie in zahlreichen Gesprächen zu erfahren war."

21 Doris Johanna Bockholt, „Haltet euch bereit für die Tat!" Die Pädagogin und Stadtverordnete Annemarie Morisse (1877-1942) In: Bärbel Sunderbrink (Hg.) Frauen in der Bielefelder Geschichte, Bielefeld 2010, S. 111ff.

22 „Ich erinnere mich noch recht gut an die fingierten Parlamentsdebatten unseres damaligen Studienrates ‚Ötte' Bauer." In: Gisela Schwerdt, Ein Jahr Bürgermeister, Unsere Schule 1975, S. 14.

23 STAMS PSK Personalakten 4600 Bd. 1.

24 Ludger von Westphalen, 1976, S. 100.

25 Randvermerk auf dem Schreiben Emmy Cremers vom 14.5.1938, STAMS PSK Personalakten A Nr. C 28. Diese Sonderakten sind in den übrigen angezogenen Personalakten nicht enthalten.

26 Hertha Wessel (1932), Wilhelm Warning (1931: Stein und Westfalen), Otto Bauer (1929: Gemeinschafts- und Friedensgedanke in der Weimarer Verfassung), Carl Cardinal (1928; er war Freimaurer), Emmy Cremer (1925), Otto

Bauer (1924) sind als Redner und Rednerin zum Verfassungstag überliefert. Otto Bauer hatte noch am 11.9.1933 über „die Befreiung Wiens von der Türkennot" gesprochen. Stabi 107,2 Nr. 1109.

27 Bericht „auf Befehl der Kreisleitung Bielefeld (Stadt) des NSLB" v. 3.9.1933, STAMS PSK Personalakten, 4600, Bd.3.

28 Ebd. Das Protokoll ist mit den Namen Bolle und Knackstedt unterzeichnet.

29 Die Jahresberichte des Direktors wurden aus den Rückmeldungen der Fachlehrer über Lesestoffe und Klassenarbeiten zusammengestellt und an die vorgesetzte Behörde, das Provinzialschulkollegium in Münster weitergeleitet. Rückmeldungen zu hier zitierten Inhalten dieser Berichte sind nicht aktenkundig.

30 Thomas Mann, Briefe III, 1924-1933, Kommentar, Frankfurt 2011, S. 517.

31 Leitsätze zu einem Vortrag über das Thema: Menschenführung im Lichte der Biologie. Bielefeld, am 13.11.1930, S. 1-2, Stabi 200,5/NL Bernhard Bavink, Nr. B 22. Dieses Dokument hat der Verfasser am 13.1.2013 erhalten und dem Stadtarchiv übergeben.

32 Arthur Moeller van den Bruck, Das Dritte Reich, Berlin 1923. Kurt Sontheimer unterstreicht „die ungeheure mythische Kraft dieser Formel für die antidemokratische Massenbewegung". Er nennt Moellers Reichsidee „politisch und metaphysisch". „Die andere, bleibende und nachhaltige Wirkung des Buches" habe „in der Verachtung der demokratischen und liberalen Institutionen" gelegen. Antidemokratisches Denken in der Weimarer Republik. Die politischen Ideen des deutschen Nationalismus zwischen 1918 und 1933, München 1962, S. 300-303.

33 Reinhard Vogelsang, Bd. 3, S. 137. 139. „als erste preußische Großstadt", so Westfälischer Beobachter v.3.1.1931.

34 Dirk Blasius, Weimars Ende, Göttingen 2005, S. 23.

35 Graf v. d. Goltz, Reichspräsidentenwahl, in: Deutsche Zeitung, Jg. 36, 20.2.1931.

36 Monika Minninger, Frau in einer bürgerlichen Minderheit – Bielefelder Jüdinnen, Ca. 1850-1933. In: Ilse Brehmer /Juliane Jacobi-Dittrich (Hg.), Frauenalltag in Bielefeld, Bielefeld 1986, S. 186.

37 Victor Klemperer, LTI, Notizbuch eines Philologen, Berlin 1949, S. 112-114.

38 Hedwig Schütz/Wiese [Abitur 1943], Hitlerzeit. In: Unsere Schule 1989, S. 25. Ebenso Gerda Ossiek am 23.05.2005. Margarete Lentz unterrichtete in den Fächern Deutsch, ev. Religion und Geschichte. Sie war eine „Herrnhuterin".

39 So die Gliederung in den Jahresberichten ab 1924.

40 STAMS PSK Personalakte 6234.

41 Stabi 103,4 A 733.

42 „Das Schauspiel Wilhelm Tell ist künftig als Lehrstoff in den Schulen nicht mehr zu behandeln. Ich bitte dies den Schulleitern in Ihnen geeignet erscheinender, der politischen Bedeutung der Angelegenheit angemessenen Form

mitzuteilen. Verfügung der Regierung Minden vom 13.8.1941, Stabi 107,2/ SVA Nr. 1592.

43 Reinhard Vogelsang Bd. 3, S. 391.

44 Wilhelm Zenke, Aus dem Leben der Schule, Unsere Schule 1933, S. 15.

45 Jahresbericht der Auguste Viktoria-Schule 1933/34, Stabi SVA 1109.

46 „Wir sind uns einig mit dem PSK, dass auf einen solchen Posten nur ein wirklicher Nationalsozialist im Sinne der Bewegung tätig sein kann." NSLB Kreisobmann Althaus am 9.3.34, STAMS PSK 2324.

47 STAMS PSK Personalakten, 4600, Bd. 3.

48 Ebd.

49 „Gesetz gegen die Überfüllung der deutschen Schulen und Hochschulen, dessen wichtigste Bestimmungen ein faktischer Ausschluß jüdischer Abiturienten vom Studium, eine Quotierung (10%) des Anteils der Frauen an den Studienanfängern sind." Dieter Langewiesche und Heinz Elmar Tenorth (Hg.) Die Weimarer Republik und die nationalsozialistische Diktatur, in: Christa Berg u.a. (Hg) Handbuch der deutschen Bildungsgeschichte, München 1989, Bd.V, S. 188f.

50 Westfälische Zeitung v. 10.09.1933.

51 Erica Lauber, geb. Wertheimer am 30.10.2005.

52 [Wilhelm] Zenke, Aus dem Leben der Schule, Unsere Schule 1934, S. 21f.

53 STAMS PSK 2431.

54 Mitteilung Marianne Wolf v. 10.2.2003.

55 Ida Wischnath, Wiedersehen der O I 1934 nach 25 Jahren, Unsere Schule 1959/60, S. 18-20.

56 Gunilla-Friederike Budde, Von der Weisheit, die das simpelste Knabenhirn nicht sprengt, wird auch ein Mädchenkopf nicht aus den Fugen gehen. Festvortrag am 26.7.2003 zum 175jährigen Schuljubiläum. Stabi 150,2 Bavink-Gymnasium Nr. 365.

57 Die Akte STAMS PSK 2431 enthält konkrete Aussagen zu politischem Wohlverhalten jeder einzelnen Abiturientin. Für keinen anderen Jahrgang ist eine solche Erhebung überliefert.

58 Westfälische Zeitung 10.9.1933.

59 Wilhelm Warning, Festschrift zum Doppeljubiläum der Auguste Viktoria-Schule zu Bielefeld, Bielefeld 1933. Warning war von 1919 bis 1948 Studienrat an der Schule. Er unterrichtete in den Fächern Latein, Geschichte und Evangelische Religion. Wo sich Bezüge auf die 1944 untergegangenen Schulakten, Schülerinnenbeiträge über ihre Schulzeit und eigene Erinnerungen ergeben, ist die Schrift heute wie eine Primärquelle zu lesen, ansonsten zog Warning nur städtische Akten des Stadtarchivs Bielefeld hinzu.

60 4.8.1933, STAMS PSK 2324.

61 „Deutschlands Wiedergeburt" war der Schriftzug im goldenen Farbfeld einer schwarz-gold-roten Fahne auf dem Hambacher Fest. Der Verfasser lässt es

offen, ob hier die dreiste Aneignung eines Traditionselements deutscher Geschichte durch den Nationalsozialismus erfolgte. Stadtmuseum Neustadt an der Weinstraße.

62 [Wilhelm] Zenke, Aus dem Leben der Schule, Unsere Schule 1933, S. 15.

63 Emmy Cremer, Einladung zum Klassentag der Kl. 1894/95, Unsere Schule 1954, S. 48-49. Sie teilte mit, „Martha Spanier-Löwenstein [ist] durch Krankheit verhindert, ihren diesjährigen – schon beinahe traditionell gewordenen – Besuch bei mir auszuführen. Sie wohnt bei ihrer verwitweten Tochter in Bedford (1, Clapham Road) nahe London. Grete Rosenberg-Windmüller hat, nach harten Verfolgungen, in New York eine neue Heimat gefunden. Sie konnte vor kurzem in guter Gesundheit mit Tochter, Enkelin und Urenkelin ihre Goldene Hochzeit feiern." Aus einem nicht näher bezeichneten Zeitungsausschnitt zitierte sie „During the war Mrs. Rosenberg and her husband were taken to the Theresienstadt concentration camp [...]". Grete Windmüller, Die I-Männchen des Jahres 1884, Unsere Schule 1959, S. 15. Martha Spanier-Löwenstein berichtete in „Unsere Schule" 1956, sie sei 1938 ihrer Tochter nach England gefolgt. Sie verlor kein Wort über zeitgeschichtliche Bezüge.

64 Else Möller, Kl. I 1903/04, Von meinem Leben in Guatemala, Unsere Schule 1934, S. 4.

65 Auf Vorposten in Deutsch Südwest-Afrika, ebd. S. 4-7.

66 Irene Lütgert, Die VDA-Tagung in Trier, Unsere Schule 1934, S. 12.

67 Cardinal war von Sommer 1927 bis zum Juni 1933 Mitglied der Freimaurerloge Armin zur Deutschen Treue Bielefeld, Großloge „Zu den drei Weltkugeln" Meistergrad. Stabi 107,2, Nr. 323.

68 [Wilhelm] Zenke, Aus dem Leben der Schule, Unsere Schule 1936, S. 22.

69 Ebd.S. 16f.

70 Ebd. S. 21. Die nächstbekannte Konfessionsstatistik vom 1.2.1932 weist bei 438 Schülerinnen einen Anteil von 83% evangelischen, 13% katholischen und 4% jüdischen Schülerinnen aus. Jahresbericht 1931/32.

71 Annette Schwarze, OIS 1943, Dank an Direktor Friedrich Lange, Unsere Schule 1975, S. 28.

72 Westfälische Zeitung v. 16.4.1936.

73 [Wilhelm] Zenke, Aus dem Leben der Schule, Unsere Schule 1936, S. 20.

74 Westfälische Zeitung ebd.

75 Friedrich Lange, Von Bünde nach Bielefeld, Unsere Schule 1936, S. 2.

76 Stabi 103,4, Nr. D 1128.

77 8.8.1935, Ebd.

78 Thomas Mann beschrieb am 26.11.1930 das Auftreten Kolbenheyers in der Berliner Akademie der Künste mit den Worten. „Was für ein überflüssiges und verdächtiges Geschwätz von Volk und Volkverpflichtung! [...]" Briefe III, 1924-1933, Frankfurt 2011, S. 503.

79 Hans Ulrich Wehler, Bd.4, S. 477.

80 Gisela Eggemann, Liebe Auguste-Viktoria, Unsere Schule 1936, S. 9.
81 Ebd. S. 13.
82 Helga Eggemann, Als Austauschstudentin in Frankreich, Unsere Schule 1937, S. 4-8.
83 Ebd. S. 6.
84 Ebd. S. 16.
85 Ebd. S. 18.
86 „Der Führer lädt Euch zum Kaffee ein ...", lautet die Überschrift in der Bielefelder Ausgabe der NS Zeitung Neuste Westfälische Nachrichten vom 17.8.1937.
87 Hans-Ulrich Wehler, Deutsche Gesellschaftsgeschichte 1914-1949, München 2003, S. 551.
88 Ein Zeitungsbericht über den Inszenierungscharakter: „Ein SS-Mann der Leibstandarte kam und sagte uns, daß wir noch etwas Geduld haben müßten, der Führer habe noch eine wichtige Besprechung." Bielefelder Stadtanzeiger v. 17.8.1937, „Der Führer lädt Euch zum Kaffee ein ...".
89 15 J.[ung]-M.[ädel]-Führerinnen aus Bielefeld machten eine Fahrt in die Bayrische Ostmark. Unsere Schule 1937, S. 22f.
90 Abschieds-Zeitung der U II Studienanstalt Auguste-Viktoria-Schule Bielefeld, Stabi 150,2/Bavink-Gymnasium, Nr. 364
91 Hermann Claudius, Wann wir schreiten, Gedichte aus den „Liedern der Unruh" und aus dem „Ewigen Toren", Verlag Albert Langen/Georg Müller, München 1939.
92 Tanz und Spiel zur Sommerszeit. Sommerfest der Auguste-Viktoria-Schule am Sonnabend, dem 17. Juli 1937 auf dem Johannisberge [Programmübersicht]. Stabi 150,2 Bavink-Gymnasium Nr. 366.
93 Diese Stelle zeigt die geschichtliche Betrachtung als ein „konstruiertes Modell", das von dem Fortschreiten der Sprachbetrachtung bestimmt ist. Die so verfügbare Begrifflichkeit schafft eine Distanz für den Beobachter zum historischen Geschehen, die den Teilnehmerinnen am historischen Geschehen nicht zugänglich gewesen war. Alfred Heuß, Verlust der Geschichte, Göttingen 1959, S. 48.
94 24.2.1936, Stabi 107,2 Schulverwaltungsamt, Nr. 1054.
95 22.11.1937, ebd.
96 Im Vorjahr hatte E. Cremer die Datierung „Bielefeld, 1. Advent" gewählt.
97 Erdmuth-Dorothee Tilmanns im Schreiben v. 18.2.1994 an den Verfasser.
98 Hildegard Peters, Westfalen-Blatt – Bielefelder Zeitung 27.6.1997.
99 Jahresbericht 1938/39 v. 31.5.1939, Stabi 107,2 Nr. 1109.
100 Ebd.
101 Stabi 103,4 Nr. A 141, Bl. 51.
102 Ludger von Westphalen 150 Jahre Schulkollegium, Münster 1976, S. 101.
103 Ebd. S. 102.
104 Ebd.

105 Dr. Gustav Rothstein, Gymnasialdirektor seit 1907, 1922 OSR im Provinzialschulkollegium Münster, durch regelmäßige Besuche in Wahrnehmung der schulfachlichen Aufsicht mit der AVS vertraut; 1932 Ministerialdirigent im preußische Kultusministerium.
106 Vermerk auf der Durchschrift der Verfügung v. 4.6.1938 mit Datum vom 26./8. und 27/8. STAMS PSK Pers. Akten A Nr. C 28, Bl. 34. Dieses Blatt zeigt weiter Vermerke vom 19. und 21.12.1938.
107 STAMS PSK Pers. Akten A Nr. C 28.
108 Das Formblatt enthält einen Hinweis des Sachbearbeiters: Altersgrenze – ohne Dank –. Siehe besonderer Wortlaut im RGBl 1938 S. 332, Muster 21, die Kennzeichnung des Abschnitts mit rotem Stift und den Vermerk: Herrn O-S-R Knackstedt. Bitte ggf. streichen. Ebd. Oberschulrat Walther Knackstedt war 1927 Studienrat in Dortmund, wurde 1933 kommissarisch, 1934 zum OSR in Münster ernannt, 1945 entlassen. Ludger von Westphalen S. 154.
109 Eva Bruchmann-Klocke, Adieu, Tante Emmy, Unsere Schule 1962, S. 15.
110 Mitteilung Ferdinand Kohl v. 11.11.2005.
111 Bernhard Bavink, Organische Staatsauffassung und Eugenik, Berlin 1933, S. 45. Diese Bemerkung war einer der Gründe, die zur Beschlagnahme der Schrift geführt hatten.
112 Stabi 103,4 Nr. A 141, Bl. 59.
113 Wilhelm Warning, 1953, S. 5 (Hervorhebung im Original).
114 Ebd., S. 3-7.
115 Die „Freie Presse" galt als Nachfolgeblatt der 1933 unterdrückten sozialdemokratischen Zeitung „Volkswacht". Sie erschien von 1946 bis 1967 zunächst mit Carl Severing als Chefredakteur und dem sozialdemokratischen Landtagsabgeordneten Emil Groß als Verlagsleiter. Die „Westfälischen Zeitung" war aus den 1811 gegründeten „Öffentlichen Anzeigen des Distrikts Bielefeld, ab 1814 der Grafschaft Ravensberg, hervorgegangen. Das „Westfalen-Blatt", gegründet 1946, galt als „bürgerlich-konservativ". „Westfälische Zeitung" und „Westfalen-Blatt" stritten 1957 mit der „Freien Presse" um die exklusive Verwendung des Begriffs des Bürgerlichen vor Gericht. DER SPIEGEL 4, S. 19-20, 23.1.1957. „Freie Presse" und „Westfälische Zeitung" vereinigten sich 1967 zur „Neuen Westfälischen Zeitung", DER SPIEGEL 29, S. 52, 10.7.1967.
116 Westfalen-Blatt, Grundsteinlegung bei Regenschauer, Bielefeld 28.7.1953.
117 Westfälische Zeitung, Mit unserer Bavinkschule fest verbunden, Bielefeld 28.7.1953.
118 Toni Zumsande, Festakt in der Oetkerhalle, Unsere Schule 1954, S. 3-4.
119 Freie Presse, Bavinkschule 125 Jahre im Dienst der Mädchenerziehung, Bielefeld 28.7.1953.
120 Stabi 102,3/619 Bl.107.
121 Reinhard Vogelsang Bd. 3, S. 328.

122 Karl Soll, Die Initiative des Bielefelder Landrats Ladebeck für überlebende Bielefelder Juden in Theresienstadt, Ravensberger Blätter, 1995, Heft 2, S. 56-57. Aus der Zahl 38 kann nicht auf die Gesamtzahl der Bielefelder Überlebenden geschlossen werden. Nicht alle Bielefelder Überlebenden gehörten zu dieser Reisegruppe, sie umfasste auch Reisende auch anderen benachbarten Städten.

123 Monika Minninger, Joachim Meynert, Friedhelm Schäffer, Antisemitisch Verfolgte, Registriert in Bielefeld von 1933-45. = Stadtarchiv und Landesgeschichtliche Bibliothek (Hg.), Bielefelder Beiträge zur Stadt- und Regionalgeschichte, Bielefeld 1985, Bd. 4, S. 96.

124 V. Jahresbericht über die Kaiserin Auguste Viktoria-Schule, Stabi 107,2 Nr. 1108. Stabi 102,3/619 Bl.4-45. Verzeichnis der ehemaligen Schülerinnen des Bavink-Gymnasiums (frühere Kaiserin-Auguste-Viktoria-Schule) (!) Bielefeld 1964.

125 Barbara Frey, „Als Mensch und Ärztin hervorragend". Die jüdische Ärztin Gertrud Mosberg (1903-1945). In: Bärbel Sunderbrink (Hg.), Frauen in der Bielefelder Geschichte, Bielefeld 2010, S. 281-291.

126 Daniel Hoffmann, Lebensspuren meines Vaters, Göttingen 2007, S. 90-112.

127 „Dichterin der Kinderseele" Josepha Metz Lesebuch. Zusammengestellt und mit einem Nachwort versehen von Michael Vogt. = Veröffentlichungen der Literaturkommission für Westfalen Band 12, Bielefeld 2004. Susanne Wambach, „Geh ich an einem Kind vorbei, lachen wir immer alle zwei". Die Schriftstellerin Josefa Metz. In: Bärbel Sunderbrink (Hg), S. 55-63.

128 Westfälische Neueste Nachrichten v. 26.8.1937.

129 Arno Ley, Die Courage ihres Hausarztes bewahrte Ruth K. vor der Deportation ins Konzentrationslager. In: Thomas Güntter und Arno Ley (Hg.), Wir alle waren froh, daß wir das Leben hatten, Bielefeld 1995, S. 56.

130 Meynert, Joachim: Die letzten Augenzeugen zu hören : Interwiews mit antisemitisch Verfolgten aus Ostwestfalen / Joachim Meynert und Gudrun Mitschke. = Quellen zur Regionalgeschichte ; Bd. 3, Bielefeld 1998, S. 84.

131 Klaus Kreppel, Israels fleißige Jeckes. Zwölf Unternehmerportraits deutschsprachiger Juden aus Nahariya, Bielefeld 2002, S. 58-59.

132 Emmy Cremer, Liebe Ehemalige, Unsere Schule 1951, S. 3.

133 Emmy Cremer, ebd.

134 Stabi 103,4 Pers.-Akten A 1546.

135 „Die Rede von Oberstudienrätin Hertha Wessel anläßlich der feierlichen Verabschiedung von Oberstudiendirektor Dr. Zenke am 31. März 1952", Unsere Schule 1952, S. 2.

136 Martin Broszat. In: Martin Broszat und Saul Friedländer, Um die „Historisierung des Nationalsozialismus", VfZ 1988, Band 36, S. 365.

137 Wilhelm Zenke, In Memoriam Oberstudienrätin i.R. Hertha Wessel. Unsere Schule 1965/66, S. 11.

138 Stabi 107,2 / SVA Nr. 1054

139 Stabi 103,4 /Nr. A 1546.
140 Bewerbungsschreiben vom 27.6.1908, ebd.
141 Schulleiterin Dr. Hanna Erxleben in „Unsere Schule“ 1954, S. 17. In Fußnote ist vermerkt: Frl. Wessel wohnte der Entlassungsfeier nicht bei.“
142 Ein Leben im Dienste der Jugend, Freie Presse 1.10.1952.
143 Dr. Zenke, In Memoriam Oberstudienrätin i.R. Hertha Wessel, Unsere Schule 1965/66, S. 11.
144 Ilse Drucker, Gruß aus Holland an die L U II 1921, Unsere Schule 1956, S. 13.
145 Wie viele andere; die Zahlen schwanken zwischen 50 und 1000.
146 Thekla Cossmann, Gruß aus Israel, Unsere Schule 1955, S. 27-29.
147 Liste der Schülerinnen der dasigen Auguste Viktoria-Schule [...], 17.5.1906, Stabi 102,3 / Nr. 619.
148 Jahresbericht der Kaiserin Auguste Viktoria-Schule 1909, S. 22, Stabi 107,2/ Nr. 1108.
149 David Keren 2003 über seinen Vater an Brigitte Decker, „Heimweh nach Bielefeld“, Bielefeld 2007, S. 72-75.
150 Monika Minninger, Joachim Meynert, Friedhelm Schäffer, Antisemitisch Verfolgte, Registriert in Bielefeld, = Stadtarchiv Bielefeld (Hg), Bielefelder Beiträge zur Stadt- und Regionalgeschichte Bd. 4, Bielefeld 1985, S. 100.
151 Ruth Wenzel (U I), Ein wahres Märchen, Erstes Jahrbuch der Kaiserin Auguste Viktoria-Schule 1919, S. 10.
152 Anat Feinberg, Zeitgeschichte und nationale Identität: Der Mythos vom „neuen“ Juden in der politischen Kultur Israels. In Bernd Hey u. Peter Steinbach (Hg), S. 146-159, S. 149.
153 In der Kurzgeschichte „Jad va-Shem“ von Aharon Megged aus dem Jahre 1955 zeichnete sich als zeitgeschichtliches Beispiel für das Bewusstsein der „neuen Israelis“ der „Übergang von einer Gnadenexistenz [unter Nichtjuden] zu einem freien Leben im Vaterland“ ab. Anat Feinberg, S. 147.
154 Offensichtlich hatte Ida Coblenz den Flug von Düsseldorf nach London mit Zwischenhalt in Amsterdam zurückgelegt.
155 Ida Coblenz, Liebes Fräulein Cremer, Unsere Schule 1957, S. 31.
156 Gustav Gerth, Aus dem Schulleben 1895/96, Jahresbericht der Städtischen Töchterschule 1896, S. 17. Stabi 107,2/Nr. 1108.
157 Sammy Gronemann, In der Hochburg der Antizionisten. In: Monika Minninger (Hg.), Aus einer Hochburg des Reformjudentums. Quellensammlung zum Bielefelder Judentum des 19. Und 20. Jahrhunderts. Bielefeld 2006, S. 57.
158 Zionismus widerspricht dem ewigen Naturgesetz. Die Hoffnung Israels, Predigt von Dr. Felix Coblenz, vor 1904. In: Minninger, ebd., S. 59.
159 Ida Coblenz, S. 31.
160 STAMS PSK 10374, 1. Das Zeugnis hat sie nicht bekommen. Das Schulkollegium schickte die Bitte irrtümlich an den Leiter der Cecilienschule. Der

konnte das Zeugnis nicht finden und schrieb das der Aktenführung seiner Amtsvorgängerin zu. An die Auguste Viktoria-Schule hatte er nicht gedacht.

161 Ida Coblenz, S. 31-32.

162 Ebd. S. 32.

163 Ebd.

164 Gedichte. 1838.

165 Ida Coblenz, S. 32.

166 Renate van Hinte, St. Nikolaus in Holland. Unsere Schule 1958, S. 44-47. 1961 verfasste Renate Kamp-v. Hinte „Eine Kindheit in Bielefeld 1925-1939", übersetzt aus dem Niederländischen, abgedruckt in Monika Minninger [Hg.], Aus einer Hochburg des Reformjudentums. Quellensammlung zum Bielefelder Judentum des 19. Und 20. Jahrhunderts, Bielefeld 2006, S. 178-190. 1983 berichtete Renate v. Hinte in U.S. über ihren letzten Schultag am 10.11.1938. Am 10.10.1996 wurde ein Videobericht in niederländischer Sprache aufgezeichnet. (Spielberg, Shoa Foundation), 135 Min. Stabi 300,8 Sammlung Judaica, Nr. 144. Dort sagte sie, öffentlich habe sie nie von ihren Erlebnissen berichtet: „Ich trete nicht nach außen auf".

167 Renate van Hinte, St. Nikolaus in Holland. Unsere Schule 1958, S. 44.

168 Ebd.

169 Ebd. S. 45.

170 Ebd. S. 46.

171 Renate Kamp-van Hinte 1961, Eine Kindheit in Bielefeld. In: Monika Minninger (Hg.) Aus einer Hochburg des Reformjudentums, Bielefeld 2006, S. 178-190. Dies. 1983, Drei Tage Auschwitz-Birkenau, ebd. S. 199-201.

172 1983 im Sommer unter dem Eindruck der Bielefelder Archivausstellung „Im Zeichen des Hakenkreuzes" niedergeschrieben. Monika Minninger 2006, S. 201.

173 Renate van Hinte, Westerbork – Theresienstadt – Auschwitz. In: „Anne Frank war nicht allein". Jakob, Volker and van der Voort, Annet (Hg) Lebensgeschichten deutscher Juden in den Niederlanden, Berlin 1988, S. 227f.

174 Renate van Hinte, 1988, S. 228.

175 Interview Spielberg, Shoa Foundation v. 10.10.1996. Übersetzung aus dem Niederländischen von Dirk Ukena. Stabi 300,8/Sammlung Iudaica, Nr. 144.

176 Julius Kamp kam nach einem Monat aus Buchenwald als gebrochener Mann zurück. Renate Kamp-van Hinte 1961, Eine Kindheit in Bielefeld, S. 187-188.

177 Renate van Hinte, Mein letzter Schultag auf der Auguste-Viktoria-Schule, Unsere Schule 1983, S. 32-33.

178 Dies. 1988, S. 223. Erlass des Reichsministers für Wissenschaft, Erziehung und Volksbildung vom 15.11.1938. Joachim Meynert, Friedhelm Schäffer, Die Juden in der Stadt Bielefeld in der Zeit des Nationalsozialismus.=Stadtarchiv und Landesgeschichtliche Bibliothek (Hg.), Bielefelder Beiträge für Stadt- und Regionalgeschichte Bd. 3, Bielefeld 1983, S. 101.

179 Renate Kamp-van Hinte 1961, Eine Kindheit in Bielefeld, S. 182.
180 Ebd. S. 180.
181 Renate van H., Westerbork – Theresienstadt – Auschwitz, S. 222.
182 Ebd. S. 181.
183 Interview Spielberg, Shoa Foundation v. 10.10.1996. Übersetzung aus dem Niederländischen von Dirk Ukena.
184 Renate Kamp-van Hinte 1961, Eine Kindheit in Bielefeld, S. 183.
185 Ilse Drucker, Gruß aus Holland an die L UII 1921, Unsere Schule 1956, S. 10-14, S. 14.
186 Ilse Drucker, S. 10.
187 Elisabeth Lüders (1878-1966) Gründungsmitglied der DDP, Mitglied der deutschen Nationalversammlung 1919/20 und Reichstagsabgeordnete bis 1930, 1957-1966 Ehrenpräsidentin der FDP und Abgeordnete des Deutschen Bundestages 1953-1961.
188 Ilse Drucker, S. 12.
189 Mark Mazower, Hitlers Imperium. Europa unter der Herrschaft des Nationalsozialismus. München 2009, S. 266.
190 Ebd. S. 11-12.
191 Ebd. S. 14.
192 Claus Benet, „Ja-sagen zum Judentum". Die Quäker und ihr Verhalten gegenüber Juden in Deutschland von 1933 bis 1945. In: Daniel Heinz (Hg.), Freikirchen und Juden im „Dritten Reich". Instrumentalisierte Heilsgeschichte, antisemitische Vorurteile und verdrängte Schuld, Göttingen 2011, S. 48.
193 Bernhard Bavink, Lebenserinnerungen (als Manuskript, Original), [1945] S. 342-344, StaBi, 200,5/NL Bernhard Bavink Nr. C 8.
194 Mitteilung Henk Borger vom 4.3.2013.
195 Dieser Zusammenhang kann aus der Chronologie erschlossen werden. Bernhard Bavink hat das nicht überliefert.
196 Bernhard Bavink [1945]. S. 343.
197 „Zu den ersten antisemitischen Maßnahmen der deutschen Besatzer gehört die Entfernung jüdischer Professoren aus dem öffentlichen Dienst. Studenten und nichtjüdische Gelehrte in Leiden und Delft protestieren dagegen mit Streiks; diese Hochschulen werden im Spätherbst geschlossen." Peter Niebaum, Hans Carlmeyers Rettungswerk in den deutsch besetzten Niederlanden 1941-1945/46, S. 166. Den Anlass zu dem „Studentenkrawall" hatte 1940 der Jurist Rudolf Cleveringa an der Universität Leiden gegeben. Dieser hatte am 26.11.1940 gegen die Entlassung jüdischer Professoren protestiert. Cleveringa wurde dafür drei Monate inhaftiert.
198 Bernhard Bavink [1945]. S. 343.
199 Ein kleiner Ort zwischen Brienzer und Thuner See bei Interlaken. Die erste Begegnung in: Bernhard Bavink [1945], S. 305.

200 Im Schuljahr 1892/93 besuchten 300 Schülerinnen die städtische Töchterschule. Von ihnen waren 226 evangelisch, 30 katholisch, 44 jüdischer Konfession. Jahresbericht 1892/93, Stabi 107,2/Nr. 1108.

201 Monika Minninger, Frau in einer bürgerlichen Minderheit – Bielefelder Jüdinnen, Ca. 1850-1933. In: Ilse Brehmer /Juliane Jacobi-Dittrich (Hg.), Frauenalltag in Bielefeld, Bielefeld 1986, S. 145-200; S. 184-185. Monika Minninger hat die Bestände des Stadtarchivs Bielefeld durchgearbeitet, briefliche und mündliche Auskünfte eingeholt, wie sie in Anm. 74 notiert hat.

202 Monika Minninger, ebd. S. 185.

203 Stabi 102,3/Nr. 619/Bl. 95.

204 Monika Minninger, ebd. S. 185-187.

205 Hedwig Baxter, fr. Becher, geb. Windmüller, Liebe Mitschülerinnen der Kl. I 1895/96, Unsere Schule 1954, S. 20-32.

206 Im Rahmen der ‚Massenflucht' während des letzten Vorkriegsjahres verließen 39,6% aller jüdischen Auswanderer Bielefeld, unter ihnen viele Alteingesessene. Joachim Meynert und Friedhelm Schäffer, Die Juden in der Stadt Bielefeld während der Zeit des Nationalsozialismus, Bielefeld 1983, S. 58.

207 Das Schiff lief am 29.3.1939 in Genua aus. Der luxuriös und modern ausgestattete Ozeandampfer zielte vor allem auf die wohlhabenderen Reisenden ab. Wikipedia 22.10.2012, 15.40 Uhr. Hedwig Baxter hatte ihn in Erinnerung als „altmodisch, und reich mit roten Plüschmöbeln und vergoldetem Stuck ausgestattet, [...] sehr komfortabel und mit allem versehen, was die moderne Technik an Bequemlichkeiten und Erleichterungen nur zu bieten hatte. Großartige Läden für jede Art von Bedürfnissen und Luxus waren an Bord; es gab nichts, was man dort nicht kaufen konnte". Unsere Schule 1954, S. 20.

208 Hedwig Baxter, ebd.

209 Ein Passagier berichtete von seiner Dienstreise auf der Conte Verde, einem anderen vergleichbaren italienischen Linienschiff zum Jahresbeginn 1939: „In der ersten Klasse befanden sich etwa 130 österreichische Emigranten, auf dem ganzen Schiff mögen es etwa 300 jüdische Emigranten gewesen sein, die dem Ziel China zustrebten." Astrid Freyeisen, Shanghai und die Politik des Dritten Reiches, Würzburg 2000, S. 398.

210 Hedwig Baxter, fr. Becher, geb. Windmüller, 1954, S. 21-22.

211 Ebd. S. 24.

212 Astrid Freyeisen, ebd. Ursula Krechel, Shanghai fern von wo, Roman, Salzburg 2008.

213 Krechel S. 487f.

214 Annemarie Kirstein, Liebes Fräulein Cremer, Unsere Schule 1956, S. 34-37.

215 Hedwig Baxter, S. 31.

216 Ebd. S. 32.

217 Else Möller, Gruß an meine Mitschülerinnen Sem. I 1908, Unsere Schule 1958, S. 10-26, S. 26.

218 Else Möller, Von meinem Leben in Guatemala, Unsere Schule 1934, S. 4.
219 Else Möller, 1958, S. 11.
220 Ebd. S. 13.
221 Ebd. S. 14.
222 Else Möller, 1958, S. 16.
223 Ebd. S. 17.
224 Ebd.
225 Ebd.
226 Ebd. S. 19.
227 An diesem Tage eroberten Truppen der Roten Armee die Stadt Nikolajew am Schwarzen Meer und verdrängten die deutschen Verbände aus der südlichen Ukraine. www.chronik.de/daly_de.0.html?year=1944&month=3&day=28 Letzter Zugriff am 30.12.2012.
228 Else Möller, 1958, S. 20.
229 Ebd. S. 21.
230 Ebd.
231 Ebd. S. 23.
232 Ebd. S. 25.
233 Ebd. S. 26.
234 Die Warnung durch den deutschen Konsul von Volos, Helmut Scheffel ermöglichte vielen die rechtzeitige Flucht ins Peliongebirge, von 872 jüdischen Menschen wurden 130 deportiert, 121 kamen um. Nikos Tzafleris, Volos unter der Okkupation der Achsenmächte, S. 2. http://www.griechenland.diplo.de/contentblob/3150792/Daten/1325253/DownloadDatei_125_Jahre_Volos. Vortrag. Letzter Zugriff am 26.03.2013.
235 „Als Theodor Heuss am 14. Mai in *Athen* eintraf, wo er von König Paul herzlich begrüßt wurde, standen die Menschen vier bis fünf Reihen tief die Straßen entlang und klatschten in die Hände." DIE ZEIT 24.5.1956, http://www.zeit.de/1956/21/theodor-heuss-in-athen. Letzter Zugriff 29.3.2013.
236 Mark Mazower, S. 259.
237 Ebd. S. 260.
238 Ebd. S. 266.
239 Alex Rühle, Bittere Medizin. Sparprogramme für Schuldenländer sind tödlich – zwei Epidemiologen treten den Beweis dafür an. Süddeutsche Zeitung 3.7.2013.
240 Michael Kuntz, Tourismus in Griechenland. Buffet statt Taverne. Süddeutsche Zeitung 24.5.2013.
241 Interview mit Frau Kind-Hasenclever am 14.11.83 in Berlin, BA Koblenz. Rep. Press (microbit) ZSg 154/Bd. 52, S. 9.
242 Antje Hasenclever, Was aus einer schlechten Schülerin werden kann. Unsere Schule 1921-1971, Bielefeld 1971, S. 38.
243 Ebd. S. 37.

244 Thomas Hauschild, Er war eben ein Rebell. Der Bericht der Antje Kind-Hasenclever über ihr Leben mit Robert Havemann (1931-1946). Deutschlandfunk. Sendung Dienstag, 19. Juli 1988, 20.05 Uhr. Unkorrigiertes Manuskript. Dort präsentierte er Ausschnitte aus einem Interview mit Antje Kind-Hasenclever-vom Spätsommer 1985 und verband sie mit anderen Quellen, insbesondere Zeugnissen von Havemann selbst. Thomas Hauschild ist Ethnologe und Hochschullehrer, Wikipedia und Homepage nennen als ein Hauptforschungsgebiet „Geschichte der Anthropologie, vor allem Anthropologie und Faschismus." Letzter Zugriff 7.4.2013.

245 Simone Hannemann, Robert Havemann und die Widerstandsgruppe „Europäische Union". Eine Darstellung der Ereignisse und deren Interpretation nach 1945. = Schriftenreihe des Robert-Havemann-Archivs 6, Berlin 2001, S. 35f.

246 Ebd.: „Im Sommer 1933 veröffentlichte Walter Löwenheim unter dem Titel „Neu beginnen" eine Einschätzung der Lage in Deutschland nach dem Machtantritt Hitlers. Miles (Walter Loewenheim): Neu beginnen! Faschismus oder Sozialismus. Als Diskussionsgrundlage der Sozialisten Deutschlands, in Probleme des Sozialismus, Karlsbad 1933, Heft 2."

247 Einer der 3 bulgarischen Angeklagten neben Dimitrow und Popow im Reichstagsbrandprozess. Alle wurden freigesprochen, blieben aber weiter inhaftiert. Im Frühjahr 1934 erhielten sie die sowjetische Staatsbürgerschaft und wurden in die Sowjetunion ausgeflogen.

248 „Friedrich Mayer-Reifferscheidt, Mitglied der KPD und Publizist aus Regensburg, besorgte schon vor 1933 illegale Quartiere für Funktionäre der KPD und der Komintern." Hannemann bezieht sich auf Harold Hurwitz, Die Widerstandsgruppe „Neu Beginnen" und Robert Havemann in den Jahren 1933 bis 1948, Beitrag auf der Robert Havemann Tagung der Ev. Akademie und der RHG, Berlin 1994, S. 15.

249 Vernehmungsprotokoll v. 31.5.1933, Robert-Havemann-Archiv Berlin, RH 052, Bl. 177.

250 Interview mit Frau Kind-Hasenclever am 14.11.83 in Berlin, S. 7.

251 Ebd..

252 Christa Hasenclever, Antje – Versuch eines Lebensbildes. Bonn 1986 (als Manuskript) Stadtarchiv und landesgeschichtliche Bibliothek Bielefeld, S. 37.

253 Ebd. S. 11. Groscurth hatte hohe Beamte, Offiziere und NS-Funktionäre unter seinen Patienten. „Ab 1934 arbeitete Groscurth im Berliner Krankenhaus Moabit. Er erreichte dort 1939 die Position eines Oberarztes und übernahm bei Kriegsbeginn die Leitung des Krankenhauses. [...] Nachdem Groscurth ab 1933 unter anderem miterlebt hatte, wie seine jüdischen Kollegen ihrer Ämter enthoben wurden, entschloss er sich zum Bruch der ärztlichen Schweigepflicht, als der „Stellvertreter des Führers", Rudolf Heß, sein Patient wurde, und gab alles, was der hypochondrische Heß ihm in seinen Konsultationen erzählte, an Widerstandsgruppen weiter [...]. Wikipedia 6.10.2013, 16.46 Uhr. Friedrich

Christian Delius, Mein Jahr als Mörder, Roman, 2. Aufl., Berlin 2004. Ausführlich und engagiert stellt Delius das Ehepaar Georg und Anneliese Groscurth in die Mitte seines Romans. Er verknüpft in der Darstellung des Wirkens und Sterbens Georg Groscurths „autobiographische Fiktion" mit sorgfältig recherchierter „lebendiger Zeitgeschichte", so der Klappentext.

254 Thomas Hauschild, S. 8.

255 Pseudonym für Friedrich Mayer-Reifferscheidt.

256 Ebd. S. 9.

257 Ebd. S. 8.

258 Manfred Wilke, „Der Beweis eines Verrats läßt sich nicht erbringen". Deutschland Archiv 1999, Bd. 32, S. 901.

259 Havemanns besaßen auch die Abschrift einer Predigt, die Bischof Bernhard von Galen am 3.8.1941 in Münster gehalten und in der er die Ermordung geistig kranker Menschen beklagt hatte. Diese Abschrift gehörte zu den bei der Hausdurchsuchung am 5.9.1943 beschlagnahmten Gegenständen. Akten des Volksgerichtshofs, Vernehmung Robert Havemanns, 28.10.1943, BArch NJ – 1720, Bd. 6, Bl. 123.

260 Thomas Hauschild S. 15-16.

261 Manfred Wilke, S. 899.

262 Ebd. S. 901. Zu den Freunden in München zählte auch der Verleger Piper.

263 Frau Thomas 2003.

264 Seite 37 der Vernehmung von Kurt Müller am 7.9.1943, BArch NJ 1720 Bd. 5 Bl. 41. FBS 110/2029.

265 Ebd. Bl. 2.

266 Friedrich Christian Delius, Die Verlegenheit vor den Guten – Georg und Anneliese Groscurth, Robert Havemann, Paul Rentsch, Herbert Richter. *(Gedenkfeier Yad Vashem in der Botschaft Israels am 19. Juni 2006),* www.fcdelius.de/lobreden/lob_die_verlegenheit.html, 19.06.2006 – 6.10.2013.

267 Ebd. Bl. 8.

268 Interview mit Frau Kind-Hasenclever am 14.11.83 in Berlin, BA Koblenz. Rep. Press (microbit) ZSg 154/Bd. 52, S. 9.

269 Interview mit Frau Kind-Hasenclever am 14.11.83 in Berlin, S. 9.

270 „Das Leben hat seine Gerechtigkeit. Erst kommen die Bomben, dann der Bohnenkaffee." In der Verfilmung von Erica Francke, Aimeé und Jaguar.

271 Ebd. S. 5.

272 Hertha Brasch, Agnes und Heinz Günter Wolff gelten seitdem als verschollen, Walter Caro ist nach der Befreiung im März 1945 verstorben, sein Bruder Kurt nach Palästina, Frau von Scheven in die USA ausgewandert. Hannemann S. 74-75.

273 Christa Hasenclever S. 47.

274 Ebd.

275 BArch NJ 8525, Bd.1, Bl. 5.

276 Christa Hasenclever S. 48.
277 Hauschild, S. 18.
278 Christa Hasenclever S. 49.
279 BArch NJ 1720 Bd. 12. Bl. 6.
280 BArch NJ 8525, Bd.2, Schreiben vom 7.4.1944, Bl. 48. Dem Schreiben ist ein Blatt 46 vorgeheftet mit der Stellungnahme: „Es empfiehlt sich vielleicht, die Zeugin Havemann für alle Fälle zu laden." Und „1. Vermerk: Die Anschrift der Frau Antje Havemann ist hier nicht bekannt. Ladung deshalb nicht möglich. 2. [...]"
281 Brief v. 18.1.1944. Robert Havemann Archiv RH 001, Bd. 2, NL Robert Havemann 1943-1945. 1.1.4 Familienkorrespondenz (2).
282 28.2.1944, ebd.
283 Christa Hasenclever S. 52.
284 Antje Kind-Hasencleverbei bei Hauschild, S. 22.
285 Ebd. S. 21.
286 Antje Kind-Hasencleveram am 14.11.1983, S. 5.
287 NSDAP und kommunale Strukturen waren verbunden. Eine Evakuierungsbescheinigung war „zugleich die Fahrkarte für die Reichsbahn [...] und ein wichtiges Dokument für die Behörden am Zielort [...]." Laurenz Demps, Berlin im Bombenkrieg. In: Michael Wildt und Christoph Kreutzmüller (Hg), Berlin 1933-1945, München 2013, S. 367.
288 Antje Kind-Hasenclever am 14.11.1983, S. 5.
289 Hannemann S. 90. Am 23.12.1943 hatte Havemann die Erlaubnis zur Ausarbeitung seiner „Erfindungen und Ideen erhalten." Brief v. 23.12.1943, wie oben.
290 Antje Kind-Hasenclever bei Hauschild, S. 23. Dic Zeitung „Der Draht" enthielt die Nachrichten der BBC, Radio Moskau, den Wehrmachtsbericht u.a. Sie erschien seit „etwa Ende August 1944" in zwei Exemplaren und machte die Runde unter den „Politischen" durch das Zuchthaus. Einzelheiten berichtet Robert Havemann, Fragen, Antworten, Fragen, München 1970, S. 91-93. Siehe auch Walter Uhlmann (Hg.), Leben um zu sterben. Politische Gefangene im Zuchthaus Brandenburg-Görden, Köln 1983, S. 236ff: ‚Der Draht' war ein Dokument geheimer antifaschistischer Publikation hinter Kerkermauern, insbesondere in den letzten Tagen des April 1945 vor der Befreiung durch die Rote Armee. Keiner der ca. 4.000 Häftlinge einschließlich des Wachpersonals war über die Ereignisse in den letzten Wochen des Krieges genauer und schneller informiert als der Todeskandidat Robert Havemann. Und der ‚Draht' brachte Licht in die Dunkelheit der Zuchthauszellen."
291 Antje Kind-Hasencleverbei Hauschild, S. 24.
292 Ebd.
293 Ebd. S. 27.
294 Christa Hasenclever S. 56.

295 Hauschild S. 27.
296 Antje Kind-Hasenclever 1971, S. 38.
297 Ebd., S. 40.
298 Thomas Hauschild, S. 16.
299 Hannemann S. 53.
300 Thomas Hauschild S. 16.
301 Ebd. S. 38-42.
302 Antje Kind-Hasenclever 1971, S. 42.
303 Reinhard Vogelsang Bd. 3, S. 334.
304 Stabi 102, 001 Oberbürgermeister Nr. 0170. Dr. Ursula Niemann, Leiterin des Stadtarchivs Bielefeld, verfasste als Manuskript auf Anregung des Deutschen Städtetages 1960/61 eine „Liste der um 1933 in Bielefeld ansässig gewesenen Juden und ihre(r) Schicksale sowie ein Überblick über die Geschichte der jüdischen Gemeinde in Bielefeld" und ließ sie 1972 „überarbeitet und vervollständigt" vervielfältigen.
305 Monika Minninger u.a. S. 230.
306 Reinhard Vogelsang Bd. 3, S. 203-204.
307 Monika Pelz, „Artur Ladebeck und der Rat der Gemeinden Europas, Stadt Bielefeld (Hg.), Stadtarchiv und Landesgeschichtliche Bibliothek, Bielefeld 1984, S. 7.
308 Yizak Laor „publiziert heute als israelischer Romancier, Dichter, Bühnenautor und Essayist. Sein zeitkritischer Roman von 1998 erschien 2003 in deutscher Übersetzung untr dem Titel ‚Steine, Gitter, Stimmen'. 2005 [...] ‚Ecce Homo'."
Monika Minninger (Hg) Aus einer Hochburg des Reformjudentums, Bielefeld 2006, S. 177.
309 Nicole Hille-Priebe mit Yitzhak Laor im Interview, Neue Westfälische 8.11.2005 „Mein Vater war Deutscher". Der Sachverhalt ist erstmals mit diesem Zeitungsbericht öffentlich geworden.
310 Günter Gerke, Bielefeld wie es war, Bd.2, Düsseldorf 1975, S. 27. Das Zitat ist Teil einer Bildunterschrift. Das Foto zeigt auch Ladebeck.
311 Monika Pelz, S. 25.
312 Ebd., S. 11.
313 Klaus Schwickert, ebd., S. 3.
314 Karl Dietrich Bracher, Doppelte Zeitgeschichte im Spannungsfeld politischer Generationen – Einheit trotz Vielfalt historisch-politischer Erfahrungen. In: Bernd Hey u. Peter Steinbach (Hg), S. 59.
315 [Wilhelm Zenke (Hg.)], Bernhard Bavink zum Gedächtnis. Reden, gehalten bei der Feier der Namensänderung der ehem. Auguste Viktoria-Schule in der Rudolf-Oetker-Halle in Bielefeld am 22. November 1947, Bielefeld 1948, S. 9-10.
316 2.1.1957, Stabi 107,2 Nr. 1884.

317 Bernhard Bavink, Ergebnisse und Probleme der Naturwissenschaften, Leipzig, 6. Aufl. 1940 und 7. Aufl. 1941, S. 695.

318 Mitteilung Herbert Hinnendahls an den Verfasser 1992.

319 Metzner nach einem Besuch in Bielefeld am 2.3.1922 in einem Vermerk vom 29. März 1922. BArch R/4901/6369.

320 Auguste Viktoria-Schule, Bericht über das Schuljahr 1926/27, S. 13. Stabi 107,2/SVA Nr. 1109. [...]"Es ist der zweite Fall in unserem Amtsbereich, daß eine Stadt eine Stelle für einen Fachberater einrichtet. Es ist anerkennenswert, daß die Stadt das geldliche Opfer auf sich nimmt, um einem verdienten Manne eine ihm geneigte Stellung zu geben" [...]. Schulkollegium an Minister 5.4.1927, BArch R 4901/6369.

321 Westfälische Zeitung 18.12.1918.

322 Michael Schwartz, Bernhard Bavink: Völkische Weltanschauung – Rassenhygiene – „Vernichtung lebensunwerten Lebens" In: Stadtarchiv und Landesgeschichtliche Bibliothek (Hg.), Bielefelder Beiträge zur Regionalgeschichte Bd. 13. Bielefeld 1993, S. 61.

323 Bavink, [1945], S. 327. Dieser Abschnitt wurde Anfang 1945 verfasst. Dieser Satz fehlt in den nach Bavinks Tod gefertigten Auszügen aus den „Lebenserinnerungen", die einige Autoren eingesehen haben. StaBi, 200,5/NL Bernhard Bavink Nr. C 11 und 12. Bavink hatte das Manuskript „überhaupt nicht für die Öffentlichkeit, sondern nur für meine Familie und nächsten Freunde bestimmt". „mein öffentliches Wirken", S. 49. StaBi, 200,5/NL Bernhard Bavink Nr. C 8.

324 Reinhard Vogelsang Bd. 3, S. 195.

325 Michael Schwartz, S. 38.

326 „Offenbar wollte [Kultusminister Carl Heinrich] Becker bei der Masse bedürftiger Privatdozenten keinen gut versorgten Oberlehrer wie Bavink alimentieren." Christian Tilitzki, Die deutsche Universitätsphilosophie: In der Weimarer Republik und im Dritten Reich. Berlin 2002, S. 226 unter Hinweis auf GStAPK, Rep. 76/ 1060, Bl. 174-176, 191.

327 Michael Schwartz, S. 63. Schwartz handelt im Abschnitt „5. Bavinks politisches Engagement: Völkische Rassehygiene und NSDAP" die politischen Aspekte des eugenischen, rassehygienischen und Euthanasiediskurses ab. S. 60-72.

328 Klaus Hentschel, Bernhard Bavink (1879-1947): Der Weg eines Naturphilosophen vom deutschnationalen Sympathisanten der NS-Bewegung bis zum unbequemen Non-Konformisten.= Sudhoffs Archiv, Band 77, Heft 1, Stuttgart 1993, S. 1-20; S. 9.

329 Ebd. S. 13. Hentschel verweist in FN 51 auf Bernhard Bavink, Meine öffentliche Tätigkeit, und zitiert aus S. 47: „Jedermann hatte damals nur elende Angst um seine eigene Haut. Ein englischer Beobachter soll einmal gesagt haben, in England habe zu jener Zeit die Redensart in Blüte gestanden: „feige, wie ein deutscher Professor. Es war auch wirklich kümmerlich, wie die deutschen

Wissenschaftler damals vor jenen Idioten zu Kreuze, krochen, die sich plötzlich überall breit machten und vor allem auch in die Hochschulen eindrangen." Diese Aufzeichnungen hat Bavink nach dem 5. Mai 1945 niedergeschrieben.

330 Ebd. S. 17.

331 Bernhard Bavink über Rasse und Kultur. Unsere Welt 26 (1934), 98-114, 161-190.

332 Ebd. S. 18.

333 Faksimile bei Klaus Hentschel, S. 21.

334 Loseblatt-Sammlung „Informationsdienst Rassepolitisches Amt der NSDAP. Reichsleitung." 20.4.1937 – Nr. 8, 01 03 01, 1.-3. Blatt. Der anonyme Verfasser weist abschließend darauf hin, der Begriff „Biologismus" sei zuerst in den Jahren 1934 und 1935 in der Auslandspresse aufgetaucht, in Holland „in den beiden jüdische Interessen vertretenden Zeitungen „De groene Amsterdamer" und De haagsche Post". Stabi 150,2 Bavink-Gymnasium Nr. 367.

335 Schreiben des Dekans der Philos. U. Naturwiss. Fakultät der Universität Münster v. 28.6.1941. BArch Personalakten des Bavink, Bernhard, B 1448.

336 „Durch v. Renesses Rezension ‚aus völkischer Sicht' auf die entsprechenden Passagen aufmerksam gemacht, mußte diese unmißverständliche Zurückweisung der für NS-Ideologen geläufigen These der Existenz ‚arische Wissenschaft' das Mißfallendes Reichspropagandaministeriums erregen, das 1941 offenbar zunächst eine Wiederauflage des vielgelesenen Hauptwerkes von Bavink untersagte." Klaus Hentschel, S. 24.

337 Schreiben Münster v. 9.11.1942, BArch. wie oben.

338 Siehe auch Jörg Willer, Fachdidaktik Physik zwischen Zustimmung und Widerspruch. In: Reinhard Dithmar (Hg.), Schule und Unterricht in der Endphase der Weimarer Republik: auf dem Weg in die Diktatur, Neuwied 1993, S. 273.

339 BArch Personalakten des Bavink, Bernhard B 1448.

340 Dr. Bernhard Bolle, 1934 OSchR, seit 1939 stellv. Leiter der Abteilung für höhere Schulen, 1945 entlassen.

341 Die Reise in die Schweiz kam durch Intervention des Auswärtigen Amtes zustande. Waren zunächst zwei Vorträge vorgesehen, löste die Nachricht vom Kommen Bavinks weiteres Interesse aus, so dass am Ende sieben Vorträge stattfanden. 1945, S. 347-353. Den Antrag auf Genehmigung der Drucklegung der Vorträge in der Schweiz hat RM für Volksaufklärung und Propaganda am 20.11.1944 abschlägig beschieden. STAMS PSK Personalakte Nr. B 8 Dr. Berhard Bavink.

342 STAMS PSK Personalakten Nr. B 8 Dr. Bernhard Bavink.

343 Urs Schildknecht „Umbenannt! „Kaiserin Auguste Viktoria-Schule --- Bavink-Schule" – ein Beitrag zur Geschichte des geistigen Bewußtseins im deutschen Nachkriegsalltag. (als Manuskript) Bielefeld 1985, Stabi 110/296. Arbeit zum „Schülerwettbewerb Deutsche Geschichte um den Preis des

Bundespräsidenten" 1985. Ders. (überarbeitet) in „Die Umbenennung der „Kaiserin Auguste Viktoria-Schule" – 1947". Ravensberger Blätter 1988, S. 22-33.

344 Urs Schildknecht, 1988, S. 33.

345 Ebd. S. 26.

346 Auguste Viktoria, Kaiserin neben Wilhelm II., hat zahlreichen Einrichtungen und Straßen ihren Namen geben lassen. Die meisten sind heute noch in Gebrauch: Auguste Viktoria-Klinik in Bad Oeynhausen, Bad Lippspringe, Berlin; Kaiserin Auguste Viktoria-Sanatorium in Hohenlychen, Kaiserin Auguste Viktoria-Gymnasium in Celle, Auguste Viktoria-Gymnasium in Itzehoe, Flensburg und Trier. Celle, Itzehoe und Flensburg gehören zum Gebiet der ehemaligen britischen Besatzungszone in Deutschland. Den Namen Auguste Viktoria tragen Straßen in Berlin mehrfach, in Kiel, Bad Nauheim, Wiesbaden und weiteren Städten.

347 Der Schulvorstand hatte dem Magistrat am 22.4.1923 empfohlen: „3. Änderung des Namens der Schule: Vorstand schlägt vor, die Schule Auguste Viktoria-Schule zu benennen. Die Genehmigung der Aufsichtsbehörde ist nachzusuchen." Stabi 107,2/ SVA Nr. 1054. 2. BArch R 4901/6369.

348 Freie Presse 26.11.1947. Stabi 107,2 SVA Nr. 1884.

349 Aloys Wenzl, Die weltanschauliche Bedeutung der Naturwissenschaften – der bleibende Anteil Bernhard Bavinks. Festvortrag anläßlich der Gedenkfeier zum 10. Todestag von Professor Dr. Bernhard Bavink am 28.6.1957, S. 1-14.

350 Ladebeck am 15.2.1957: „Bavinks Nachlasswerk [...] wird ohne Zweifel nicht mehr von einem Verlag übernommen werden. Seine Bedeutung liegt in der Tatsache begründet, dass Bavink geistesgeschichtliche Entwicklungen erkannte, die sich dann tatsächlich vollzogen." Ladebeck dürfte hier die Kritik an der engen Teilung und Trennung der wissenschaftlichen Disziplinen aufgenommen haben. „Als er am Höhepunkt der Schaffenskraft stand, da verhinderte nur die engstirnige Einteilung des menschlichen Wissens in vollkommen voneinander getrennte Bereiche, wie sie früher üblich war an der deutschen Universität, eine akademische Karriere. Weder von den Philosophen noch von den Physikern wurde er als zur Zunft gehörig angesehen. Erst heute, wo es mit Wissenschaftstheorie, Wissenschaftsforschung, Wissenschaftssoziologie und Wissenschaftsgeschichte viele neue Richtungen gibt, die, ohne selbst Naturwissenschaft zu sein, über Naturwissenschaft reflektieren, hätte ein Mann wie Bavink eine akademische Wirkungsmöglichkeit, [...]". Hermann, S. 6.

351 Oberstudienrat Dr. [Walter] Junge, Rede anläßlich der zwanzigjährigen Wiederkehr des Todestages von Prof. Dr. Bernhard Bavink am 27.6.1967 vor den Schülerinnen von OII-OI, Unsere Schule 1967/68, S. 19-24. Der Autor war Oberstudienrat für Mathematik und Physik an der Schule.

352 Ebd. S. 21.

353 Ebd. S. 24.

354 Armin Hermann, Bernhard Bavink und die Philosophie. Vortrag am 5.9.1978 anlässlich des 150jährigen Bestehens der Schule, an der Prof. Bavink, dessen Geburtstag sich am 30. Juni 1979 zum 100. Male jährt, von 1912-1945 wirkte und die seit 1947 seinen Namen trägt." S. 1-16.

355 Ebd. S. 6.

356 Ebd. S. 7. Hermann zitiert aus Bavink, die Naturwissenschaft auf dem Wege zur Religion". 4. Heft. Frankfurt 1937, S. 82f.

357 Bavink in: „Illustrierten Zeitschrift für Naturwissenschaft und Weltanschauung: Unsere Welt", Jahrgang 26, Heft 4, April 1934." Zitat nach Hermann S. 13.

358 Reinhard Vogelsang unter Mitarbeit von Monika Minninger und Friedhelm Schäffer, Im Zeichen des Hakenkreuzes, Katalog zur Ausstellung des Stadtarchivs, Bielefeld 1983, S. 7.

359 „Christentum und Rassehygiene", Generalanzeiger 15.12.1933. Bavink erläuterte die Vererbungslehre und begründete, warum der Staat berechtigt sei, Zwangssterilisationen vornehmen zu lassen.

360 Joachim Meynert und Friedhelm Schäffer, Die Juden in der Stadt Bielefeld während der Zeit des Nationalsozialismus, = Stadtarchiv und Landesgeschichtliche Bibliothek (Hg.), Bielefelder Beiträge zur Stadt- und Regionalgeschichte 3, Bielefeld 1983, S. 44. Die Autoren beziehen sich auf die Westfälische Zeitung v. 26.5.1933.

361 [Margret Gromann], „Ent"nazifizierung 1985 – Bernhard Bavink einst und jetzt, Unsere Schule 1986, S. 45-51.

362 Ebd. S. 51.

363 Klaus Musfeld, Bernhard Bavink als „christlicher" Wegbereiter der Vernichtung „unterwertigen" Lebens. Behindertenpädagogik, 30.Jg., Heft 4/1991, Seite 429-434.

364 Helmuth Schreiner, Vom Recht zur Vernichtung unterwertigen Menschenlebens. Eine sozial-ethische Studie zum Verhältnis von Euthanasie und Wohlfahrtspflege. = Carl Schweitzer (Hg.), Arzt und Seelsorger Heft 13, Schwerin 1928 (15 S.).

365 Unsere Welt. Illustrierte Zeitschrift für Naturwissenschaft und Weltanschauung. 21. Jg., 1929, S. 123-124.

366 Bernhard Bavink, Ergebnisse und Probleme der Naturwissenschaften, 6. Auflage, Leipzig 1940, S. 657.

367 Hans-Walter Schmuhl, Bernhard Bavink: Wegbereiter der Euthanasie? Stadtblatt Bielefeld, S. 1 und 4, 28.11.1991.

368 Johannes Menge NW 28.11.1991.

369 Karl Otto, NW 19.1.1995.

370 Mitteilung Marianne Wolf v. 10.2.2003. Hildegard Peters, Westfalen-Blatt – Bielefelder Zeitung 27.6.1997. Nach dem Ergebnis der Aufnahmeprüfung entschied der Direktor Dr. Lange: „Gleich in die O II, kein zusätzliches Schuljahr." Bavink merkte, dass wir nicht mitkamen in Physik. Er sagte, kommt mal zu mir

in die Wohnung. Sieben bis acht mal, bis er sagte, ihr braucht das nicht mehr. Bavink nahm kein Geld für den Privatunterricht." Lore Kröpke, geb. 1926, 25.2.2004.

371 FAZ 18.11.1993, 27.2.95, Landtag NRW 29.3.1995, SZ 19.12.91, 6.3.1992, 29.9.92, 30./31.1.93, 18.2.1994, 3.2.1995, 24.2.1995.

372 Lilo Berg, Eine späte Entschuldigung. Die deutsche Gynäkologen und die NS-Vergangenheit", SZ 31.8.94.

373 Hans Ulrich Wehler, Bd. 4, S. 671.

374 Süddeutsche Zeitung 8.7.2013.

375 Bavink, Schulzeitung für das Schuljahr 1994/95, S. 6.

376 Michael Girkens, „Eine gefährliche Lehre", NW 25.1.1996.

377 Rainer Detmer, „Bernhard Bavink und die Schwierigkeit, ein über alle Zweifel erhabenes Vorbild zu finden", Bavink, Schulzeitung für das Schuljahr 1995/96. Rainer Detmer ist Oberstudienrat an der Schule, Lehrer in den Fächern Philosophie, Geschichte und Latein.

378 Westfalen-Blatt v. 24.5.1996.

379 Neue Westfälische v. 24.5.1996.

380 Karl Dietrich Bracher, in: Bernd Hey u. Peter Steinbach (Hg), S. 60.

381 Peter Steinbach, Politik mit Geschichte – Geschichtspolitik, http://www.bpb.de/themen/OBSIGO,1,0,Politik_mit_Geschichte_%96_Geschichtspolitik.html, 28.2.2012, 10.37, S. 5.

382 Gustav Engel, Bielefelder Merkwürdigkeiten „Der Waldhof". Bielefelder Spiegel, Bielefeld 1. November 1955, S. 3.

383 Reinhard Vogelsang Bd. 1, S. 92.

384 BArch Berlin R 4901/ 6369.

385 Bernhard Bavink, Organische Staatsauffassung und Eugenik, Berlin 1933, S. 46.

386 Hans Joachim Schöps, Wikipedia 26.8.2013, 16.07 Uhr. Auch: Hans-Joachim Schoeps, Bereit für Deutschland. Der Patriotismus deutscher Juden und der Nationalsozialismus. Frühe Schriften 1930 bis 1939. Eine historische Dokumentation Berlin 1970. In der Einleitung S. 14 verzichtet Schöps auf eine selbstkritische Auseinandersetzung mit der Diskussion um die Zusammenhänge von konservativer Prädisposition und Nationalsozialismus. Schöps bezeichnet dies lediglich als von Historikern „einer späteren Generation" dargestellte „absurde Geschichtsklitterung". Es sei auch auf Presseberichte (Spiegel online und SZ v. 2.8.2013) verwiesen, nach denen Bundeskanzler Helmut Kohl gegenüber Großbritanniens Premierministerin Margaret Thatcher am 28. Oktober 1982 eingestandermaßen die Halbierung der Zahl der nach Deutschland eingewanderten Türken angedacht habe. Kohl habe gesagt, „über die nächsten vier Jahre werde es notwendig sein, die Zahl der Türken um 50 Prozent zu reduzieren – aber er könne dies noch nicht öffentlich sagen". Diese Vergleiche sind historisch gemeint und sollen nicht im Alltagsverständnis durch bloße Relativierung als

Versuch nachträglicher Legitimierung der Diskriminierungen des Jahres 1933 verstanden werden.

387 Hans-Joachim Schoeps, S. 24. Schöps führt weiter aus, Hitler habe ihn nicht empfangen, da habe er seine Denkschrift lanciert „über Vermittlung von Freunden aus dem Herrenklub an Papen, Frick, Schacht und den deutschen Gesandten beim Völkerbund, Herrn von Keller. Einige Herren vom Stahlhelm wie Major Stephani und vom Vizekanzleramt sowie deutschnationale Koalitionsgenossen der NSDAP versprachen mir im Sommer 1933, sich im Sinne meiner Vorschläge stark zu machen".

388 Hans Ulrich Wehler, Bd. 4, S. 364.

389 Zu Beginn des Krieges waren „einige Schranken, auf welche die Juden im Hinblick auf höhere Stellungen bisher getroffen waren, zeitweilig aufgehoben." Doch unter dem Eindruck der antisemitischen „Agitation der Alldeutschen und anderer rechtsradikaler Verbände" ordnete das preußische Kriegsministerium die „sogenannte Judenzählung" an. Hans Ulrich Wehler, Bd. 4, S. 129-130; 495-496.

390 Bavink, Organische Staatsauffassung und Eugenik, Berlin 1933, S. 48.

391 Ebd.

392 Ebd., S. 47.

393 Saul Friedländer, Das Dritte Reich und die Juden, München 1998, S. 13.

394 Ebd. Nach einem Vermerk ergibt sich, dass Prof. Dr. Günter Just, der Herausgeber der Reihe, am 14.8.33 im RMI vorgesprochen und M.R. v. Gütt nach 2-stündiger Unterredung die Sache für erledigt erklärt habe. Ein in Aussicht genommener Erlass an den Oberpräsidenten in Münster wird als „erledigt" bezeichnet.

395 „Ich beehre mich hierzu u. a. auf die mit Rotstift kenntlich gemachten Ausführungen in dem beiliegenden Heft, besonders auf S. 48 und weiter auf S. 45, 47 und 48 (Nr. 7 Satz 1) zu verweisen." BArch Berlin R 4901/ 6369.

396 Bavink, Ergebnisse und Probleme der Naturwissenschaften, 5. Auflage 1933, S. 519.

397 Ders. 6. Auflage, S. 495.

398 Ders. 7. Auflage, S. 495.

399 Auch über die Reise nach Holland gibt es keine konkreten Angaben zu Personen, während die spätere Reise vom 22.11.bis 2.12.1943 in die Schweiz so detailliert geschildert wird, dass hier Tagebucheintragungen Bavink vorgelegen haben dürften.

400 Ebd. S. 341.

401 Gelegentlich einer 10 tägigen Vortragsreise durch die Schweiz traf Bavink mit Friedrich Dessauer und Klaus Ruedenberg, einem Flüchtling aus Bielefeld am 23.11.1943 in Fribourg zusammen. Ruedenberg erinnerte sich, „dass Bavink und Dessauer mit Besorgnis die Möglichkeit der Atombombe diskutierten. Indessen glaubte Bavink Informationen zu besitzen, auf Grund derer er die

Meinung/Hoffnung äusserte, die Konstruktion einer Atombombe sei wahrscheinlich unmöglich." Brief vom 30.5.2003 an den Verfasser.

402 „Hier haben wir also erstmalig einen Vorgang, der bei geeigneter Leitung sich unter Umständen selbst nicht nur unterhalten, sondern sogar beschleunigen könnte; sogar ein explosives Ausarten desselben erscheint nicht ausgeschlossen, so daß die Frage ernsthaft diskutierbar geworden ist[158)], ob auf diesem Wege die Atomenergie endlich nicht doch technisch ausnutzbar werden könnte. Leider steht allen dahingehenden Versuchen das große Bedenken im Wege, daß dabei vielleicht Wirkungen, [...] eintreten und den unvorsichtigen Experimentator nicht nur, sondern unabsehbare Teile seiner Umgebung, ja unter Umständen die ganze Erde, in die Luft sprengen könnten [...]. Auch der Gedanke an etwaige kriegerische Verwendungen solcher Mittel hat wenig Tröstliches. [...] es ist leicht zu sehen, daß wir hier überhaupt erst in den allerersten Anfängen einer ganz neuen Wissenschaft stehen." Bernhard Bavink, Ergebnisse und Probleme der Naturwissenschaften, 6. Auflage, Leipzig 1940, S. 186.

403 Carl Heinrich v. Stülpnagel, Militärbefehlshaber in Frankreich von 1942-1944, hatte im Zuge der Verschwörung am Abend des 20. Juli 1944 die Angehörigen der SS und Sicherheitsdienste in Paris festnehmen lassen. Peter Hoffmann, Widerstand, Staatsstreich, Attentat. Der Kampf der Opposition gegen Hitler, München 1969, S. 582f. v. Stülpnagel wurde am 30.8.44 vom Volksgerichtshof zum Tode verurteilt und hingerichtet.

404 Ebd. S. 340.

405 Verweis auf den Vortrag in Wien 1941, 16.8.1943. STAMS PSK Personalakten Nr. B 8, Dr. Bernhard Bavink.

406 Ebd. S. 641. Die Fußnote 613: „Daß es auch ohne gemeinsame Sprache ein Bewußtsein von Volkseinheit geben kann, beweist die Schweiz."

407 Reproduktionen von Publikationen zur Unfruchtbarmachung, „Euthanasie" und Eugenik aus der Bücherei der Reichsarbeitsgemeinschaft Heil- und Pflegeanstalten, BArch Berlin, R 96-I/20, Band Nr. 4.

408 Die Literatursammlung beruht auf einer Zeitschriftendurchsicht, dazu Auszügen aus einer Monographie, einem Handbuch und einer Encyklopädie.

409 Bernhard Bavink, Eugenik als Forschung und Forderung der Gegenwart. = Wissenschaft und Bildung. Einzeldarstellungen aus allen Gebieten des Wissens 293, Leipzig 1934, S. 126. Bei Bavink erfolgt die Hervorhebung durch erweiterten Buchstabenabstand.

410 Rudolf Wassermann, Justiz und politische Kultur. In: Bernd Hey u. Peter Steinbach (Hg) S. 223. Dieser Skandal wurde öffentlich ausgetragen. Die Einzelheiten sind auch dokumentiert in: Bundesminister der Justiz (Hg), Im Namen des Volkes. Katalog zur Ausstellung des Bundesministers der Justiz, Köln 1989, S. 426-432. Bernd Hey sieht in der öffentlichen Skandalisierung „eine gewisse selbstreinigende Kraft der jungen Demokratie und ihrer kritischen

Öffentlichkeit." Bernd Hey, Zeitgeschichte und Vergangenheitsbewältigung. In: Bernd Hey u. Peter Steinbach (Hg) S. 73.

411 Magistratsbeschluss v. 28.4.1923.

412 Stabi Sch 110/117.

413 Paul Lindner, Schöpferische Bielefelder Jugend. Gedanken zu dem „Ersten Jahrbuch der Kaiserin Auguste-Viktoria-Schule Bielefeld 1919", Westfälische Zeitung v. 19.12.1919.

414 Westfälische Zeitung, Einführung der neuen Schulleiter, 11.4.1918; Hervorhebung wie im Original.

415 Der Jahrbuchausschuss, Die Arbeit im Jahrbuchausschuss, S. 63.

416 Hermann Lembert aus München. Dr. Otto Bauer, Studienrat an der Schule, hatte in der „Volkswacht" v. 26.9.1919 über den Kongress berichtet und aus dem Vortrag „Christentum und Sozialismus" des Reichkanzlers a.D. Dr. Georg Michaelis die Aussicht auf eine Annäherung von Kirche und Sozialdemokratie herausgehört.

417 Reinhold Seeberg (1859-1935) Nach dem Krieg schloss er sich der Deutschnationalen Volkspartei (DNVP) an. 1918/1919 wurde er Rektor der Universität Berlin. Als Rektor initiierte Seeberg u.a. das Gefallenendenkmal der Berliner Universität, dessen lateinische Inschrift *Invictis victi victuri* („Den Unbesiegten die Besiegten, die siegen werden") eine kaum verhüllte Aufforderung zur Revanche für die deutsche Niederlage im Ersten Weltkrieg war.[1] Als Präsident leitete er 1923 bis 1931 den Zentralausschuss für Innere Mission der Evangelischen Kirche Deutschlands. Wikipedia, letzter Zugriff 22.7.2013.

418 Magdalene Hesselmann, Vorabend der Tagung des 38. Kongresses für Innere Mission in Bielefeld vom 22.-25. September 1919, Erstes Jahrbuch, Bielefeld 1919, S. 19.

419 Der Jahresbericht 1919 ist nicht überliefert, wohl auch nicht erstellt worden. Im Jahresbericht 1910 wurden die Unterrichtsgegenstände „Fragen der inneren und äußeren Mission, ethische Fragen" genannt; in der 1. Klasse 1914 bei Dr. Morisse – „Die Aufgaben der christlichen Frau in der Liebestätigkeit."

420 Anlage B zum Protokoll der Kreissynode vom 22.10.1919, S. 34. LkA EKvW Bestand 29.2. Der Beitrag schloss mit einem Rückblick auf Evangelisationen des zurückliegenden Winters, die von der Hoffnung auf Nachhaltigkeit begleitet wurden.

421 Ingrid Webers, Der Kapp-Putsch im Spiegel der Bielefelder Presse, Bielefeld 1978; darin 3. Der Spartakusputsch in Bielefeld vom 28.6.1919, S. 26.

422 Reinhard Vogelsang, Bd. 3, S. 41.

423 Ingrid Webers, S. 29.

424 Ingeborg Kühn, UI, Putsch. Erstes Jahrbuch S. 26.

425 Ebd. S. 27-29.

426 Erstes Jahrbuch, S. 24.

427 Ebd. S. 65.

428 Paul Lindner, Schöpferische Jugend. Westfälische Zeitung 19.12.1919.
429 Ruth Florsheim dürfte den Kapp-Putsch vom März 1920 mit dem oben erwähnten „Spartakus-Putsch" vom Juni 1919 verwechselt haben. Der Hinweis auf den Jahnplatz legt die im Bericht von Ingeborg Kühn geschilderten Ereignisse nahe.
430 Ruth Florsheim, Vor 50 Jahren, Die Abiturientinnen des Jahres 1920, Unsere Schule 1969/70, S. 12-14.
431 Unsere Schule 1991, S. 14. Neue Westfälische v. 14.7.1990.
432 Dr. rer. pol. Kara von Borries war Tochter des damaligen Herforder Landrats, Schülerin Bavinks und seit 1929 verheiratet mit Fritz Lenz, Professor für Rassenhygiene in München und seit 1933 in Berlin. Lenz teilte „mit Bavink die tiefe Überzeugung der Notwendigkeit einer rassenbiologischen Synthese von Rassenhygiene und Rassenanthropologie." Michael Schwartz, S. 37.
433 3. Sitzung der Schulgemeinde am 10.1.1921, STAMS PSK 7537.
434 Hermann Hegenwald hatte 1918 bei Küster in Bielefeld den Titel „Völkerfriede und Geisterfriede : vor der deutschen Menschheitsidee ; Religion u. Kirche, Bildung und Schule" veröffentlicht. Lt. Auskunft der UB Bielefeld vom 8.3.2013 ist ein Bestand im deutschen Leihverkehr nicht nachweisbar.
435 Handbuch der Bildungsgeschichte Bd. V, S. 120.
436 Magdalen Hesselmann, Ausblick, Jahrbuch II, S. 38.
437 Kurt Sontheimer zum Grundbegriff „Gemeinschaft", S. 315-317.
438 STAMS PSK 7537.
439 Der Mathematiker Emil Julius Gumbel „veröffentlichte 1921 eine Broschüre ‚Zwei Jahre Mord', in der er unter Angabe genauer Tatsachen und Namen den Beweis führte, daß seit dem 9. November 1918 in Deutschland 354 von Rechts begangene Morde" nur in einem Falle, von den 22 durch „Linksstehende" verübten Taten 17 als gesühnt anzusehen seien. H. und E. Hannover, politische Justiz 1918-1933, Frankfurt 1966, S. 18.
440 Die „Freie Schulgemeinde" Wickersdorf bei Saalfeld in Thüringen hatte Gustav Wyneken 1911 geschaffen. Sie war von Reformideen der Jugendbewegung bestimmt. Wynecken hatte 1919 an einem Aufruf des sozialdemokratischen preußischen Kultusministers Haenisch mitgewirkt. Er wurde wegen seiner Betonung demokratischer Erziehung von konservativer Seite angefeindet. Dieter Langewiesche und Heinz-Elmar Tenorth (Hg.) Die Weimarer Republik und die nationalsozialistische Diktatur. In: Handbuch der deutschen Bildungsgeschichte Band V 1918 -1945, München 1989, S. 95.
441 Hegenwald an den Minister am 21.7.1922, BArch R 4901/ 6369.
442 Ingrid Webers S. 43. Reinhard Vogelsang Bd. 3, S. 65-67.
443 Heinrich August Winkler, Weimar 1918-1933, München 1993, S. 134.
444 Die Zahlen sanken um 28,5% von 613 auf 438 Schülerinnen.
445 Wilhelm Warning 1933, S. 38.

446 Freya Lemcke und Hoi-Ying Yiu, Quäkerspeisung in Bielefeld nach dem 1. Weltkrieg, als Manuskript, Bielefeld 1997, S. 13.

447 „Auch an die Quäker-Speisung in der Wandelhalle erinnere ich mich, wo es nach dem ersten Weltkrieg für schwächliche Kinder als amerikanische Stiftung abwechselnd Bohnensuppe, Graupensuppe, Kakaosuppe, Erbsensuppe, Graupensuppe, Kakaosuppe und täglich ein dickes weißes Milchbrötchen gab, welches ich meinen Brüdern mit nach Hause brachte." Antje Kind-Hasenclever, 1971, S. 37.

448 Hans Ulrich Wehler, Deutsche Gesellschaftsgeschichte Bd. 4, 1914-1949, München 2003, S. 484.

449 Westf. Zeitung 1923 3.7.1923.

450 1917 hatten sich 64 Männer und 12 Frauen um die ausgeschriebene Stelle beworben, drei Männer wurden ohne Ergebnis in die engere Wahl gezogen, berufen wurde Hegenwald. Stabi 103,4 Personalakten C 437 Hegenwald.

451 PSK 10.4.1923, Stabi 103,4 Personalakten Nr. 1275. Die Stadt hatte auf ihr Vorschlagsrecht verzichtet.

452 Hans Ulrich Wehler, Bd. 4, S. 490.

453 Kurt Sontheimer, S. 278.

454 Neue Vokabeln. In: Klassen-Querschnitt A.V.S. U. II. 1927- Stabi 150, 2.

455 Stabi 107,2 SVA Nr. 463.

456 Protokoll der Verhandlung v.21.3.1923, S. 1f., ebd.

457 22.04.1923 Stabi 107,2 Nr. 1054.

458 28.04.1923 Antrag des Magistrats an PSK, BArch R 4901/ 6369.

459 BArch R 4901/ 6369

460 18.6.1888 [Gustav] Gerth, Vorschläge zur Organisation der städtischen Höheren Töchterschule zu Bielefeld, Stabi 101,8 Nr. 71,1 Bl.141.

461 Insofern ergänzt das Beispiel der Bielefelder städtischen Töchterschule die Vielfalt der Beispiele, die ausgeführt sind von James C. Albisetti, Mädchen- und Frauenbildung im 19. Jahrhundert, Bad Heilbrunn 2007, S. 58-80.

462 Die gedruckten Jahresberichte informierten von 1889 bis 1914 und von 1924-1930 über die Verteilung des Unterrichts auf Klassen und Lehrkräfte, die Inhalte und Aufgaben. Im Abschnitt „Chronik der Schule" – später „aus dem Schulleben" genannt – wurden personelle Veränderungen und außerunterrichtliche Veranstaltungen mitgeteilt. Erlasse, pädagogische Fragen Beschreibung der schulischen Einrichtungen kamen später hinzu. Nie fehlte die statistische Übersicht über die Zahl der Schülerinnen und ihre Gliederung nach Klassen, Konfession und Herkunft.

463 [Gustav] Gerth, Editorial, Jahresbericht der Städtischen höheren Mädchenschule 1889, S. 3. Stabi 107,2/Nr. 1108.

464 Der städtische Schulinspektor schied 1890 aus. Die Schule wurde der Aufsicht der Regierung Minden unterstellt.

465 Maschinenfabrik zunächst zur Herstellung von Trocken- und Appreturmaschinen für die Textilindustrie. Eduard Schoneweg (Hg.), Bielefeld. Das Buch der Stadt, Bielefeld 1926, Nachdruck 1978, S. 350f.

466 Spinnerei, Gadderbaum Nr. 56, heute Gütersloher Straße.

467 Wilhelm Warning 1933, S. 30.

468 Peter Stuckhard, Das Gaswerk. Der erste öffentliche Betrieb, In Peter Stuckhard / Stadtwerke Bielefeld, (Hg) Damit es hell und warm ist, Bielefeld [2000], S. 12.

469 Fritz Achelpöhler, Rose Bertelsmann wird Handarbeitslehrerin. In: Ruth Leutheusser-de Vries (Hg.), Einblicke, 175 Jahre Schulgeschichte, Bielefeld 2003, S. 32f.

470 Albisetti S. 95.

471 Warning ebd., S. 29.

472 Ilse Bremer, Eine alte Lehrerin erzählt. In: Ilse Bremer und Juliane Jacobi-Dittrich (Hg), Frauenalltag in Bielefeld, Bielefeld 1986, S. 14.

473 Jahresbericht 1910, S. 15. Stabi 107,2 Nr. 1108.

474 17.11.1890, Stabi 101,8/Nr. 71,1, Bl. 209.

475 In dieser Akte Bl. 526 findet sich ein „Flugblatt des Allgemeinen Deutschen Frauenvereins“ über „Frauen in der kommunalen Schulverwaltung“ vom Anfang des 20. Jahrhunderts, das am Schluss auf S. 4 hinweist auf das „Handbuch der Frauenbewegung, herausgegeben von Helene Lange und Gertrud Bäumer.“ Es folgt auf Bl. 527 ein zweiseitiges Papier aus dem „Rheinisch-Westfälischen Frauenverband“ mit Leitsätzen „zu einem Vortrage: Die Reform der höheren Mädchenschule und die Einstellung der Frauen in die kommunale Schulverwaltung.“ Dieses Blatt ist nicht datiert und dürfte im Vorfeld der Reform von 1908 entstanden sein.

476 Gustav Gerth, Die Feier des 50 jährigen Bestehens der Anstalt. In Jahresbericht 1908/09, S. 18f. Stabi 107,2 Nr. 1108.

477 Dr. Georg Hinzpeter am 31.5.1897 an Wilhelm II. in einem Brief über die Stadt Bielefeld und Pastor Bodelschwingh, GStAPK Rep. 113, Nr. 779 HA II, Bl. 63. Wilhelm II. hielt bei diesem Besuch aus Verärgerung über den Bauarbeiterstreik die sogenannte Zuchthausrede.

478 Seit 1858 gelte die städtische Töchterschule als „Hort des liberalen Bürgertums“ während die „Konkurrentin, die spätere Cecilienschule, christlich-konservativen Geist pflegte.“ Reinhard Vogelsang, Geschichte der Stadt Bielefeld Bd. 2, S. 201.

479 [Wilhelm] Warning 1933, S. 19.

480 Gerth, 15.9.1903, Stabi 101,8/Nr. 71,1, Bl. 508-509. Auf die Mitteilung, daß „die Vorsteherin der hiesigen stiftischen höheren Mädchenschule angeblich“ verlangt habe, daß alle Postsendungen mit der Anschrift „Evangelische höhere Mädchenschule“ oder „Evangelisches Lehrerinnenseminar“ ihr ausgehändigt würden, gestattete sich Oberbürgermeister Bunnemann, am 28.1.1904 „die

kaiserlichen Post-Direktion" darauf aufmerksam zu machen, daß „die städtische höhere Mädchenschule nebst Lehrerinnenseminar auch eine evangelische Anstalt" sei. Ebd. Bl. 520. Die Postdirektion schickte das Schreiben mit der Antwort zurück, ein „derartiges Verlangen" sei bei ihr nicht gestellt worden, Briefe mit der Aufschrift „Evangelische höhere Töchterschule u.s.w. ohne nähere Bezeichnung" behandele sie als unzustellbar. Auf dem nächsten Blatt der Akte ist noch von einer „Berufung auf das Amtsgeheimnis" die Rede.

481 19.10.1903.

482 9.12.1903 GSTAPK 1. HA Rep. 89, Geheimes Zivilkabinett, jüngere Periode Nr. 22562. Das Geheime Kabinett des Königs für Zivilangelegenheiten unterstand dem Hausministerium, dessen Geschäfte der Oberhofmeister führte.

483 4.1.1904, ebd. Der Antrag des Magistrats war an das Provinzial Schul-Kollegium in Münster gerichtet, das hatte sich mit dem Regierungspräsidenten in Minden abgestimmt, der für Polizeibelange in Bielefeld zuständig war und reichte ihn weiter an den preußischen Minister der geistlichen, Unterrichts- und Medizinalangelegenheiten. Dieser fertigte einen eigenen Bericht, adressierte ihn an das Zivilkabinett, die Kaiserin entschied, ihr Oberhofmeister Ernst Freiherr v.Mirbach teilte dies am 4.1.1904 dem Minister mit. Dieser fertigte am 22.1.1904 die Vorlage für einen „allerhöchsten Erlass", den Wilhelm II. als deutscher Kaiser und König von Preußen am 25.1.1904 bei Gegenzeichnung des Ministers ausfertigte.

484 „An Bord „König Albert" auf der uWeser bei Roth Sand, Feuerturm [...]", ebd.

485 Jahresbericht 1914, S. 30-31, Stabi 107,2 Nr. 1108.

486 Kämmerer, Aus dem Leben der Schule. In: Jahresbericht 1913/14 S. 26. Stabi 107,2 Nr. 1108.

487 Sogar im Rathaus (Raum 75) wurde eine Klasse untergebracht. Bericht Baurat Schultz v. 21.4.1909, Stabi 101,8/Nr. 71,2.

488 Ilse Bremer, Eine alte Lehrerin erzählt. In: Ilse Bremer und Juliane Jacobi-Dittrich (Hg), Frauenalltag in Bielefeld, Bielefeld 1986, S. 13-33. Die von Ilse Bremer interviewte Lehrerin besuchte 1906 gemeinsam mit Adele Kroppenberg die Klasse II. Stabi 102,3 / 619 Bl.13.

489 Erlass KM v. 21. Mai 1910. Stabi 107,2 Nr. 286.

490 Stabi 103,4 A 141.

491 Eva Bruchmann-Klocke (O I 1941), Adieu, Tante Emmy. Unsere Schule 1962, S. 14.

492 Ilse Bremer, S. 17.

493 Margret Kraul, Höhere Mädchenschulen. In: Handbuch der Deutschen Bildungsgeschichte, Bd. IV, München 1991, S. 289.

494 [Robert]Bosse, Kultusminister, Erlass v. 31.5.1894 über das Mädchenschulwesen in Preußen, in: Jahresbericht der Städtischen höheren Mädchenschule, 1895, S. 12-14; S. 13. Stabi 107,2/Nr. 1108.

495 Ebd. S. 20. So war die um 10 Jahre jüngere Else Thiede – wie schon dargestellt – nach Lateinamerika als Hauslehrerin gegangen.
496 Ebd. S. 24.
497 Ebd. S. 26.
498 Die Verfasserin verweist in einer Anmerkung auf die Regelungen der Berufstätigkeit verheirateter Frauen. „Durch bestimmte Zölibatsklauseln wurde verheirateten Lehrerinnen bis 1918/1920 der Verbleib im öffentlichen Schuldienst verwehrt. Der ADLV (Allgemeine Deutsche Lehrerinnenverein) vertrat die Ansicht, daß Mutterpflichten und Lehrerinnenberuf nicht zu vereinbaren seien[...]" S. 35.
499 Unsere Schule 1964/65, S. 17-22.
500 Ebd. S. 17-18.
501 Ebd. S. 18-19.
502 Stabi 200,1 Familienpapiere Nr. 127,3.
503 Hans-Ulrich Wehler, Deutsche Gesellschaftsgeschichte, Bd. 4, S. 118.
504 5.12.1918, Stabi a.a.O.
505 Unsere Schule 1964/65, S. 19-20.
506 21.2.19 Stabi a.a.O.
507 Ebd. S. 21.
508 31.12.1904. Vermerk auf einer Zuschrift aus Dortmund, wo Bunnemann Auskunft zur Praxis der Lehrereinstellung eingeholt hatte. Stabi 107,2, Nr. 486.
509 Ebd.
510 Ludger Graf von Westphalen, 150 Jahre Schulkollegium in Münster, Münster 1976, S. 42.
511 Reinhard Vogelsang, Bd. 2, S. 157f.
512 23.3.1906, Stabi 107,2, Nr. 486.
513 In Preußen existierte im 19. Jahrhundert weder ein Gesetz für höhere Mädchenschulen noch ein allgemeines Schulgesetz. Die in Bielefeld getroffenen Regelungen wurden von anderen Städten nachgefragt, so 1859 aus Dortmund und Herford, 1867 aus Siegen, 1871 aus Posen und 1876 aus Aachen.
514 Auch die Anzahl der Klassen und Schuljahre, Unterrichtsgegenstände, Lehrkräfte und deren Besoldung sowie die Höhe des Schulgeldes waren dort bestimmt. 25.11.1857. Stabi 100,2/Nr. 991. Die Regierung hatte am 12.12.1857 diesen Plan genehmigt. STAMS PSK 2349.
515 1.9.1906, ebd.
516 23.3.1906, ebd.
517 PSK 5.10.1906, Stabi 107,2 Nr. 486.
518 Übersicht aus dem Jahre 1909 ebd.
519 Schulkollegium 2.12.1906. Stabi 107,2 Nr. 486.
520 Magistratsbeschluss v. 6.12.1906, ebd.
521 Beschwerde beim Kultusmister (Entwurf) 31.1.1907, Stabi 107,2/Nr. 486. Die Eingabe blieb lange ohne Bescheid. Aus der Bestätigung der Wahl des

Oberlehrers Karl Mönkemeyer vom 30.12.1908 geht hervor, dass sich die Stadt mit ihrer Auffassung durchgesetzt hat.

522 30.12.1908, Schulkollegium an Magistrat, Stabi 107,2 Nr. 486 (Abschrift), Original Stabi 103,4/Pers. Akten Nr. A 866.

523 Stabi 107,2/Nr. 1054.

524 26.7.1909, STAMS PSK 2338.

525 Ludger von Westphalen, S. 83.

526 24.1.1910. STAMS PSK 2338.

527 „Der Begriff wurde 1873 von dem Pathologen Rudolf Virchow, einem Vordenker der linksliberalen Deutschen Fortschrittspartei geprägt." Die von Bismarck im Bündnis mit den Liberalen verabschiedeten Gesetze trafen auch das Verhältnis von protestantischer Kirche und Staat. Ralf Pahmeyer, Evangelische Kirche und Moderne. In: Matthias Benad und Hans-Walter Schmuhl (Hg.), Aufbruch in die Moderne, Bielefeld 2006, S. 66.

528 Hans-Ulrich Wehler, Deutsche Gesellschaftsgeschichte, Bd. 3, München 1995, S. 898.

529 Ludger von Westphalen, S. 83.

530 Jahres-Bericht über den Stand und die Verwaltung der Gemeinde-Angelegenheiten der Stadt Bielefeld pro 1875/76, Bielefeld 1877, S. 22.

531 Die reorganisierte konservative Partei mobilisierte erfolgreich ihre Anhänger im Kampf gegen den von der liberalen Mehrheit gefassten Beschluss. Wilhelm Hofmann, Die Bielefelder Stadtverordneten. Ein Beitrag zu bürgerlicher Selbstverwaltung und sozialem Wandel, Lübeck und Hamburg 1964, S. 88.

532 Wilhelm Hofmann, S. 99.

533 Wolfgang Hoffmann, S. 168-170.

534 26.1.1910 (Entwurf), STAMS PSK 2338. Im Magistratsbericht vom 26.2.1910 als „aktenmäßige Darstellung" zitiert, in den städtischen Akten bisher nicht aufgefunden.

535 Ebd. S. 6.

536 Niklas Luhmann, das Recht der Gesellschaft, Frankfurt 1993, S. 257.

537 24.2.1910, ebd.

538 Ralph Pahmeyer, S. 66. Die zeitgenössischen Zeugnisse überliefern neben dem Begriff der Erweckung auch den des „Pietismus" in Polemik und Bekenntnis.

539 Fritz Achelpöhler, „Presbyterial-synodal und republikanisch. Der Bielefelder Superintendent Johann Heinrich Scherr und die Reform von Kirche, Schule und Staat von 1804 bis 1844". Jahrbuch für Westfälische Kirchengeschichte Band 105, Bielefeld 2009, S. 255-258.

540 Rechtsanwalt und Justizrat Dr. iur. August Klasing, Stadtverordneter der I. Abteilung 1893-1911. Wolfgang Hoffmann S. 178. Erich Höner, Die Geschichte der christlich-konservativen Partei in Minden-Ravensberg von 1866 bis 1896. (Diss.) Bielefeld 1923, S. 88.

541 1892 kamen aus Westfalen vier der 120 Mitglieder der konservativen Fraktion im Preußischen Abgeordnetenhaus. Ebd. S. 86.

542 Ebd. S. 86.

543 Ebd. S. 89.

544 Ebd. S. 87.

545 [Gustav] Gerth, Aus dem Schulleben, Jahresbericht 1889/90, S. 12. Stabi 107,2/Nr. 1108.

546 „Der Wächter" berichtete über die Sitzung vom 7. ausführlich am 9. Mai1902. Bunnemann ließ den Zeitungsausschnitt zu den Akten nehmen. Stabi 107,2/Nr. 71.

547 Westfälische Zeitung 9.5.1902.

548 Klasing hatte 1892 in der Konservativen Partei am Programmentwurf mitgewirkt. Höner bezeichnet ihn als „Sprecher" der „westfälischen Christlich-Konservativen" verbunden mit dem Zitat aus der Mindener Zeitung Nr. 61, 14.3.1893 als wo er als „der weithin geholte Antisemiten-Verteidiger in Strafprozessen" bezeichnet wurde. Der 2. Abschnitt des Programms lautete: „Wir wollen das Recht des deutschen Volkes auf christlich-konfessionelle Volksschule und christliche Obrigkeit gesetzlich anerkannt sehen und fordern deshalb die Ausschließung von Juden von allen obrigkeitlichen Aemtern und von der Erziehung und dem Unterricht christlicher Kinder." Höner S. 87.

549 Rechtsanwalt und Justizrat Adolf Bock, Stadtverordneter der II. Abteilung 1893-1913 und länger, gemeinsamer Kandidat von rechten und linken Bürgerlichen bei Stadtverordnetenwahlen, ebd.

550 Westfälische Zeitung 9.5.1902.

551 Neue Westfälische Volkszeitung 10.5.1902.

552 Volkswacht. Organ der Sozialdemokratie im östlichen Westfalen und den lippischen Fürstentümern. 9.5.1902. Carl Hoffmann war Redakteur, auch Chefredakteur der Volkswacht.

553 Neue Westfälische Volkszeitung, Bielefeld 30. April 1902.

554 GStAPK I. HA Rep. 76 Kultusministerium VI Sekt. 1 Gen-e, Nr. 1, Bl. 31.

555 Johannes Altenberend, Das Kollegiatstift St. Marien vor der Auflösung. In: Johannes Altenberend, Reinhard Vogelsang und Joachim Wibbing (Hg), St. Marien in Bielefeld 1293-1993, Bielefeld 1993, S. 194.

556 Johann Heinrich Scherr, Zur Revision des Schulwesens in d[er] Grafschaft Ravensberg, Bl. 14. Archiv des Kirchenkreises Herford Nr. 1.

557 Johann Heinrich Scherr, Kirchliche Verfassung betreffend mit Rücksicht auf die Grafschaft Ravensberg 1815, GStAPK I. HA, Rep. 76 III. Sekt. 27, Abt. XIV, Nr. 1, Bd.1, Bl.62.

558 Bericht des Landrats v. Borries über die Bürgerschulen in Bielefeld. STADT M 1 II B 1, Bl. 82ff.

559 26.1.1910 (Entwurf). STAMS PSK 2338.

560 „Zwar hat die Töchterschule für mehr als eine Privatschule gegolten, ist sogar einer öffentlichen Schule gleich geachtet worden", hieß es in dem Antrag auf Übernahme der Schule durch die Stadt. 29.3.1857, Stabi 100,2/Nr. 949, Bl. 120.

561 [Gustav] Gerth, Zur Feier des 50jährigen Bestehens der städtischen höheren Mädchenschule". Jahresbericht 1908, S. 20ff. Stabi 107,2 Nr. 1108. Dieser Bericht lag auch dem Schulkollegium vor.

562 Fritz Achelpöhler, 2005, S. 247f.

563 Peter Lundgreen, Sozialgeschichte der deutschen Schule im Überblick. Bd. 1, 1770-1918, Göttingen 1980, S. 63.

564 12.7.1826, STADT M 1 II B 841, Bl. 13-27.

565 Albisetti S. 38.

566 Stabi 100,2/Nr. 948 und Nr. 949.

567 Fritz Achelpöhler, Bericht über „Gunilla-Friederike Budde, Von der Weisheit, die das simpelste Knabenhirn nicht sprengt, wird auch ein Mädchenkopf nicht aus den Fugen gehen. Festvortrag zum 175jährigen Schuljubiläum", Eulenspiegel / Unsere Schule 2004, S. 20.

568 Susanne Wambach, Vom Alten Markt auf die Bühnen der Welt. Die Sopranistin Sophie Charlotte Crüwell (1826-1907). In: Bärbel Sunderbrink (Hg.), Frauen in der Bielefelder Geschichte, Verlag für Regionalgeschichte, Bielefeld 2010, S. 16. Siehe auch Fritz Achelpöhler, Sophie Crüwell, in „Eulenspiegel 2012, S. 23-25.

569 [Gustav] Gerth, Jahresbericht 1908, S. 20. Stabi 107,2 Nr. 1108.

570 Stabi 100,2/Nr. 948 und STAMS PSK 2425. Barbara Stolze, Die Entwicklung des Bielefelder höheren Mädchenschulwesens im 19. Jahrhundert, JVWKG Bd. 81 (1988) S. 9. Fritz Achelpöhler, Pietismus, antijüdische Ressentiments und städtische Selbstverwaltung. Der Streit um die Wahl des jüdischen Arztes Dr. Bernhard Steinheim in den Vorstand der Bielefelder städtischen Töchterschule in den Jahren 1870-1873; in: JWKG, Band 100, Bielefeld 2005, S. 230 und (ders.), Presbyterial-synodal und republikanisch. Der Bielefelder Superintendent Johann Heinrich Scherr und die Reform von Kirche, Schule und Staat von 1804 bis 1844". JWKG Band 105, Bielefeld 2009, S. 273. Reinhard Vogelsang Bd. 1, S. 248. Wilhelm Warning 1933, S. 9.

571 12.6.1828, Regierung an Scherr, STADT M 1 II B 841, Bl. 51.

572 [Gustav] Gerth, Zur Feier des 50 jährigen Bestehens der städtischen Höheren Mädchenschule. Jahresbericht 1907/08, S. 20. Stabi 107,2 Nr. 1108.

573 Reinhard Vogelsang Bd. 1, S. 242f.

574 29.12.1837. Scherr an Regierung in Minden, STAMS PSK 2425, Bl. 25.

575 Johann Wilhelm Süvern, Entwurf über die städtischen Schuldeputationen, 1809: „Bei der Beaufsichtigung der weiblichen Erziehungs- und Lehranstalten sind die verständigsten und achtbarsten Frauen der Stadt hinzuzuziehen und ihre Aufmerksamkeit nicht bloß auf die Handarbeiten, sondern auf die

ganze Erziehung und Unterweisung der Mädchen zu lenken." Wilhelm Süvern, Johann Wilhelm Süvern, Preußens Schulreformer nach dem Tilsiter Frieden, Berlin-Leipzig 1929, S. 139. Zu einer weiteren Beteiligung von Frauen an der Planung und Organisation der Töchterschule ist es im 19. Jahrhundert nicht mehr gekommen. 1916 stellte der Magistrat auf Antrag des Vereins für Frauenstimmrecht Bielefeld auch Clara Vogt zur Wahl in den Schulvorstand. Die Stadtverordneten respektierten die Kandidatur, drei gaben ihr die Stimme, fünfzehn aber wählten Rektor Brockmann. StaBi 103,2/Nr.619, Bl.75.

576 Scherr 29.12.1837. STAMS PSK 2425, Bl. 26.

577 Achelpöhler 2005, S. 236f.

578 Gustav Delius (1.5.1794-10.4.1872) Kommerzienrat, Mitbegründer der Ravensberger Spinnerei, ∞ am 9.10.1818 mit Lucia Christiane von Laer (geb. am 12.3.1798). Johann Christoph August Tiemann, Dr. med. (* 4.9.1795) ∞ am 29.10.1819 mit Henriette Christiane von Laer (* 1.6.1794). Henriette und Lucia v.Laer sind die Töchter von Friedrich Wilhelm v.Laer und Ernestine Christiane Delkeskamp, Tochter des Kaufmanns Johann Friedrich Delkeskamp. Delkeskamp korrespondierte von 1785 bis 1802 mit der pietistischen Deutschen Christentumsgesellschaft in Basel. Universitätsbibliothek Basel ADChr.Ges. D.V.5-22.

579 8.2.1871 Ernst Wilhelm Müller an die Regierung in Minden, Den religiösen Standpunkt der Schule betreffend, STAMS PSK 2349.

580 Scherr 29.12.1837. STAMS PSK 2425, Bl. 26.

581 28.12.1837. Anlage zum Bericht v. 29.12.1837, STAMS PSK 2425, Bl. 32-33.

582 Der „dogmatische Streit um die Existenz des Teufels" war „zur wichtigsten theologischen Frage" geworden, „die die Geistesgeschichte im letzten Drittel des 18. Jahrhunderts beschäftigte". „Das Motiv des Teufelstreits [erwies] sich als Katalysator" zwischen aufgeklärten und pietistisch orientierten Protestanten. Frank Stückemann, Johann Moritz Schwager (1738-1804). Ein westfälischer Landpfarrer und Aufklärer ohne Misere. Bielefeld 2009, S. 23 und 105.

583 Georg Christoph Friedrich Gieseler, Ueber kirchliche Marktschreierei und den Pharisäismus unsrer Tage : eine Gelegenheitsschrift bei Veranlassung der fünfzigjährigen Amtsjubelfeier des Herrn Superintendenten Johanning in Herford, Werther 1835, S. V-VII, 1-21; S. 11.

584 Heinrich August Niemeyer, Sohn eines Bielefelder Kaufmanns, war als wissenschaftlich ausgebildeter Lehrer an die Bürgerschule berufen. Scherr erreichte die Anstellung des gerade Examinierten, indem er ihn gleichzeitig als künftigen Hilfsprediger für sich reklamierte. In der Liste der Regierung hätten alle anderen Bewerber den Vortritt gehabt. STADT M 1 II B 841, Bl. 120-121. Niemeyer wurde 1840 Hilfsprediger, 1847 Scherrs Nachfolger in der Neustädter Gemeinde. Rudolf Rempel nannte ihn 1848 einen „vormärzlichen Liberalen und ehemaligen Präsidenten des [...] demagogischen Lesevereins", der eine

reiche Frau geheiratet habe und jetzt „reaktionärer als die reaktionären Kammern" sei. Fritz Achelpöhler 2005, S. 238.

585 Heinrich Pohlmann in der zunächst erfolglosen Bewerbung um eine Lehrerstelle an der Bürgerschule. 4.7.1837, Stabi 100,2 Nr. 915.

586 Beckhaus, Aschof, W. Bertelsmann, W.. Schlingmann, August Potthoff, W. Krönig, Katzenstein, Wittgenstein, Helmich, Kurlbaum, Aug. Boucher, Coesfeldt, Bozi, Consbruch, Aug. Wilhelm Potthoff, Aug. Wilhelm Waldecker, E. Heinr. Potthoff 12.3.1838, StadtA BI, 100,2 Nr. 949, Bl. 39. Beim Buchhändler August Helmich lag die Schrift Gieselers in Kommission aus.

587 Kirchenchronik und Miscellen. [Anonym] Aus der Grafschaft Ravensberg in Westfalen. In: Allgemeine Kirchenzeitung, Karl Gottlieb Brettschneider und Georg Zimmermann (Hg.) Band 13.2, Darmstadt 1834, Sp. 1510-1512.

588 Johann *Henrich* Volkening (1796-1877), 1827-1838 Pfarrer in Gütersloh, 1838-1869 in Jöllenbeck. „Der bedeutendste Vertreter des Neupietismus in Minden-Ravensberg." Friedrich Wilhelm Bauks, Die evangelischen Pfarrer in Westfalen von der Reformationszeit bis 1945, Bielefeld 1980. Beiträge zur Westfälischen Kirchengeschichte Bd.4, S. 530.

589 *Ernst* Friedrich Christoph Hartog, (1805-1871) 1830-1857 in Steinhagen. Bauks S. 184.

590 Als der pietistische Pfarrer in seiner Leichenpredigt „dem völlig integeren Mann die Seligkeit absprach, traumatisierte er dessen Sohn [sc. Johann Moritz Schwager] damit in einer Weise, daß noch nach über vierzig Jahren die Erinnerung an dieses Ereignis zu einer Generalabrechnung mit dem Pietismus geriet." Frank Stückemann, S. 28.

591 Regierung an Minister 10.8.1842, STAMS PSK 2425.

592 Franz v.Borries, 1. Landrat in Bielefeld (1816-1837), danach Oberregierungsrat in Minden.

593 STAMS PSK 2425.

594 11.1.1843, STAMS PSK 2349.

595 17. Februar 1843, STAMS PSK 2425.

596 5. Februar 1843: Abschlussbericht der Kommission v. Borries : Die Beschwerde des Vorstandes der höheren Töchterschule zu Bielefeld über die Bürgerschule daselbst betreffend; zur Verfügung vom 30. November 1842, STAMS PSK 2425.

597 8.2.1871. STAMS PSK 2349.

598 Johann Heinrich Scherr, Über Kleinkinderschulen. Beilage zu „Öffentliche Anzeigen für die Grafschaft Ravensberg Nr. 5, 1840, S. 3.

599 [Scherr u. a.] Erster Bericht über die die Einrichtung, den Fortgang und den Erfolg der am 13.11.1843 eröffneten Klein-Kinderschule oder Bewahr- und Pflegeanstalt für die noch nicht schulfähigen Kinder armer und unbemittelter Eltern zu Bielefeld, Bielefeld 1846. Dieser Bericht ist im Wesentlichen von Scherr verfasst. Er starb am 25.12.1844. Siehe auch Fritz Achelpöhler, Schule

in Bielefeld – Lernen fürs Leben. In: Andreas Beaugrand (Hg), Bielefeld 1214-2014. Tradition und Fortschritt in der ostwestfälischen Metropole, Bielefeld 2013, S. 736.

600 Rudolf Rempel, Der Volksfreund Nr. 3, 18.1.1850, S. 11f.

601 Thusnelde Koch, geb. 1.8.1839, gest. 13.3.1931 besuchte von 1845-1854 die private Vereinsschule. Sie schrieb 1927 für die Ravensberger Blätter 1928 ihre Erinnerungen nieder: „Erinnerungen aus frei fröhlichen Kinderjahren Erschautes und Erlauschtes in sturmbewegter Zeit von einer 88jährigen". Ravensberger Blätter für Geschichte und Heimatkunde, XXVIII. Jahrgang Bielefeld 1928, S. 26-28, 35-42.

602 Reinhard Vogelsang, Bd. 1, S. 237-241.

603 S. 41.

604 Ebd. S. 27.

605 Ebd. S. 35.

606 Ebd. S. 27.

607 Rudolf Rempel (1815-1868), Leinenkaufmann aus der Neustadt, war Publizist und Führer der Fortschrittspartei. Er veröffentlichte unter der Parole „Freiheit, Wohlstand, Bildung für Alle" die Zeitschrift „Der Volksfreund" in den Jahren 1848 bis 1850. 1865 gründete er mit Carl Baer die Nähmaschinenfabrik Baer & Rempel. Diese Firma steht am Anfang der Entwicklung der Nähmaschinenindustrie in Bielefeld und damit auch in Deutschland. Reinhard Vogelsang Bd. 1, S. 274-278. Bielefeld, Buch der Stadt 1926, S. 311.

608 Rudolf Rempel, Der Volksfreund Nr. 8, 12.8.1848, S. 38.

609 Ebd. S. 41f. Die Autorin ließ erkennen, dass eine konservative politische Tendenz nicht gleichbedeutend mit einer Erziehung und Lebensführung nach pietistischen Grundsätzen war.

610 Jörg van Norden, Thron und Altar. In: Reinhard Vogelsang und Rolf Westheider (Hg), Eine Region im Aufbruch. Die Revolution von 1848/49 in Ostwestfalen-Lippe, Bielefeld 1998, S. 346.

611 Ebd. S. 28.

612 Ein Unpartheiischer, Die bevorstehende Re- oder Desorganisation der Bielefelder Töchterschule." Öffentliche Anzeigen für die Grafschaft Ravensberg 1849, Nr. 33, S. 205ff.

613 (Als Drucksache ohne Datum) Statuten der Töchterschul-Gesellschaft Bielefeld, Verlag Velhagen und Klasing Stabi 100,2/Nr. 949, Bl. 123-126.

614 Öffentliche Anzeigen für die Grafschaft Ravensberg 7.8.1850, S. 389.

615 2.11.1843, STAMS 2425.

616 Lebenslauf vom 4.11.1843, ebd.

617 Ludwig Volrath Jüngst, Ravensbergisches Volksblatt, Beiblatt zum öffentlichen Anzeiger für die Grafschaft Ravensberg Nr. 4, 22. April 1848, S. 14. Jüngst war Oberlehrer am Gymnasium und in Nebentätigkeit auch zwischen 1835 und 1871 wiederholt Lehrer und Schulvorstandsmitglied der Töchterschule,

1848/49 Herausgeber und Verfasser der meisten Artikel im Ravensbergischen Volksblatt. Zur Person, den politischen Zielen, seinem politischen Engagement und Wirkungskreis siehe Reinhard Vogelsang, Ludwig Volrath Jüngst, das Ravensbergische Volksblatt und der Konstitutionelle Verein in Bielefeld 1848/49. In: Eine Region im Aufbruch. Die Revolution von 1848/49 in Ostwestfalen-Lippe, Reinhard Vogelsang und Rolf Westheider (Hrsg.) Bielefeld 1998, S. 248-272.

618 Ludwig Volrath Jüngst, Ravensbergisches Volksblatt Nr. 1, 22. April 1848, S. 1.

619 Ebd. Nr. 17, 2. August 1848, S. 68.

620 Ebd. Nr. 19, 9. August 1848, S. 76.

621 Jungen gingen selten länger als Mädchen in die höhere Schule. 1852 besuchten in Bielefeld 201 Schüler das Gymnasium, aus ganz Westfalen mit 2473 Schülern gingen nur 22 zur Universität über. Amtsblatt der Regierung Minden 26.11.1852, S. 1f.

622 Stabi NL Jüngst, 200, 038, Nr. 9.

623 Jeremias Merfeld gehörte dem Vorstand der jüdischen Gemeinde an. Stabi 100,2 Nr. Nr. 849, Schulakten, bes. Bürgerschule.

624 Reinhard Vogelsang, Bd.2, S. 200.

625 Reinhard Vogelsang, Bd. 1, S. 267.

626 Lehrer an der Schule von 1845-1858.

627 Thusnelde Koch, S. 36.

628 Ebd. S. 42.

629 Ebd., S. 26.

630 Reinhart Koselleck, Preußen zwischen Reform und Revolution. In: Werner Conze (Hg) Schriftenreihe des Arbeitskreises für moderne Sozialgeschichte Bd. 7, Stuttgart, 1967, S. 400.

631 STAMS PSK 2349.

632 Reinhold Ferdinand Winzer (1797-1865). Bauks Nr. 7030, S. 566.

633 Stiehlschen Regulative, d.h. „Preußischen Regulative für das Volksschul-, Präparanden- und Seminarwesen" vom 1., 2. und 3. Oktober 1854.

634 Bericht vom 9.7.1855, STAMS PSK 2349; Wagner trat später als Autor zahlreicher naturwissenschaftlicher Bücher und Reisewerke hervor, die wiederholt verlegt wurden,[Wilhelm] Warning 1933, S. 15.

635 Ebd., S. 46.

636 Lehrerin seit 1853.

637 Cécilia ou La Pension de Londres, von Mme [Jean-Louise-Henriette] Campan (1752-1822). In : M.F. Barrière (Hg.) De l'éducation, par Mme Campan ; suivi des conseils aux jeune filles, d'un théâtre pour les jeunes personnes, et de quelques essais de morale. Bd. 3, S. 91-149. Paris 1824.

638 Die Städtische Töchterschule Bielefeld sowie die Lehrerstellen, 1855-1874. STAMS PSK 2349.

639 Die Städtische Töchterschule Bielefeld sowie die Lehrerstellen, 1824-1855. STAMS PSK 2425.

640 STAMS PSK 2349.

641 7.3.1855, ebd.

642 Direktor Schneider am 16.1.1855 an den Superintendenten: „Das beifolgende Original wird Sie selbst überzeugen, wie unanstößig ein 2-aktiges Theaterstück ist, welches ausdrücklich für die Jugend geschrieben, keine andere Tendenz hat, als die unschuldige Verdächtigung einer Pensionärin, und ihrer Wiederherstellung in der guten Meinung der Vorsteherin des Instituts." STAMS PSK 2425.

643 Markierung der Textzeile „gesteigerte Gefallsucht und Koketterie uns-" mit Rotstift.

644 Ev. reformierte Gemeinde Bielefeld.

645 Randbemerkung „ganz einverstanden" Kg.

646 Schneider an Müller 16.1.1855, STAMS PSK 2425.

647 Albisetti S. 41: „Viele Erzieher akzeptierten [...] lediglich, dass Frauen der Oberschicht französische Konversation erlernen sollten, um in Gesellschaft mithalten zu können".

648 Drucker Velhagen hatte einen „Theaterzettel" hergestellt. Im Programm sind folgende Namen aufgeführt: M. Smidt, L. Velhagen, E. Schütz, Fr. Meyersohn, M. Velhagen, M. Kisker, A. Jung, M. Merfeld, O. Neese, J. Katsenstein, M. Beckhaus; STAMS PSK 2425. M. Smidt war eine Tochter des Pfarrers der reformierten Gemeinde. Ihr Name ist von einem anderen Sachbearbeiter wohl im Hinblick auf ihre Erwähnung mit einer dünnen Linie unterstrichen.

649 Bei einer Visitation am 4.11.1858 hielt Schulrat Winzer nur die Einzelleistung einer Schülerin für erwähnenswert. Er nahm sie im Musikunterricht wahr und brachte sie mit dem religiösen Bekenntnis in Verbindung: „Auch der Einzelgesang ist mit gutem Erfolg geübt. – Eine Jüdin singt solo: ‚Mein Heiland nimmt die Sünder an'!" Stabi, 100,2/Nr. 949, Bl. 122.

650 Thusnelde Koch über ihre Mitschülerin Julie v. Ditfurth, S. 36.

651 Aus der Randnotiz v. Ditfurths vom 7.3.1855 auf dem Bericht des Magistrats vom 19.2.1855. Konsistorialrat Winzer nahm diese Bemerkung auch in seinen Bericht vom 8.2.1856 auf, STAMS PSK 2349.

652 5.4.1855, Stabi, 100,2/Nr. 949, Bl. 88.

653 Monika Minninger, Ostwestfälische Juden zwischen Emanzipation, Kultusreform und Revolution, in: Eine Region im Aufbruch. Die Revolution von 1848/49 in Ostwestfalen-Lippe, Reinhard Vogelsang und Rolf Westheider (Hg.) Bielefeld 1998, S. 186, berichtet über die Zugehörigkeit zu der „von Rempel und Freunden damals initiierte[n] Lesegesellschaft" deren einer „Schwerpunkt der Diskussion [...] auf Fragen der Judenemanzipation [lag]." – „Die Judendebatten des Klubs wurden von den Zeitungen aufgegriffen und führten zum Austritt des früher aktiven Mitgliedes Hilfspredigers Niemeyer". „1847 ließ Niemeyer in seiner Bielefelder Pfarrei den Missionar Kalthuf zur

Judenfrage predigen, s. Öffentliche Anzeigen der Grafschaft Ravensberg 1847, S. 372-374."

654 Müller am 26.4.1855 an die Regierung in Minden, STAMS PSK 2349.

655 Dies war die Verordnung „zur Ausführung der Allerhöchsten Kabinetts-Ordre vom 10. Juni 1834, die Beaufsichtigung der Privat-Schulen und Erziehungsanstalten, der Privatlehrer, Erzieher etc betreffend, vom 31.12.1839. Ministerial-Blatt für die gesammte innere Verwaltung in den Königlich Preußischen Staaten, hrsg. im Bureau des Ministeriums des Inneren, 1ter Jahrgang 1840, Berlin 1840, S. 94.

656 Ditfurth verglich Bielefeld offenbar mit Minden. 1860 gab es 103 öffentliche höhere Mädchenschulen in ganz Deutschland. Kommunale Schulen existierten vor 1870 weder in England, Frankreich noch Oesterreich. Albisetti S. 59; 61.

657 Stabi, 100,2/Nr. 949, Bl. 102 und STAMS PSK 2349.

658 Randstrich an der Textzeile.

659 Müller an die Regierung 5.10.1855. so auch Landrat v. Ditfurth; vgl. Begleitbericht vom 1.9.1855, STAMS PSK 2349.

660 Reinhart Koselleck, Preußen zwischen Reform und Revolution, Stuttgart 1967, S. 404f.

661 Instruktion § 6, S. 95.

662 Instruktion §§ 6 und 7, S. 95.

663 29.3.1857, Stabi, 100,2/Nr. 949, Bl. 120.

664 [Gustav] Gerth 1908, S. 21.

665 Müller an die Regierung 17.7.1856, STAMS PSK 2349.

666 Müller 26.4.1855, ebd.

667 Ebd.

668 Müller 15.6.1855 in einem Visitationsbericht an die Regierung, STAMS PSK 2349.

669 Johann Moritz Schwager hatte beim Studium in Halle erfahren, dass die Fortschritte in der Exegese die Dogmatik verändert und dass die „Lehre von der Erbsünde und der Existenz des Teufels" obsolet wurde. Frank Stückemann, S. 35. Schneider widersprach dem inquisitorischen Zugriff und stellte dies gelegentlich einer Visitation am 24. und 25. Mai 1855 ausdrücklich in Abrede, STAMS PSK 2349.

670 Müller, „Den religiösen Standpunkt der Privat-Töchterschule zu Bielefeld betreffend". 26.4.1855. Die Regierung beschloss, „Der Dezernent wird beauftragt, die Privat-Töchterschule zu Bielefeld mit besonderer Rücksicht auf den Religionsunterricht und die religiöse Haltung und Einwirkung derselben auf die Schülerinnen baldigst örtlich zu revidiren. 11/ 5. STAMS PSK 2349. 1851 hatte Schneider noch Frühgottesdienste in der Altstädter Kirche gehalten. Öff. Anzeigen 1851, S. 331 und 423.

671 Winzer 9.7.1855, STAMS PSK 2349.

672 Schneider 24.9.1855, ebd.
673 Müller, den Religionsunterricht des Dr. Schneider in der Vereins-Töchterschule zu Bielefeld betreffend. 17.7.1856, STAMS PSK 2349.
674 Achelpöhler, 2005, S. 250-252.
675 Müller, 17.7.1856, ebd.
676 Thusnelde Koch S. 42.
677 Allgemeine Kirchenzeitung, Sp. 1510.
678 Jens Bruning, Das pädagogische Jahrhundert in der Praxis, Schulwandel in Stadt und Land in den preußischen Westprovinzen Minden und Ravensberg 1648-1816, Berlin 1998, S. 357f.
679 Der ‚Theater-Skandal' ist seit Wilhelm Warning 1933, S. 18-19, gut bekannt und in der Folge mehrfach, zuletzt von Fritz Achelpöhler, 2005, schul- und kirchengeschichtlich erörtert worden. Die zeitgeschichtliche Blickrichtung lässt den allgemein-politischen Bezug hervortreten.
680 Bürgermeister Krohn am 15.8.1855 an Landrat v. Ditfurth, Stabi 100,2/Nr. 949, Bl. 102 als Entwurf, als Reinschrift STAMS PSK 2425.
681 Rescript an Regierung vom 16.2.1857, STAMS PSK 2349.
682 Müller an die Regierung am 3.4.1857, STAMS PSK 2349.
683 Regierung an Minister am 23.4.1857, STAMS PSK 2349.
684 29.3.1857, StadtA BI 100,2 Nr. 949, Bl. 121. Zu den 49 Unterzeichnern gehörten v. Ditfurth, Jüngst, R. Rempel, Merfeld, Katzenstein, Frau von Arnim, Witwe Louise Potthoff, Freiherr v. Laer. Namen wie Delius, Kisker, Bansi fehlten. In der Liste der Schülerinnen 1858 fehlen die Namen Müller und v. Ditfurth, die Pfarrer Smidt und Niemeyer ließen ihre Töchter auch die städtischen Schule besuchen. Pfarrer Ribonitsch ließ in den 1870-er Jahren zwei Pflegetöchter zur städtischen Schule gehen. Bis 1880 sind andere Pfarrer als Interessenten der städtischen Töchterschule nicht bekannt.
685 Müller 8.2.1871, STAMS PSK 2349.
686 8.8.1857, Stabi 100,2/Nr. 949, Bl.133-141.
687 Achelpöhler 2005, S. 258f.
688 Die Einzelheiten der Auseinandersetzung hat der Verfasser in kirchen- und sozialgeschichtlicher Betrachtung dokumentiert und erörtert. „Pietismus, antijüdische Ressentiments und die städtische Selbstverwaltung. Der Streit um die Wahl des jüdischen Arztes Dr. Bernhard Steinheim in den Vorstand der Bielefelder städtischen Töchterschule in den Jahren 1870-1873." Bielefeld 2005, Band 100, S. 227-283.
689 24.1.1910, S. 2. STAMS, PSK 2338.
690 7.11.1870 Stabi 100,2/Nr. 991, Bl. 223 (Entwurf), Ausführung STAMS PSK 2349.
691 Ebd. Randvermerk v. 3.1.1871.
692 Ebd. Randvermerk v. 13.2.1871.

693 Müller zur Synode am 17.6.1862 im Abschnitt § 1 Die Kirche, A. Die Kirchen-Ordnung zur Einführung in die Beratungen über die von der Provinzialsynode gestellten Fragen, S. 2; „Berichte" der Superintendenten „über die Verhandlungen der Kreissynoden Bielefeld" 1855-1880, LKAEkW Ha 16. Achelpöhler 2005, S. 260.

694 Achelpöhler 2005, S. 257.

695 Dieser Begriff („semitische Race") war zuerst verwendet in W. Marr, Der Sieg des Judenthums über das Germanenthum. Vom nichtkonfessionellen Standpunkt aus betrachtet, Bern 1879, wenige Monate vor Stoeckers Angriff erschienen. Massimo Ferrari Zumbini, Die Wurzeln des Bösen. Gründerjahre des Antisemitismus: Von der Bismarckzeit zu Hitler, Frankfurt a. M. 2003, S. 166. Siehe auch Günter Brakelmann, wie oben, Teil 1, S. 151-153.

696 Zitate und weitere Einzelheiten s. Achelpöhler 2005, S. 264-267.

697 A. Stoecker, Die Anfänge der antijüdischen Bewegung in Berlin (1906), in: R. Seeberg (Hg.): Reden und Aufsätze von Adolf Stoecker, Leipzig 1913, S. 150f. Zitiert auch bei Günter Brakelmann, wie oben, Teil 2: Texte des Parteipolitikers und des Kirchenmannes, S. 350. An anderer Stelle nannte Stoecker die Namen Marx und Lassalle.

698 Massimo Ferrari Zumbini, S. 161ff.

699 [Wilhelm] Warning 1933, S. 22.

700 Alfred Heuß, Verlust der Geschichte, Göttingen 1959, S. 65ff.

701 Huber am 8.8.1857, Bericht der Commission des Schulvorstandes über die Umwandlung der Bielefelder Vereins-Töchter-Schule in eine städtische Anstalt, Stabi 100,2/Nr. 949, Bl. 133-141. Huber war 1869 zum Oberbürgermeister ernannt worden. Seine Tochter Emmely war 1870 in die Schule eingetreten. Schulgeldhebelisten Stabi 100,2/Nr. 2495.

702 7.11.1870, Stabi 100,2/Nr. 949.

703 Müller, den religiösen Standpunkt der Schule betreffend, 8.2.1871 STAMS 2349.

704 In den Bielefelder Akten waren die Stellungnahmen des Landrats und des Superintendenten nicht vorhanden.

705 Erich Höner, S. 30.

706 Der Wächter, 26.7.1872, Aus der Provinz.

707 PSK 26.1.1908 S. 4-5, STAMS 2338.

708 ERL KM v. 26.2.1873, STAMS PSK 2349.

709 Erich Höner S. 27.

710 Achelpöhler 2005, S. 273.

711 Am 9.10.1855 hatte Landrat v. Ditfurth dem Antrag des Magistrats widersprochen, die Konzession der Frau Dietrich zur Führung einer Privatschule aufzuheben.

712 Reinhard Vogelsang, ebd., Bd. 2, S. 201.

713 24.1.1910, S. 6. STAMS, PSK 2338.

714 Ebd., S. 5.
715 Ebd., S. 6.
716 Vermerk am 24.1.11 auf der Verfügung des PSK – von der Recke – vom 18.1.1911. Stabi 107,2/Nr. 286.
717 Stabi 107,2 Nr. 1054.

Abkürzungsverzeichnis

Stabi	Stadtarchiv und landesgeschichtliche Bibliothek Bielefeld
STAMS	Landesarchiv NRW Abteilung Westfalen, Münster
STADT	Landesarchiv NRW Abteilung Ostwestfalen-Lippe, Detmold
GSTAPK	Geheimes Staatsarchiv Preußischer Kulturbesitz Berlin
Reinhard Vogelsang	Reinhard Vogelsang, Geschichte der Stadt Bielefeld, Band 1, Bielefeld 1980 Band 2, Bielefeld 1988 Band 3, Bielefeld 2005
Hans Ulrich Wehler	Deutsche Gesellschaftsgeschichte, 4. Band, München 2003
JWKG	Jahrbuch für Westfälische Kirchengeschichte, Bielefeld
BArch	Bundesarchiv Berlin
LkA EKvW	Landeskirchliches Archiv der Evangelischen Kirche von Westfalen, Bielefeld

Orts- und Sachverzeichnis

Personenverzeichnis